中国能源展望2060

——能源产业中国式现代化之路

国家能源投资集团有限责任公司◎编著

科学出版社

北　京

内 容 简 介

本书面向"双碳"目标和党的第二个百年奋斗目标，聚焦2030年、2035年、2050年和2060年这四个重要时间节点，通过中国能源系统预测优化模型对全国终端能源和一次能源的消费量和消费结构进行了中长期预测，并统筹能源供应安全和绿色低碳转型，运用中国能源系统预测优化模型对全国能源供给进行了超结构优化仿真。基于模型系列量化结果，本书围绕能源行业近中期"先立"过程形成了2030年与2035年中国能源发展预测篇，围绕能源行业中远期"立破"接续形成了2050年和2060年中国能源发展展望篇。在此基础上本书分别针对煤炭、煤电、风电、太阳能发电、水电、氢能、储能、CCUS等八个产业的近中期和中长期发展趋势形成了研究专篇。最后，凝练形成切合中国实际的能源产业高质量发展"三步走"战略路径，总结提出能源产业中国式现代化之路的主要特征与发展态势。

本书主要为能源管理部门、能源企业、能源研究机构以及从事能源相关研究的广大科研工作者提供参考。

图书在版编目（CIP）数据

中国能源展望2060. 能源产业中国式现代化之路 / 国家能源投资集团有限责任公司编著. -- 北京：科学出版社，2024. 6. -- ISBN 978-7-03-079072-9

Ⅰ . F426.2

中国国家版本馆CIP数据核字第2024L986M7号

责任编辑：王丹妮　陶　璇 / 责任校对：王晓茜
责任印制：张　伟 / 封面设计：有道设计

科 学 出 版 社 出版

北京东黄城根北街 16 号
邮政编码：100717
http://www.sciencep.com

北京中科印刷有限公司印刷
科学出版社发行　各地新华书店经销

*

2024 年 6 月第　一　版　　开本：889×1194　1/16
2024 年 6 月第一次印刷　　印张：21
字数：400 000
定价：268.00 元
（如有印装质量问题，我社负责调换）

编委会

编写组

党的二十大站在以中国式现代化全面推进中华民族伟大复兴的战略高度，对能源发展做出新部署、提出新要求，为新征程上推动能源高质量发展指明了方向。习近平总书记在中共中央政治局第十二次集体学习时强调，"能源安全事关经济社会发展全局"[①]。保障能源安全，推动碳达峰、碳中和和绿色低碳转型，是我国能源发展的核心任务，也是能源行业在助力中国式现代化建设进程中的历史使命。

2024年是习近平总书记提出"四个革命、一个合作"能源安全新战略十周年。国家能源投资集团有限责任公司（简称国家能源集团）作为骨干能源央企，全面贯彻能源安全新战略，坚决落实习近平总书记三次视察集团公司重要讲话和重要指示批示精神，勇做"能源供应压舱石，能源革命排头兵"，以煤炭保能源安全，以煤电保电力稳定，为中国式现代化扛起能源安全保障责任；聚焦碳达峰、碳中和目标，大力推进可再生能源快速规模化发展，加快培育壮大能源产业新质生产力，持续推进产业绿色低碳转型，为中国式现代化厚植绿色底色。

2023年国家能源集团首次发布《中国能源展望2060——能源产业迈向碳达峰碳中和》，取得了较好的社会反响。在此基础上，2024年国家能源集团技术经济研究院以"能源产业中国式现代化之路"为主题，着眼于中国式现代化的能源发展大势，倾力打造了2024年度旗舰报告《中国能源展望2060——能源产业中国式现代化之路》，提出了"双碳"背景下2030年与2035年中国能源发展预测、2050年与2060年中国能源发展展望等系列图景；四个专篇选取对我国新型能源体系和"双碳"目标具有重要影响的行业开展特色研究，提出了煤炭、煤电、新能源和水电，以及氢能、储能和CCUS产业等重点领域近中期、中远期发展趋势。报告形成了具有中国特色的能源产业高质量发展若干重要观点与结论，对能源行业在中国式现代化建设过程中把握转型发展重点和节奏具有重要参考意义。

[①]《习近平在中共中央政治局第十二次集体学习时强调：大力推动我国新能源高质量发展 为共建清洁美丽世界作出更大贡献》，https://www.gov.cn/yaowen/liebiao/202403/content_6935251.htm，2024年6月3日。

研究发布能源发展大势展望报告是国家能源集团履行央企社会责任的体现，也是自身高质量发展的内在要求。期望国家能源集团技术经济研究院继续筑实国能智库品牌，保持系统思维、战略思维，客观、深入做好能源系统研究工作，为我国加快构建新型能源体系和助力中国式现代化建设做出更多贡献。

国家能源集团　党组书记、董事长

2024年6月

党的二十大报告提出："以中国式现代化全面推进中华民族伟大复兴。"[1]能源是国民经济命脉，是经济社会发展基石。积极探寻能源大势之道，科学研判能源产业中国式现代化之路，对于加快推进碳达峰、碳中和，系统推动能源高质量发展具有重要意义。中国式现代化是人口规模巨大的现代化，到2035年基本实现社会主义现代化，能源需求仍将保持刚性增长，能源供应、能源安全艰巨性和复杂性前所未有；中国式现代化是人与自然和谐共生的现代化，建设美丽中国，能源绿色低碳转型、经济高效发展任重而道远。

能源是人类文明进步的基础和动力，新一轮能源科技革命正在加速孕育，能源产业变革正在加速演进。虽然百年未有之大变局下的地缘博弈、贸易壁垒等不确定因素增多，但绿色低碳潮流大势不可阻挡、不会逆转。随着新能源逐步走向能源舞台中央和产业变革中心，能源新技术、新业态、新模式加速重塑，未来能源供需如何动态平衡、优化？能源安全如何可靠、稳定保障？传统能源功能如何调整？可再生能源如何规模化发展？能源系统形态如何有序演进？能源科技如何持续引领？能源成本如何有效控制？等等，这些都是新时期我国能源发展面临的新挑战，需要回答的新问题。

国家能源集团作为全国最大的一次能源供应企业，深入贯彻"四个革命、一个合作"能源安全新战略，积极发挥"能源供应压舱石，能源革命排头兵"的企业使命。2023年，煤炭产销量约占全国1/6、发电量约占全国1/7，可再生能源装机容量达到1.1亿千瓦，风电装机保持世界第一，水电在建装机规模全国第一，为以中国式现代化全面推进强国建设、民族复兴伟业贡献国能力量。国家能源集团技术经济研究院作为"国能智库"，面对中国式现代化的时代课题以及能源高质量发展的紧迫任务，组织开展能源系统研究，在2023年首次发布《中国能源展望2060——能源产业迈向碳达峰碳中和》成果基础上，2024年进一步深化内容和专篇研究，以更系统研究、更广域视野、更开放心态呈现研究成果，以期增进行业交流、共筑发展共识、凝聚行动合力、服务国家战略。

《中国能源展望2060》系列报告是国家能源集团战略品牌的组成部分，也是国家能源集团技术经济研究院倾力打造的旗舰产品。联合国内知名科研机构，历时3年，自主研发了具

---

[1]《习近平：高举中国特色社会主义伟大旗帜 为全面建设社会主义现代化国家而团结奋斗——在中国共产党第二十次全国代表大会上的报告》，https://www.gov.cn/xinwen/2022-10/25/content_5721685.htm，2024年6月3日。

备能源大系统高精度仿真推演能力的中国能源系统预测优化模型；组织国内多家行业协会和行业研究机构，科学、系统研判相关产业未来规模发展、工艺技术变革、用能特征演化等态势，科学、系统论证不同能源品种资源潜力、发展方向、技术经济边界等。在上百次的论证和模型推演中，形成了研究成果。2023年7月，国家能源集团《中国能源展望2060——能源产业迈向碳达峰碳中和》的发布得到了行业同仁广泛关注，产生了积极社会反响。2024年，针对新版的中国能源展望报告，研究团队进一步优化了模型算法和情景边界，细化、深化研究发展态势，增加专篇专题研究。编写组在系统分析2023年经济社会、能源产业、能源科技的发展情况后，统筹经济发展、能源供应安全和"双碳"目标，聚焦能源产业助力中国式现代化建设，最终研究完成2024版报告《中国能源展望2060——能源产业中国式现代化之路》。

本书对能源发展进行了两大阶段划分，并分别采用了预测分析、情景展望两种方法进行研究。第一阶段，近中期以2030年前碳达峰、2035年基本实现社会主义现代化为节点，开展能源系统预测分析研究。这一阶段，经济社会发展目标和规划指标较为明确，能源系统形态尚未根本转变，初步建立新型能源体系，聚焦碳达峰目标，突出"先立后破"，重在立足资源禀赋，做大绿色增量，兜牢安全底线。第二阶段，中远期以21世纪中叶全面建成社会主义现代化强国、2060年前碳中和为节点，开展多种情景展望分析研究。这一阶段，设置了基准情景、储能技术更快发展情景、CCUS更大规模布局情景，通过主要技术路径竞争分析，提出了三种情景下未来能源产业"立破接续"发展路径。最后，报告对能源系统具有重要影响的颠覆性技术、前沿技术进行了跟踪分析，相关技术的突破和规模应用，都将重塑能源体系。

本书在篇章结构上共分为两大部分，整体形式为"1+4"模式，即一个总报告和四个专篇研究报告。总报告为中国能源展望2060主体研究报告，包括能源发展基础、2030年与2035年中国能源发展预测、2050年与2060年中国能源发展展望、主要结论等四篇，共十三章。专篇研究报告包括煤炭产业、煤电产业、新能源和水电产业，以及氢能、储能和CCUS产业等四个专篇，共十二章，聚焦重点能源产业，从现状、近中期和中长期三个时间维度，系统分析相关产业的供需形势、发展局势、技术路径，为广大行业从业人员提供参考。

研究报告出版和发布，得益于编委会的统筹领导和编写组的艰苦付出，更离不开研究过程中相关行业专家的咨询论证和悉心指导。国家能源集团科技与信息化部专题立项支持课题研究，战略规划部、煤炭与运输产业管理部、电力产业管理部等相关部门给予了重要指导和帮助。国家能源集团技术经济研究院能源经济研究部、能源市场分析研究部、电力产业评价部、新能源产业评价部、信息情报部等相关人员全面参与研究编制工作。在此向参与报告研究编制、咨询论证的内外部机构相关人员和专家领导表示诚挚的感谢！

　　能源展望研究是国家能源集团一项长期科研任务，也是国家能源集团技术经济研究院持续研究发布的年度旗舰产品。课题组虽全力确保研究方法科学、数据准确、内容系统、结论客观，但受能力所限，本书在建模方法、边界参数、情景设置、书稿撰写等方面难免存在不足，恳请广大读者不吝指导斧正。在后续研究过程中，课题组将持续加强研究能力和人才队伍建设，不断推进研究成果迭代升级，持续提高展望报告的战略性、实用性，为助力中国式现代化建设和推进我国能源高质量发展做出贡献。

国家能源集团"中国能源展望"课题组

2024年6月

目 录 CONTENTS

目录 CONTENTS

目录

目录

第一篇

能源发展基础

一、中国式现代化对能源产业发展的新要求

（一）中国式现代化的内涵特征

党的二十大报告提出："从现在起，中国共产党的中心任务就是团结带领全国各族人民全面建成社会主义现代化强国、实现第二个百年奋斗目标，以中国式现代化全面推进中华民族伟大复兴。"[①]中国式现代化的本质要求是：坚持中国共产党领导，坚持中国特色社会主义，实现高质量发展，发展全过程人民民主，丰富人民精神世界，实现全体人民共同富裕，促进人与自然和谐共生，推动构建人类命运共同体，创造人类文明新形态。

全面建成社会主义现代化强国，总的战略安排是分两步走：从二〇二〇年到二〇三五年基本实现社会主义现代化；从二〇三五年到本世纪中叶把我国建成富强民主文明和谐美丽的社会主义现代化强国。中国式现代化是中国共产党领导的社会主义现代化，既有各国现代化的共同特征，更有基于自己国情的中国特色。中国式现代化有五个方面的显著特征。

（1）中国式现代化是人口规模巨大的现代化。我国十四亿多人口整体迈进现代化社会，规模超过现有发达国家人口的总和，艰巨性和复杂性前所未有，发展途径和推进方式也必然具有自己的特点。我们始终从国情出发想问题、作决策、办事情，既不好高骛远，也不因循守旧，保持历史耐心，坚持稳中求进、循序渐进、持续推进。

（2）中国式现代化是全体人民共同富裕的现代化。共同富裕是中国特色社会主义的本质要求，也是一个长期的历史过程。我们坚持把实现人民对美好生活的向往作为现代化建设的出发点和落脚点，着力维护和促进社会公平正义，着力促进全体人民共同富裕，坚决防止两极分化。

（3）中国式现代化是物质文明和精神文明相协调的现代化。物质富足、精神富有是社会主义现代化的根本要求。物质贫困不是社会主义，精神贫乏也不是社会主义。我们不断厚植现代化的物质基础，不断夯实人民幸福生活的物质条件，同时大力发展社会主义先进文化，加强理想信念教育，传承中华文明，促进物的全面丰富和人的全面发展。

（4）中国式现代化是人与自然和谐共生的现代化。人与自然是生命共同体，无止

---

① 《习近平：高举中国特色社会主义伟大旗帜 为全面建设社会主义现代化国家而团结奋斗——在中国共产党第二十次全国代表大会上的报告》，https://www.gov.cn/xinwen/2022-10/25/content_5721685.htm，2024 年 6 月 3 日。

境地向自然索取甚至破坏自然必然会遭到大自然的报复。我们坚持可持续发展，坚持节约优先、保护优先、自然恢复为主的方针，像保护眼睛一样保护自然和生态环境，坚定不移走生产发展、生活富裕、生态良好的文明发展道路，实现中华民族永续发展。

（5）中国式现代化是走和平发展道路的现代化。我国不走一些国家通过战争、殖民、掠夺等方式实现现代化的老路，那种损人利己、充满血腥罪恶的老路给广大发展中国家人民带来深重苦难。我们坚定站在历史正确的一边、站在人类文明进步的一边，高举和平、发展、合作、共赢旗帜，在坚定维护世界和平与发展中谋求自身发展，又以自身发展更好维护世界和平与发展。

（二）加快构建支撑中国式现代化建设的新型能源体系

能源是现代经济社会发展的重要基石，社会生产和生活中的方方面面都需要能源来提供动力支持，能源供应充足与否直接影响到经济能否保持平稳、健康发展，对国家能否繁荣富强、人民生活能否改善和社会能否长治久安至关重要。

我国要实现社会主义现代化的宏伟目标，需要按照中国式现代化的内涵要求，全面贯彻落实习近平经济思想和习近平生态文明思想，完整、准确、全面贯彻新发展理念，坚持系统观念，统筹能源发展与安全，以"四个革命、一个合作"能源安全新战略为根本遵循，加快构建新型能源体系，以科技创新为引领、以体制改革为动力，大力推动清洁能源规模化发展，积极探索化石能源与新能源协同发展新模式，有效促进能源产业的绿色低碳转型和高质量发展，为我国经济社会的全面发展提供强大动力支撑。对应中国式现代化的五个内涵特征，未来我国能源产业应充分重视以下五个方面的重要工作，加快构建新型能源体系。

1. 人口规模巨大的现代化要求能源产业总体规模继续壮大

要实现人口规模巨大的现代化，需要能源产业不断发展壮大，保证能源充足供应。我国人口基数大，人均资源少。截至2023年底，全国人口总数为14.1亿人（不含港澳台及海外华侨人数），能源消费总量达到57.2亿吨标准煤，比2022年增长5.7%，但人均能耗仅为4吨标准煤左右，低于发达国家水平。根据国家能源集团中国能源展望课题组研究成果，按发电煤耗法，我国一次能源消费总量在2035—2040年进入峰值平台期，为67亿—69亿吨标准煤，较2020年的49.8亿吨标准煤仍有近四成的增长空间。因此，我国能源产业需要继续发展壮大，以满足未来经济发展和人民生活水平提高对能源的需求。

2. 全体人民共同富裕的现代化要求能源产业统筹地区差异

要实现全体人民共同富裕的现代化，需要统筹能源的地区性差异，建立合理、有效的现代能源供应体系。目前，我国区域发展不平衡、城镇化水平不高、城乡发展不平衡不协调等问题依然突出，用能方式及品质差异明显。随着共同富裕的持续推进，经济相对落后地区能源供需模式改革应统筹纳入经济社会发展规划，通过政府补贴、税收优惠等政策扶持地区能源基础设施建设，推进电能替代，增强供电、供热保障能力，提升清洁能源普及率，逐步建设安全稳定、清洁高效、多能融合的现代能源供应体系。

3. 物质文明和精神文明相协调的现代化要求能源低碳发展

要实现物质文明和精神文明相协调的现代化，需要大力倡导绿色低碳的发展方式，使能源节约深入人心。能源供需模式的现代化不仅关乎资源的开发与利用，也关系到能源治理能力、治理体系和文化理念的现代化。全面贯彻新发展理念，需要营造绿色低碳的生活方式，大力推进生态文明建设，倡导推广绿色消费。通过媒体报道、制度引导、监督约束等各种方式，大力宣传节约光荣、浪费可耻的消费观念，如对居住大面积豪华住宅、购买大排量豪华汽车等高耗能行为征收节能降耗费，对主动选择低能耗生活方式的人群给予税收优惠等，引导全社会牢固树立绿色发展的强烈意识，大力强化公民环境意识，推动全社会形成绿色消费文化和低碳生产生活方式。

4. 人与自然和谐共生的现代化要求能源产业结构不断优化

要实现人与自然和谐共生的现代化，需要不断优化能源生产和消费结构，高度重视能源活动对环境的影响，最大限度降低排放。"双碳"目标的提出，是践行人与自然和谐共生理念的生动体现。能源是实现"双碳"目标的主战场，根据本书研究成果，预计我国能源活动碳排放将在2030年前达峰，峰值区间为115亿—118亿吨。能源行业要立足我国基本国情，坚持先立后破，加速能源清洁化、低碳化、高效化发展，不断提升终端用能电气化水平，建设多元清洁的能源供应体系，积极稳妥推进碳达峰、碳中和，促进经济社会发展和生态环境保护协同共进。

5. 走和平发展道路的现代化要求加强国际能源交流与合作

要实现走和平发展道路的现代化，需要积极开展能源外交，不断加强能源的国际交流与合作。近年来，中国积极调停俄乌冲突，成熟应对美国无理打压，促成沙特、伊朗恢复外交关系，等等，充分彰显了中国的和平发展理念。作为世界最大能源生产国和消费国，中国的能源发展也要积极参与国际合作，扩大对外开放水平，与世界各国协同共商，广泛开展可再生能源开发、低碳零碳技术、能源贸易、绿色金融等方面的交流协作。不断完善能源国际合作机制，积极参与全球能源治理，融入多边能源治理体系。构建一体化能源合作模式，保障关键能源资源产业链、供应链安全稳定。

二、我国经济社会和能源产业发展现状

（一）2023年经济社会发展情况

2023年是全面贯彻党的二十大精神的开局之年，全年经济回升向好，高质量发展扎实推进，全面建设社会主义现代化国家迈出坚实步伐。

经济增长再上新台阶。从总量看，2023年我国GDP（gross domestic product，国内生产总值）总量超过126万亿元，同比增长5.2%，实现了5%左右的预期目标（图2-1）。放眼全球，增速居世界主要经济体前列，对全球经济增长贡献率接近1/3，是全球增长的最大引擎（图2-2）。从结构看，内循环主导作用明显增强，按支出法核算全年内需贡献率（包括最终消费支出和资本形成总额）达到111.4%，同比提高25.3个百分点。其中，最终消费贡献率为82.5%，拉动GDP增长4.3个百分点。从产业看，全年工业生产恢复加快，在工业41个大类行业中，有28个行业增加值实现增长，在统计的620种主要工业产品中，有373种产品产量实现增长。第三产业支撑作用增强，对GDP贡献率达到60.2%，为2020年以来最高水平。

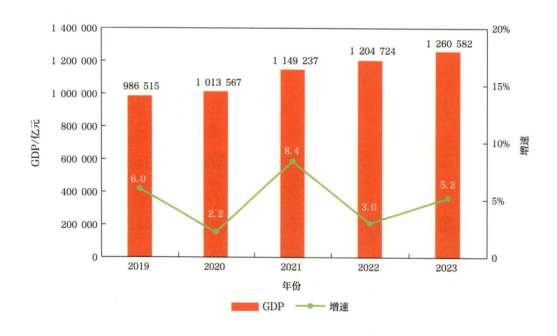

图2-1　2019—2023年我国GDP及增速

资料来源：中华人民共和国2023年国民经济和社会发展统计公报

6

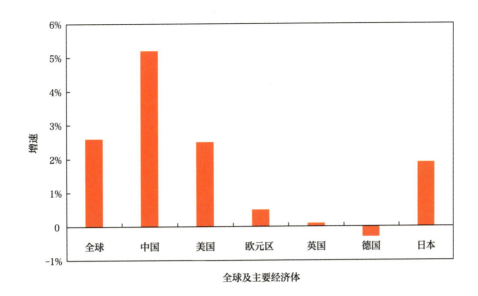

图2-2　2023年全球及主要经济体GDP增速对比

资料来源：新华社，中华人民共和国2023年国民经济和社会发展统计公报

现代化产业体系建设成绩显著。一是传统产业加速转型升级。钢铁、电解铝、石化化工、建材等行业中的落后产能加快退出，绿色制造体系建设持续推进，截至2023年底累计在国家层面创建绿色工厂5095家，产值占制造业总产值的比重超过17%，重点用能行业能效水平持续提升，全年规模以上工业用水重复利用率预计超过93%。二是新兴产业不断发展壮大。全年新能源汽车、太阳能电池和锂离子电池等"新三样"相关产品的产量同比增长30.3%、54%和22.8%，合计出口额首破万亿元大关，水轮发电机组、风电机组、充电桩等产品的产量同比增长35.3%、28.7%、36.9%，造船市场份额连续14年位居世界第一。

科技创新取得全新进展。一是研发投入强度持续上升。2023年我国研发投入超过3.3万亿元，同比增长8.1%，占GDP比重接近3%。二是取得一批重大原创成果。"奋斗者"号潜水器完成国际首次环大洋洲载人深潜科考任务，国产大飞机C919首次商业载客飞行，国产大型邮轮制造实现零的突破，"东数西算"工程进入全面建设阶段，"九章三号"量子计算原型机问世，全球首座第四代核电站商运投产，我国在深海、深空、深蓝和深地等领域积极抢占科技制高点，完成从量的积累到质的飞跃。经过多年积累，2023年中国国家创新指数综合排名世界第10位，较2021年提升3位，是唯一进入前15位的发展中国家。

制造业基础不断巩固、筑牢。聚焦制造业高质量发展，工业和信息化部针对规模大、带动性强的钢铁、有色金属、电力装备、轻工业和电子制造业等10个重点行业分别制定实施了2023—2024年稳增长工作方案，为推动经济运行整体好转提供有力支撑。从制造业细分行业看，2023年装备制造业增加值同比增长6.8%，对工业增长贡献率接近1/2，占工业增加值比重超1/3。其中，高技术制造业占工业增加值比重接近1/6，半导体器件专用设备制造、航天器及运载火箭制造、飞机制造等细分行业增加值同比增长31.5%、23.5%、10.8%，部分高技术制造业关键核心技术自主研发能力大幅提高，正由"跟跑者"向"并跑者""领跑者"转变。

"新"动能进一步增强。全年加快打造创新高地，布局27家国家制造业创新中心、2家国家地方共建制造业创新中心，加快建设45个国家先进制造业集群。2023年中国成为首个将数据列为生产要素的国家，数据产量、数字经济规模均已跃升至世界前列。初步构建比较全面的人工智能产业支撑体系，产业链已覆盖芯片、算法、数据、平台、应用等上下游关键环节。我国启动智能网联汽车准入和上路通行试点，推进北斗规模应用和卫星互联网发展，在人工智能、量子技术、移动通信、超级计算等科技新赛道处于世界第一梯队。

改革开放向纵深推进。党和国家机构改革中央层面全面落地，地方层面有序展开；全国统一大市场建设步伐加快，促进内外贸资源要素顺畅流动，促进内外资企业公平竞争；实施国有企业改革深化提升行动，充分发挥科技创新、产业控制、安全支撑"三个作用"；出台促进民营经济发展壮大的意见；全年出口占国际市场份额维持在14%略高水平，外汇储备规模保持3万亿美元以上，人民币汇率基本稳定。

安全发展基础巩固夯实。2023年全国粮食总产量1.39万亿斤（1斤=500克），再创历史新高，能源供应保持稳定，重要产业链、供应链自主可控能力提升，有效应对海河等流域特大洪涝灾害，出台化解地方债务风险、稳定房地产市场等一批政策举措，扎实推进保交楼工作，守住了不发生系统性风险的底线。

总体来看，我国拥有世界上最具潜力的超大规模市场，全面深化改革开放为推动经济高质量发展注入了强大动能，能源资源和粮食等稳定供应为满足人民美好生活需要提供了物质保障，全球新一轮科技革命和产业变革为打造现代产业体系凝聚了核心驱动力，未来一段时期我国经济长期向好的基本趋势不会改变，我国依然是全球经济增长的最大引擎。

（二）2023年能源产业发展情况

1. 能源消费

经济社会全面恢复，一次能源消费总量快速提升。2023年，我国经济在疫情放开后顶住内外部压力冲击恢复向好，钢铁、建材、石化等传统行业整体回升，设备制造、汽车制造、电气机械和器材制造（包括太阳能电池和锂离子电池）、批发零售（包括新能源汽车充换电服务）和交通运输等行业实现较快增长，叠加干旱、高温等极端天气频发，拉动一次能源消费总量快速增长，达到57.2亿吨标准煤，同比提高5.7%（表2-1）。

表2-1　2019—2023年我国能源消费结构

指标名称		2019年	2020年	2021年	2022年	2023年
一次能源消费总量/亿吨标准煤		48.7	49.8	52.6	54.1	57.2
增速		3.3%	2.2%	5.5%	2.9%	5.7%
GDP增速		6.0%	2.2%	8.4%	3.0%	5.2%
能源消费弹性系数		0.6	1.0	0.7	1.0	1.1
消费量/亿吨标准煤	煤炭	28.1	28.3	29.4	30.4	31.6
	石油	9.3	9.4	9.8	9.7	10.5
	天然气	3.9	4.2	4.6	4.5	4.9
	一次电力及其他	7.5	7.9	8.8	9.5	10.2
占比	煤炭	57.7%	56.9%	55.9%	56.0%	55.3%
	石油	19.0%	18.8%	18.6%	18.0%	18.3%
	天然气	8.0%	8.4%	8.8%	8.4%	8.5%
	一次电力及其他	15.3%	15.9%	16.7%	17.6%	17.9%

资料来源：中国能源统计年鉴，中华人民共和国2023年国民经济和社会发展统计公报

新能源实现高速发展，一次能源消费结构持续优化。全年新能源发电量超同期城乡居民生活用电量1100亿千瓦·时以上，占全社会用电量比重约16%，较2022年提高2个百分点以上。在新能源快速发展推动下，非化石能源消费实现稳步提升，占一次能源消费比重接近18%。从一次能源消费结构看，煤炭消费占比总体呈下降趋势，达到55.3%，降低0.7个百分点，石油和天然气消费占比分别约18.3%和8.5%，分别提高0.3和0.1个百分

点，清洁能源消费合计占比达26.4%，提高0.4个百分点。

经济发展换挡爬坡，能源消费弹性系数出现回摆。2023年，我国经济社会面临疫后恢复增长和低碳转型双重压力，阶段性再现能源消费弹性系数大于1，创2005年以来新高。主要原因一是化石能源消费快速增长。随着工业生产、交通运输、居民生活等逐步恢复，推动煤炭、石油和天然气消费量分别增长5.6%、9.1%、7.2%，远超2022年水平。二是传统高耗能行业增幅显著。化工、钢铁、设备制造等行业增长较快，促使第二产业拉动GDP增长较2022年提高约1个百分点。三是新业态、新模式快速发展。数字化应用、新能源汽车制造、锂电池及光伏产品制造等属"耗电大户"，生产扩张带来更多的电力消耗，受发电结构影响进一步拉升化石能源消费。

"三新经济"迸发潜力，全社会用电量增幅显著。2023年，我国新能源汽车产销量稳居全球第一，供应了全球50%的风电和80%的光伏设备，助力全社会用电量持续上升，同比增速6.7%。测算发现，全社会用电增量中约13%来自风机及太阳能电池生产、新能源汽车制造、互联网数据和充换电服务等新兴行业，如包括锂离子电池及其主要原材料生产（如电解液、石墨等）、新能源汽车所需的金属生产（如铝、铜、钢等）和光伏玻璃生产等上游行业，其用电合计增量占全社会用电增量的比重可超过20%。

2. 能源供应

能源生产能力持续增强，能源自主保障基础不断夯实。全年一次能源生产总量48.3亿吨标准煤，同比增长4.2%。其中原煤实现连续增产，产量达到47.1亿吨，同比增长3.4%。原油产量为2亿吨以上，同比增长2.1%。天然气增储上产成效显著，产量达到2324.3亿立方米，提前完成《"十四五"现代能源体系规划》发展目标。可再生能源发电装机占全国发电总装机超50%，历史性超过火电装机，提前完成"十四五"规划目标。

化石能源进口需求强劲，油气对外依存度再次升高。2023年，我国煤炭、原油、天然气进口量分别为4.7亿吨、5.6亿吨和1656亿立方米（其中液化天然气约984亿立方米），同比增长61.8%、11%、9.9%。煤炭进口量爆发式增长的主要原因是进口煤炭零关税政策的实施，以及国际煤炭市场较为宽松，价格优势凸显。油气进口增长主要受国内工业、交通运输复苏，以及价格下降等因素影响。原油和天然气对外依存度分别约73%、42%，同比分别提高了2个百分点和1个百分点。

能源投资快速增长，为稳定宏观大盘做出贡献。2023年，全国在建和年内拟开工能源重点项目完成投资额约2.8万亿元，有力保障了我国能源生产稳定增长。全年新能源完成投资额同比增长超34%，其中太阳能发电完成投资额超6700亿元，风电完成投资额超3800亿元，这既满足了经济社会快速发展和人民对美好生活向往所带来的可再生能源消费需求，又拓展了国内投资空间，带动了先进材料、装备制造等相关产业链发展，使之成为经济增长重要引擎。

能源矿产勘探不断深入，稳步提升全国资源接续能力。自2023年初全国自然资源工作会议召开以来，新一轮找矿突破战略行动全面启动。围绕加强重要能源矿产资源国内勘探开发和增储上产，河南、湖北、安徽等地编制实施方案并部署相关举措，四川、新疆、湖南等地组建勘查基金，探索多元化地质勘查投入机制。另外，神府地区在2023年探明千亿立方米深层煤层气田，渤海海域、南海深水领域亿吨级油气勘探再获突破。

3. 能源技术

技术装备多点突破，加快能源产业转型升级。我国已建立了完备的清洁能源技术研发和装备制造产业链。2023年，攻克了大规模新能源经柔性直流输电系统送出的系统成套设计与稳定并网技术，生产了全球最大单机容量（18兆瓦）的海上直驱风电机组，依托亚洲规模最大的江苏泰州电厂50万吨/年CCUS（carbon capture，utilization and storage，碳捕集、利用与封存）项目的正式投产，系统掌握了煤电大规模碳捕集全环节关键核心技术。通过山东石岛湾高温气冷堆核电站的商业运行，掌握了高温气冷堆设计、制造、建设、调试、运维技术，在第四代核电技术研发和应用领域达到世界领先水平。

数智化建设进程提速，着力打造"能源+算力"新业态。2023年，国家先后印发《关于加快推进能源数字化智能化发展的若干意见》《算力基础设施高质量发展行动计划》，推进数字流与能源电力流深度融合。当前国内能源电力企业数字化转型取得显著成效，人员定位安全管理、行为与故障视频识别、三维可视化、分散控制系统国产化替代等技术应用取得良好效果，新能源发电在设计制造、建设开发、运维管理等环节的数智化程度持续提升，水力发电已广泛应用监控、保护和监测等自动化系统，基本实现能源生产过程的数字化管理和自动化运维。

4. 能源政策

完善碳达峰、碳中和"1+N"政策体系，加快全国碳市场建设。2023年，我国积极稳妥推动能耗双控向碳排放双控转变，加快推进中国核证自愿减排量市场启动、全国碳市场扩容，深入推进全国碳达峰试点、气候适应型城市试点，加快碳达峰、碳中和标准体系建设和碳足迹管理体系建设，推动形成绿色生活方式，更加注重"双碳"与生态治理的协同，政策体系更加完善、路径更加清晰、导向更加明确。

电力市场建设持续深化，能源营商环境不断向好。2023年，我国加快全国统一电力市场体系建设，多层次统一市场体系基本形成，适应新能源高比例发展的市场机制逐步完善。中长期、辅助服务市场已实现全覆盖，23个省（自治区、直辖市）启动电力现货市场试运行。全年市场化交易电量达到5.7万亿千瓦·时，占全社会用电量的61.4%，通过辅助服务市场挖掘调峰潜力约1.2亿千瓦，增加清洁能源消纳1200亿千瓦·时。推动出台煤电容量电价政策，深化电力市场秩序监管，开展电力市场化交易专项整治。

5. 能源国际合作

积极参与全球能源治理，气候变化国际化合作深入推进。2023年，我国主办第三届"一带一路"能源合作伙伴关系论坛，联合主办第五届中俄能源商务论坛，和美国共同发布《关于加强合作应对气候危机的阳光之乡声明》，全力支持阿联酋成功举办第28届联合国气候变化大会，深入开展气候变化全球合作，积极参与气候多边进程，充分展现大国责任担当。

（三）2023年能源科技进展综述

1. 传统能源科技创新取得新成就

推动煤炭清洁高效利用技术创新。以全球最大的煤基能源企业为例，国家能源集团一是在2023年6月建成投产了亚洲最大煤电CCUS项目——江苏泰州电厂50万吨/年CCUS项目，低成本实现了适用于煤电的低浓度烟道气二氧化碳捕集，为推动煤炭清洁化利用打造了减碳固碳新样板。二是创新开发了新一代高活性、低二氧化碳选择性铁基费托合成催化剂，实现了煤间接液化催化剂技术在现有国际领先水平基础上进一步升级迭代，助力油气保障能力提升和煤化工产业高端化、多元化、低碳化发展。两项技术分别入选国家能源局2023年能源行业十大科技创新成果和国家能源研发创新平台十大科技创新成果。

推动油气勘探开发技术突破。2023年，中国石化部署在塔里木盆地的"深地一号"跃进3-3XC井完钻井深达9432米，刷新亚洲陆上最深井纪录，为进军万米超深层提供重要技术和装备储备。中国海油通过创新深煤层成藏机理认识、储层改造和差异化排采工艺，在鄂尔多斯盆地东缘发现神府深层煤层气田，探明地质储量超1100亿立方米，为未来煤层气行业高效勘探开发深煤层打下坚实基础。

核电技术创新成果加速进入商业化阶段。中核集团"华龙一号"全球首堆示范工程——福建福清核电五、六号机组在2023年5月通过竣工验收，标志着我国已形成了一套完整的、自主的第三代核电型号标准体系。全球首座第四代核电站——山东石岛湾高温气冷堆核电站商业示范工程在2023年12月圆满完成168小时连续运行考验，正式投入商运。

2. 新兴能源科技创新加速发展

新能源技术创新持续攀高。2023年11月，由东方电气联合中国华能研制的全新一代18兆瓦海上直驱风电机组下线，这是目前已下线的全球单机容量最大、叶轮直径最大的海上直驱风电机组。该机组在年平均每秒10米的风速下，单台机组每年可输出7200万千瓦·时，满足4万户普通家庭1年的生活用电。同年民营光伏企业隆基绿能自主研发的晶硅——钙钛矿叠层太阳能电池，以33.9%的光电转化效率刷新本领域的世界纪录。

储能技术成果应用涌现。2023年，国内大量企业加入电池储能行业或者进行产能扩张，超过100家企业在年内完成了投产。中国能建湖北应城300兆瓦级压缩空气储能电站示范工程在年内进入调试阶段，预示该工程投产后将成为全球首个投入商业运行的300兆瓦级非补燃压缩空气储能电站，在本领域将实现单机功率、储能规模、转换效率等3项世界领先。项目年发电量约5亿千瓦·时，可为当地电网安全稳定运行和新能源消纳起到重要作用。

氢能技术装备和工程示范取得突破。国家能源集团研发的70兆帕加氢站大流量隔膜压缩机及燃煤电厂掺氨燃烧成套技术装备、中国航天研发的国产2吨/天氦膨胀制冷氢液化系统、国家电投研发的兆瓦级纯氢燃气轮机等装备入列国家能源局第三批能源领域首台（套）重大技术装备名单。中国石化建设的国内首个万吨级绿氢耦合炼化库车示范项目成功投产，年制氢规模2万吨，标志着我国首次实现了万吨级绿氢炼化项目全产业链贯通。

（四）近年来我国能源发展规律特点

1. 能源消费

一次能源消费总量稳居全球第一，占全球比重持续上升。从整体趋势看，我国一次能源消费占全球比重从2016年的约23%提高至2023年的27.6%，年均提高约0.7个百分点（图2-3），从全球来看，占比仅低于经济合作与发展组织国家之和（平均约40%）。分阶段看，2020—2022年我国一次能源消费占全球比重呈"阶段性高位横盘"趋势，主要原因一是受疫情影响，一次能源消费增长略有放缓，二是印度、东盟和非洲部分国家及地区经济增长较快，带动本国一次能源消费水平实现较快增长，成为全球一次能源消费增长的新生力量。2023年因我国经济全面恢复，带动一次能源消费占全球比重再攀新高。

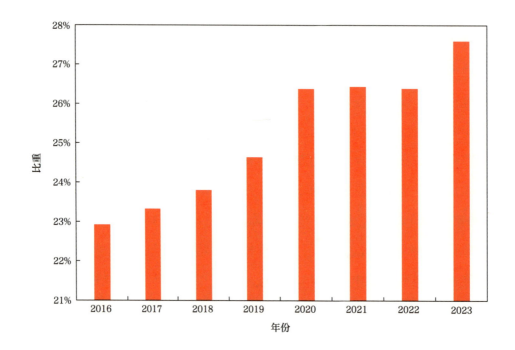

图2-3　我国一次能源消费总量占全球比重

资料来源：EI世界能源统计年鉴

一次能源消费增速受经济复苏、产业结构和极端天气等影响快速增长，显著高于"十三五"时期。"十四五"前三年，一次能源消费年均增速4.7%，显著高于"十三五"时期的2.8%（图2-4）。主要原因一是基数效应。我国在2020年和2022年受疫情影响较大，当年一次能源消费增长缓慢，此后随着经济社会逐步复苏，在工业生产、产品出口（如2021年）和消费恢复等因素的强力拉动下，次年一次能源消费均出现了显著攀升。二是产业结构。我国第二产业增加值占GDP比重近年保持39%左右，且能耗强度是第三产业的5倍以上，是一次能源消费增长的主要拉动力量。特别当高载能产品包括钢铁、有色金属、烧碱、乙烯等产品的产量同比增加时（如2023年），会进一步拉升一次能源消费总量。三是极端天气。近年来高温、干旱导致水电出力不足，在火力发电占主导下对化石能源需求形成了短期支撑。

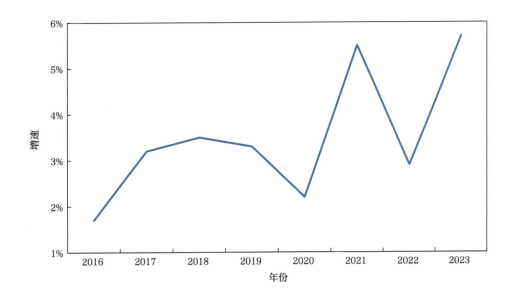

图2-4　我国一次能源消费增速

资料来源：中国能源统计年鉴，中华人民共和国2023年国民经济和社会发展统计公报

终端电气化率在能源、产业和交通等结构优化下稳步提升，年均提高约1个百分点。"十四五"前三年，随着我国大力发展新能源、稳步推动终端领域以电（气）代煤、加快退出重点行业落后产能、持续推进北方地区居民清洁取暖、提速新能源汽车渗透率和充电桩建设，多元化供给消费体系加快形成，2023年北方地区清洁取暖率达到76%，全国建成充电基础设施约860万台，是2020年的5倍以上，多种措施合力促进终端电气化率稳步提高，每年提升约1个百分点，持续逼近2025年30%的既定目标。

单位GDP能耗降幅大幅收窄。《"十四五"节能减排综合工作方案》要求，"到2025年，全国单位国内生产总值能源消耗比2020年下降13.5%"。从近年实际情况看，受经济爬坡换挡、一次能源消费刚性增长等因素综合影响，2021—2023年我国单位GDP能耗同比降幅分别约2.7%、0.1%和0.5%（扣除原料用能和非化石能源消费量），较2020年累计降幅分别约2.7%、2.8%、3.3%，远低于上述文件中要求的预期降幅（图2-5）。根据2024年政府工作报告所述，2024年我国单位GDP能耗同比降幅2.5%左右，今后需要以更大力度推动节能降耗工作。

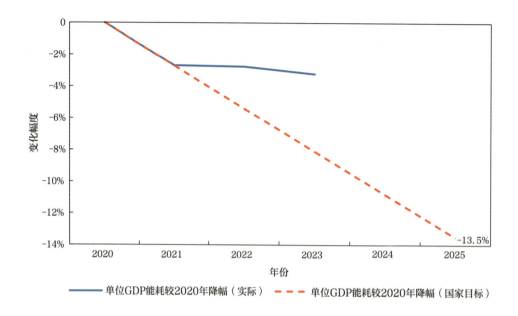

图2-5　我国单位GDP能耗实际情况及预测和国家目标对比

资料来源：中国能源统计年鉴，2024年政府工作报告

2. 能源供应

能源生产保障能力稳步增强，为经济高质量发展提供有力支撑。我国能源行业始终把能源安全保供放在首位，妥善应对疫情影响、经济复苏和国际能源市场变化等情况，多元生产供应能力不断加强。"十四五"前三年，一次能源生产总量年均增速5.8%，高于GDP年均增速。其中，全国原煤产量分别跃上41亿吨、45亿吨和47亿吨台阶，年均增长4.5%，和我国一次能源消费年均增速基本持平，占我国一次能源生产总量比重保持65%以上。原油产量自2022年以来稳定在2亿吨左右水平，天然气产量自2016年以来连续7年增量在100亿立方米以上。2023年我国电力总装机达到29亿千瓦，较2020年增加7亿千瓦以上，近三年相当于每年新增1个德国的电力总装机。

受油气结构性对外依存度高影响，能源自给率总体保持80%左右水平。"十四五"前两年，油气对外依存度受国际价格变化、国内增储上产行动等因素影响出现小幅下降，但随着经济回升向好，供给需求逐步改善，上述指标在2023年出现反弹，总体保持高位。叠加同期煤炭进口量大幅增加，综合导致2023年的能源自给率相比2022年有所下降。在当前国际环境日趋严峻的背景下，油气进口规模大、对外依存度高仍是我国能源安全面临的核心问题，要进一步推动增储上产和进口渠道多元化。

可再生能源实现跨越式发展，绿色发展不断迈上新台阶。"十四五"前三年，可再生能源装机从不到10亿千瓦跃升至15亿千瓦以上，年均增长近2亿千瓦，在连续超过全国煤电、火电装机后，占全国电力总装机比重约52%，成为我国第一大电源，显著拉动全国可再生能源发电量持续攀升，从2.2万亿千瓦·时增至约3万亿千瓦·时，接近全社会用电量1/3，年均增速约10%，远超全社会用电量6.8%的年均增速。从电源品种看，太阳能和风电发展势头最为迅猛，装机容量在2023年分别达到6.1亿千瓦和4.4亿千瓦，是2020年的2.4倍和1.6倍。在可再生能源的快速发展下，2023年我国非化石能源消费占比持续提高，较2020年提高约2个百分点，距离2025年20%的既定目标还差2个百分点（图2-6）。

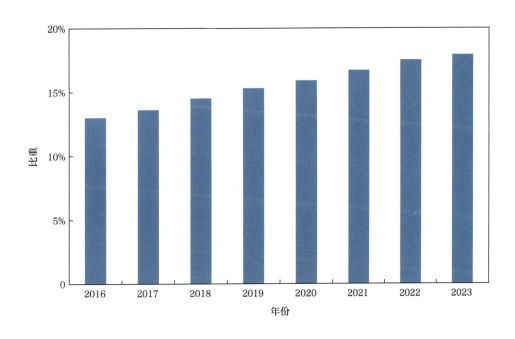

图2-6 我国非化石能源消费占一次能源消费比重

资料来源：中国能源统计年鉴，中华人民共和国2023年国民经济和社会发展统计公报

　　镍、钴、锂等关键矿产资源成为支撑能源转型的关键物质基础，事关国家安全和发展。近年来随着全球能源转型、新一轮科技革命和产业变革向纵深推进，关键矿产因资源储量有限且分布不均，在需求高度重合下已成为全球主要大国战略博弈的新领域。我国作为全球第一大锂、钴生产国和第二大镍生产国，上游资源禀赋差、原材料进口依存度高且呈持续上升趋势是显著特征，供应链稳定性易受国际形势干扰。当前，关键矿产面临逆全球化发展态势，多国政府力推关键矿产供应链本土化和一体化发展，构建关键矿产区域合作关系。这亟须我国践行总体国家安全观，将维护关键矿产资源领域国家安全作为重要任务，完善关键矿产资源战略储备，提升关键矿产资源供应链和产业链韧性。

3. 能源活动碳排放

单位GDP碳排放量稳步降低，"十四五"前三年指标降低进展明显滞后。《中共中央 国务院关于深入打好污染防治攻坚战的意见》要求，到2025年我国单位GDP二氧化碳排放比2020年下降18%。从实际情况看，近年来电力需求的快速增长和降水不足提振了对火电的需求，尽管煤炭消费占一次能源消费比重持续下降，但绝对量保持上升，而疫情结束后的经济活动反弹推动了石油和天然气消费的增长，2023年煤油气等化石能源消费量相比2020年分别增长了11.6%、11.7%和16.2%。因此，2021—2023年我国单位GDP二氧化碳排放同比降幅分别约3.8%、0.8%和0，较2020年累计降幅分别约3.8%、4.6%、4.6%，远低于上述文件中要求的预期降幅（图2-7），今后需要以更大力度推动非化石能源快速发展。

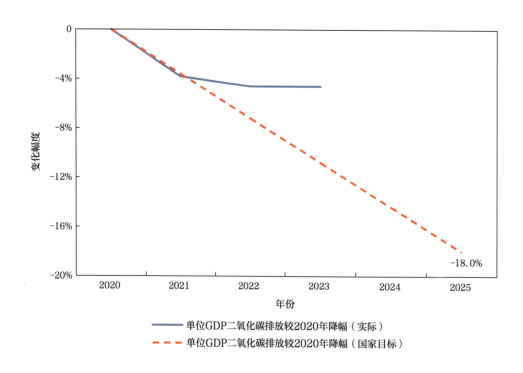

图2-7 我国单位GDP二氧化碳排放实际情况及预测和国家目标对比

资料来源：中华人民共和国2021—2023年国民经济和社会发展统计公报

"1+N"政策体系构建完善，积极稳妥推进碳达峰、碳中和。"十四五"前三年，在党中央、国务院印发《关于完整准确全面贯彻新发展理念做好碳达峰碳中和工作的意见》等文件之后，有关部门陆续出台能源、工业、建筑、交通、农业农村等12份重点领域重点行业实施方案，以及科技支撑、财政支持、统计核算、生态碳汇等11份支撑保障方案，31个省（自治区、直辖市）制定本地区碳达峰实施方案，推动能耗双控逐步转向碳排放总量和强度双控，加强碳排放双控基础能力和制度建设，实施甲烷排放控制行动方案，研究制定其他非二氧化碳温室气体排放控制行动方案，进一步发展全国碳市场，稳步扩大行业覆盖范围，建设完善全国温室气体自愿减排交易市场，持续提升生态系统碳汇能力，"双碳"政策体系构建完善并持续落实，确保如期实现"双碳"目标。

4. 能源消费和供给的演化趋势

国际形势深刻变化，促使能源供需格局由"全球循环"向"区域循环"转变。近年来俄乌冲突导致全球能源贸易自由流动和能源治理体系严重受阻，促使区域性能源供需体系加速形成。俄罗斯能源出口重心正从欧洲转向亚太地区，美国则乘势填补欧洲缺口，国际能源贸易"俄-亚供应循环体""跨大西洋供应循环体"加速构建；石油输出国组织能源出口仍然保持欧洲、亚太两大方向并重。未来随着大国博弈持续升级，全球能源贸易的区域循环特征将更加明显，全球能源流动效率受损，供应链抗冲击韧性减弱，能源供需紧张情况可能加剧。但在中美博弈背景下，俄罗斯"转向东方"有利于我国降低海上石油运输比例，提升油气总体供应安全度。

能源消费总量预计持续增长，统筹能源安全保障和低碳转型的难度加大。当前国内人均能源消费水平仅为经济合作与发展组织国家2/3左右，随着现代化建设全面推进、人民生活持续改善，未来一段时间我国一次能源需求还将保持刚性增长。特别在"两个大局"加速演进和深度互动背景下，一方面国际不确定难预料因素不断冲击全球能源供应链、产业链稳定，另一方面国内新能源电量占比提升和开发用地用海空间需求增加、重大能源工程建设与生态敏感区协调难度加大、能源电力市场机制仍需完善等资源与市场要素综合制约，使能源保障更趋艰巨、复杂，既要立足基本国情推动结构调整优化，实现低碳发展目标，又要坚持多措并举增强综合保障能力，确保经济社会平稳运转。

能源消费结构持续优化，绿色低碳特征更为明显。近年来在"双碳"目标驱动下，我国化石能源消费占比稳中趋降，其中煤炭作为主体能源将继续发挥"压舱石"作用，同步加强煤炭清洁高效利用，推动煤电向基础性、支撑性、调节性电源转型，煤炭消费占比将持续下降。石油"原料"属性更加突出，消费占比将持续下降。天然气承担过渡能源重要作用，消费占比将有所提高。随着可再生能源规模的进一步扩张，工业、建筑和交通等终端用能行业持续开展电能替代，以及绿电消费范围的不断扩大，非化石能源消费占比将明显提高，促使能源消费结构加速调整优化。

非化石能源供给显著增长，成为能源消费增量绝对主体。近年来我国非化石能源高速发展，其中可再生能源新增装机在2023年占全国、全球可再生能源新增总装机比重超过80%、50%，成为国内外能源电力绿色低碳转型发展的绝对主体。未来在我国新能源大基地建设的稳步推进、主要流域水电的有序开发、分布式可再生能源系统的大力推广等举措带动下，新能源每年有望保持1亿千瓦以上新增装机。根据国家能源局预测，2030年前，全国新增能源消费量中约70%由非化石能源供应。

清洁低碳技术和装备不断创新，成为推动能源产业变革的重要力量。当前我国清洁能源产业形成全球领先优势，水电、核电技术装备和建设能力位居世界前列，太阳能电池、风电关键零部件占到全球市场份额的70%，为能源产业保障供应、绿色低碳转型提供了坚实的技术支撑。随着"双碳"目标的深入推进，化石能源的清洁化程度将在煤电"三改联动"、集成储能、余热回收、煤基新材料和新燃料、低成本集群化CCUS等关键核心技术突破下显著提高，非化石能源的效能和利用范围将在钙钛矿及晶硅叠层太阳能电池、深远海海上风电开发、新型储能、氢能等关键核心技术创新及关键部件设计攻关下持续增加，共同推动能源产业不断塑造发展新动能、新优势。

三、我国经济社会和主要用能行业中长期发展趋势

（一）经济社会主要指标

能源产业是服务于经济社会发展的，要开展能源中长期发展趋势研究，首先需要对人口、城镇化水平、GDP、产业结构等宏观经济社会指标的中长期发展趋势进行量化研判。

1. 人口

近两年来，我国人口发展出现总量保持稳中有降的趋势。截至2023年底，全国人口为140 967万人（不包含港澳台及海外华侨人数），人口总量比2022年减少208万人，人口自然增长率为–1.47‰（图3-1）。全年出生人口为902万人，死亡人口为1110万人。导致我国人口出现下降的最直接原因是新出生人口不断减少，2019—2023年新出生人口分别为1465万人、1202万人、1062万人、956万人和902万人。2023年出生人口减少主要受两方面因素影响：一是育龄妇女数量减少，2023年我国15—49岁育龄妇女人数比2022年减少300多万人；二是生育水平下降，受生育观念变化、婚育推迟以及疫情短期冲击等多方面因素影响，2023年育龄妇女总体生育水平继续下降，但根据调查数据和产妇住院建档情况，2023年下半年以来妇女生育意愿提高，有助于未来出生人口稳定。

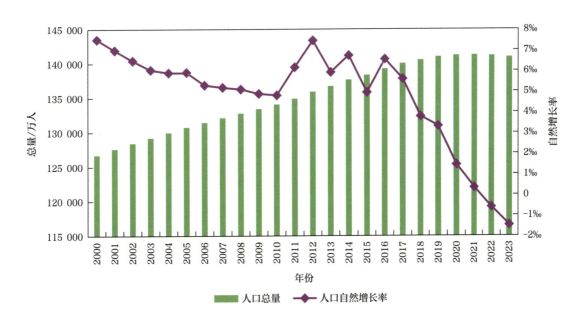

图3-1 我国人口总量与人口自然增长率

　　未来十年我国人口将呈现稳中趋降走势，总体处于峰值平台期，全国人口平均年龄逐步提高，劳动年龄人口虽趋于减少，但劳动力资源总体依然丰富。根据我国人口总量、性别比例、年龄结构、人口政策等因素综合研判，预计我国人口总量到2025年和2030年分别较2023年降低300万人和900万人左右，2030年人口总量保持在14亿人左右，到2035年人口总量将进一步降至13.9亿人左右；2040年后受死亡人口与出生人口差距逐步拉大影响，人口下降速度加快，预计到2060年全国人口总量将降至12.7亿人左右（图3-2）。

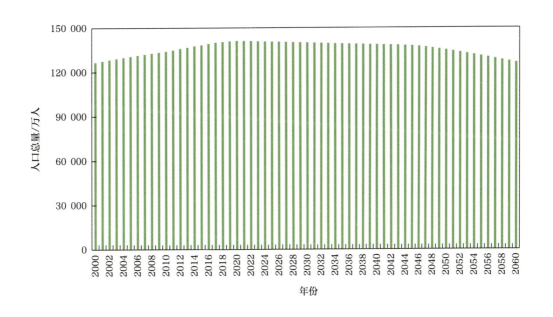

图3-2 我国人口总量中长期发展趋势

人口年龄结构方面，2023年末，全国0—15岁人口为24 789万人，占全国人口的17.6%；16—59岁劳动年龄人口为86 481万人，占61.3%；60岁及以上人口为29 697万人，占21.1%，较2022年上升1.3个百分点，人口老龄化程度进一步加深，其中65岁及以上人口占比达到15.4%。总体来看，劳动年龄人口有所减少，但仍有8亿多人，劳动力资源依然丰富。根据第七次全国人口普查的人口年龄结构，预计未来一段时期，劳动年龄人口数量和比例仍将延续之前的下降趋势，但人口规模依然巨大，人口素质不断提高，人才综合红利逐步显现，人口高质量发展扎实推进。虽然未来我国面临老龄化挑战，但"银发经济"快速发展，不仅扩大了老年产品和服务消费，也带动了养老、医疗、文化、旅游等产业发展，日益成为新的经济增长点。

2. 城镇化水平

我国城镇化水平近年来不断提高，从未来中长期来看，城镇化率仍有较大提升空间。城镇化水平的升高带动了能源消费的发展。首先，在城镇化的过程中需要兴建大量的地产、道路、管线等基础设施，拉动钢铁、建材、有色金属、化工等高耗能产品消费，从而产生大量能源需求；其次，在实现城镇化以后，居民的生活水平提高，对于汽车、家电（尤其是空调）等消费品的需求增加，进而提高了能源消费水平。总体来看，我国能源消费与城镇化水平呈现明显的正相关关系。我国城镇化率从1980年的19.4%提升至2023年的66.2%。《中华人民共和国国民经济和社会发展第十四个五年规划和2035年远景目标纲要》提出，要坚持走中国特色新型城镇化道路，使更多人民群众享有更高品质的城市生活。对比美国、英国、法国、日本、韩国等发达国家的城镇化率（80%—92%），未来预期我国城镇化率还有15个百分点以上的提升空间。根据我国城镇化发展历史趋势、城镇化相关政策和规划、发达国家城镇化进程规律、城镇人口规模和结构等因素预测，我国城镇化水平将不断提高，城镇化率将呈现稳步提升的走势，预计我国城镇化率在2030年前将突破70%，在2035年将达到74%左右，2050年将达到80%左右，基本达到目前世界主要发达国家平均城镇化水平的下限，在2050—2060年城镇化率保持总体稳定、略有提升（图3-3）。

3. GDP

改革开放以来，我国经济建设步入了快车道，加入世界贸易组织以后经济发展更是取得了举世瞩目的成绩，目前GDP位居世界第二。2023年我国GDP总量达126万亿元（现价），增速为5.2%。2000—2023年，我国GDP增速总体呈现下降趋势，"十五""十一五""十二五""十三五"时期的年均GDP增速分别为9.8%、11.3%、

7.9%和5.7%，预期"十四五"时期年均GDP增速为5%—5.5%。

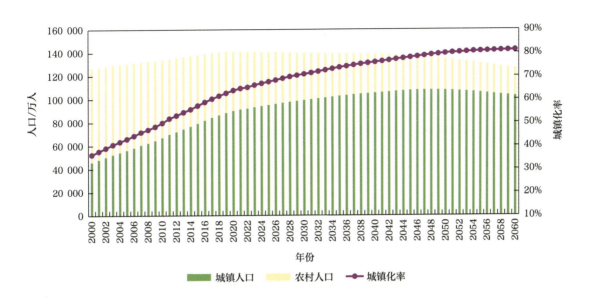

图3-3　城镇化率发展趋势

我国经济将在中长期内保持增长，人均GDP水平逐步向发达国家和地区看齐。2023年，我国人均GDP约为1.27万美元，对标2023年爱尔兰（10.4万美元）、瑞士（10.0万美元）、新加坡（8.5万美元）、美国（8.2万美元）、澳大利亚（6.5万美元）、德国（5.3万美元）、英国（4.9万美元）、法国（4.5万美元）、日本（3.4万美元）等主要发达国家水平及我国香港（5.1万美元）、澳门（6.9万美元）等发达地区水平，仍存在较大发展空间。根据《中华人民共和国国民经济和社会发展第十四个五年规划和2035年远景目标纲要》，我国2035年将基本实现社会主义现代化远景目标，人均GDP达到中等发达国家水平。党的二十大报告提出："从二〇三五年到本世纪中叶把我国建成富强民主文明和谐美丽的社会主义现代化强国。"[①]从发展趋势来看，我国GDP规模将持续扩大，发展增速呈逐步降低态势。

根据我国顶层设计文件并结合当前发达国家和地区经济发展水平，总体研究认为，"十四五""十五五""十六五"时期我国年均GDP增速分别为5%—5.5%、4.5%—5%、4%—4.5%，到2035年，我国GDP和人均GDP基本实现翻一番，总量达到200万亿—210万亿元（按2020年基价，下同），人均收入达到当前希腊、拉脱维亚、立陶宛、葡萄牙等中等发达国家水平（2万—2.5万美元）；2035年后GDP增速进一步下降，

---

① 《习近平：高举中国特色社会主义伟大旗帜 为全面建设社会主义现代化国家而团结奋斗——在中国共产党第二十次全国代表大会上的报告》，https://www.gov.cn/xinwen/2022-10/25/content_5721685.htm，2024年6月3日。

2035—2050年的年均GDP增速为3%—3.5%，到2050年建设成社会主义现代化强国，2050—2060年的年均GDP增速为2%—2.5%，人均GDP达到当前欧洲发达国家和我国香港地区的平均水平（4.5万—5.0万美元），到2060年GDP总量达到410万亿—430万亿元（图3-4）。经济的快速发展离不开能源支撑，尤其是现阶段我国的经济结构中第二产业占比仍然较高，经济总量不断发展壮大的同时对能源消费形成了巨大需求，在2035年前将不断推动能源消费增长，预计到2035年我国基本实现社会主义现代化后，我国经济结构转型将更加深入，GDP增长将逐步与能源消费脱钩，更加注重集约式和内涵式发展。

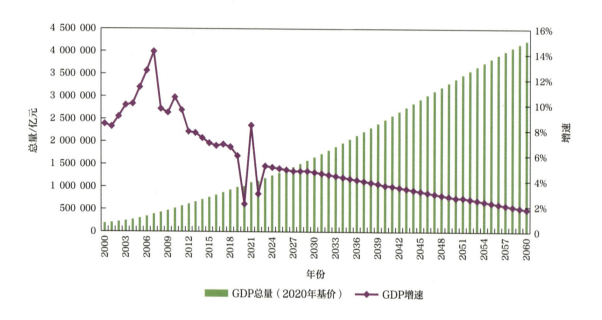

图3-4 我国GDP总量增速发展趋势

4. 产业结构

从发展历程来看，我国产业结构变动总体符合全球产业结构演变的一般规律。改革开放初期，我国产业结构中第二产业占比接近50%，服务业占比不足25%，三次产业在权重排序上呈现"二一三"格局。随着经济不断发展，到20世纪80年代中期，第三产业规模首次超过第一产业，达到了接近30%的水平，三次产业权重排序实现了由"二一三"向"二三一"的重大转变。其后二十多年，我国第三产业占比逐步提高，第一产业占比不断下降，第二产业占比保持小幅波动总体稳定的走势。到2012年，第三产业占比达到了45.5%，首次超过第二产业（45.4%），成为推动国民经济发展的最大产业，三次产业权重排序实现由"二三一"向"三二一"的历史性转变。党的十八大以来，我国经济发展步入新阶段，经济结构战略性调整和转型升级加快推进，2015年我国第三产业占比首次超过50%，到2020年我国一、二、三产业占比分别为7.7%、37.8%、54.5%，第三产业占据主导地位格局更加巩固，经济发展的全面性、协调性和可持续性显著增强。相较改革开放初期，第一产业占比下降了20个百分点左右，第二产业波动式下降了10个百分点左右，第三产业占比上升了30个百分点左右。

2021—2022年，受新冠疫情影响，我国服务业发展受到较大冲击，第三产业占比出现了下降，第二产业占比呈现反弹或持平。2023年，我国经济发展情况总体出现良好恢复，餐饮、住宿、交通、旅游等服务业明显反弹，全年三次产业占比分别为7.1%、38.3%、54.6%，重回第二产业占比下降、第三产业占比升高的大趋势。展望未来，参考发达国家发展历程，并考虑到我国坚持发展实体经济的战略定位，总体研判认为，我国在中长期内第一和第二产业占比将不断降低，第三产业占比将不断升高，但第二产业将保持合理比重。预计到2030年三次产业占比分别为7.0%、34.9%、58.1%，到2035年发展为7.1%、32.4%、60.5%，到2050年和2060年分别演化为6.1%、27.5%、66.4%和5.0%、25.0%、70.0%（图3-5）。

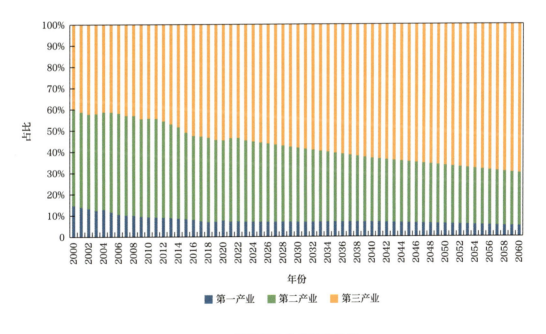

图3-5　国民经济产业结构趋势

（二）主要用能行业产业规模及其能源消费趋势

能源是推动经济发展的重要引擎，我国经济快速发展的同时，能源消费也在不断攀升，消费量从2000年至今增长了3倍左右。其中，黑色金属行业（主要是钢铁行业）、有色金属行业、非金属矿物制品业（主要是建材行业）、燃料加工和化工业、交通运输仓储邮政业、居民生活消费是主要用能行业，2022年六大行业的终端能源消费量为28.6亿吨标准煤（按电热当量法计算），约占当年全国终端能源消费总量（38.4亿吨标准煤）的74.5%。

1. 钢铁行业

国民经济行业分类中的黑色金属冶炼和压延加工业主要是指钢铁行业，是支撑经济社会发展的重要基础原材料工业，广泛应用于社会生产生活，同时钢铁行业也是能源消费大户和碳排放大户。

1）产业发展规模分析

我国经济社会快速发展带动了钢铁行业持续增长。粗钢产量从2000年的1.3亿吨增长到2020年的10.6亿吨；2021年、2022年受疫情影响，钢铁需求疲软，粗钢产量连续小幅下降至10.2亿吨；2023年受经济恢复性增长带动，粗钢产量微增0.1%，钢材产量大增5.2%。短期内，随着疫情后经济复苏和国内投资拉动，预计未来几年粗钢产量将总体平稳，保持在高位平台期。中长期来看，由于我国城镇化率已达到中高位水平，未来城镇化进程的速度将放缓，基建对钢铁的需求稳中有降；另外，随着我国经济结构不断调整优化，战略性新兴产业和未来产业将成为重点发展方向，重工业占比将不断下降，全社会对钢铁的需求也将稳中有降。总体判断我国钢铁行业发展将先稳后降，粗钢产量在"十四五"时期处于峰值平台期，随后将呈现平稳下降趋势，预计到2035年降至8亿—9亿吨，到2060年降至5亿—6亿吨。

2）用能特点及趋势分析

钢铁行业是高载能行业，其单位增加值能耗远高于工业整体水平，2022年终端能源消费量为7.3亿吨标准煤（按电热当量法计算），占全国终端能源消费总量的19.0%，在13个大类行业中占比排在第二。其中，焦化品（含焦炭、焦炉煤气、高炉煤气等）是最主要能源消费品种，占比达72.7%。钢铁行业主要有长、短流程两种工艺，长流程是将铁矿石、焦炭通过高炉-转炉冶炼，能耗高，主要消耗焦化品；短流程是以废钢为原材料通过电弧炉熔炼，能耗低，主要消耗电力。由于我国工业化进程起步较晚、经济社会建设对钢铁需求大、废钢资源回收不足等，目前长流程炼钢是我国钢铁行业的主流工艺，短流程炼钢工艺较少。2022年工业和信息化部、国家发展和改革委员会、生态环境部印发的《工业领域碳达峰实施方案》提出，短流程炼钢占比到2025年达15%以上，到

2030年达20%以上。参考发达国家发展经验，未来随着我国人均钢铁蓄积量的不断升高（可循环的废钢量在增加），且钢铁需求稳中有降，长流程高炉–转炉炼钢占比将逐渐下降，短流程电弧炉炼钢占比将逐渐提高，加之节能技术和氢冶金技术的进步和推广，总体预计钢铁行业的吨钢能耗将先慢后快地下降，其中电力和氢能消费占比逐渐提高，煤炭和焦化品消费占比逐渐下降。

3）用能总量及结构分析

我国钢铁行业的用能总量将基本与粗钢产量继续保持相同趋势。综合考虑粗钢产量将在短期内平稳、中长期内下降的趋势，以及吨钢能耗将逐步降低，总体研判钢铁行业的终端能源消费量将呈现稳中趋降的走势，预计2035年降至6.5亿吨标准煤左右，到2060年降至2.2亿吨标准煤左右。能源消费结构方面，未来随着短流程电弧炉炼钢占比的逐渐提高，以及氢冶金技术的不断进步，钢铁行业的终端能源消费结构将持续清洁低碳化，煤炭和焦化品的比重不断下降，预计到2035年分别下降至9.3%和65.4%，到2060年分别下降至4.9%和32.5%；而电力和绿氢的比重不断提高，预计到2035年分别提高至20.9%和1.1%，到2060年分别提高至35.7%和23.4%（图3-6）。

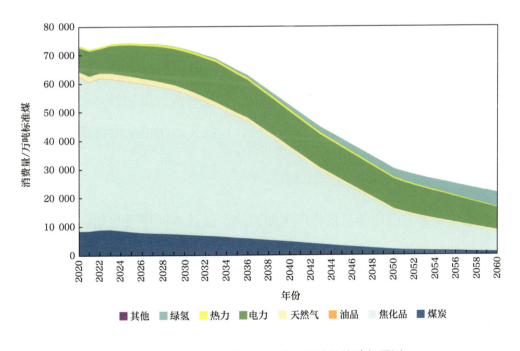

图3-6　钢铁行业终端能源消费量及结构统计与预测

2. 有色金属行业

有色金属是除铁、锰、铬以外的所有金属的统称，以铝、铜、铅、锌等金属为代表，在工业、建筑业等领域广泛应用。

1）产业发展规模分析

有色金属作为重要的基础原材料，在我国的基建、地产、汽车、家电等领域有着广泛应用，2000年以来，我国有色金属产量呈现稳定增长态势，至今已增长了近9倍。2023年我国十种有色金属产量为7470万吨，较上年增长了7.1%，其中原铝（电解铝）产量为4159万吨，约占55.7%，较上年增长3.7%；精炼铜产量为1299万吨，占比约17.4%，较上年增长了13.5%；铅、锌及其他有色金属产量共2012万吨，约占比26.9%。预计未来几年国内有色金属需求仍将保持增长，但随着国内基础设施的趋于完善，增速将放缓，预计在"十五五"中后期进入峰值平台期，并在2030年后开始逐渐减少。以电解铝为代表，产量峰值在4400万吨左右，到2035年产量将降至4000万吨左右，到2060年产量将降至1600万吨左右（该产量不包括再生铝，再生铝产量预计在2035年和2060年分别达到1500万吨和2400万吨左右）。

2）用能特点及趋势分析

有色金属行业属于高载能行业，2022年终端能源消费量为1.4亿吨标准煤（按电热当量法计算），占全国终端能源消费总量的3.7%。有色金属业能源消费结构中，电力是主要能源消费品种，约占68.1%；其次是煤炭，约占8.4%；热力、天然气、焦化品消费占比均在5%—7%。电解铝是有色金属中的最大耗能行业，当前我国电解铝工艺已达到世界先进水平，单位产品能耗下降空间较为有限，其他有色金属随着技术进步预计仍有一定的节能空间。随着再生有色金属产业的发展，短流程回用再生冶炼技术占比将不断提高，单位产品能耗将持续下降。

3）用能总量及结构分析

我国有色金属产业的用能总量将与主要产品产量基本保持同向变化。终端能源消费量短期内仍将持续增长，但增速较慢，在"十五五"中后期进入峰值平台期，峰值约为1.8亿吨标准煤。2030年后，随着有色金属产量的逐渐减少，以及有色金属再生循环利用率的提高，终端能源消费量将呈下降趋势，预计到2035年降至1.7亿吨标准煤左右，到2060年降至约1亿吨标准煤。在能源结构方面，随着清洁能源对化石能源的逐渐替代，电力、热力在有色金属业用能结构中的消费占比不断增加，预计到2035年分别升至76.1%、5.9%，到2060年分别升至76.5%、9.1%；而煤炭、焦化品、油品消费占比将持续下降，预计到2035年分别降至6.0%、3.7%、1.2%，到2060年分别降至4.7%、1.4%、0.9%。此外，在化石能源清洁化替代的过程中，天然气作为一种过渡能源，近中期的消费占比将呈现小幅上涨趋势，预计到2035年提高至6.8%，中远期的消费占比将呈现逐步下降走势，预计到2060年降低至3.7%（图3-7）。

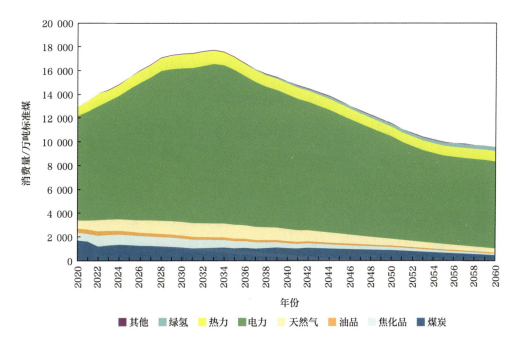

图3-7　有色金属业终端能源消费量及结构统计与预测

3. 建材行业

建材行业是重要的原材料及制品工业，一般分为采石和采矿业、基础材料产业、加工制品业三大类，主要耗能环节在基础材料产业和加工制品业，对应国民经济行业分类中的非金属矿物制品业，广泛用于建筑、化工、电子等领域。

1）产业发展规模分析

进入21世纪以来，我国城镇化水平不断提升，与之相伴的社会基础设施建设带动了建材行业快速发展，水泥产量从2000年的6亿吨快速增长到2014年的24.9亿吨，2015—2021年维持在22亿—24亿吨，2022年快速下降了10.5%，2023年继续下降至20.2亿吨，未来随着基建投资需求趋于平缓，水泥产量将呈现逐步下降态势，预计到2035年和2060年将分别降至17亿吨和8亿吨左右。2013—2020年，水泥行业熟料系数由0.56上升至0.66，在水泥产量稳中趋降的同时，水泥行业熟料系数不断提高，预计水泥熟料消费量当前处于峰值平台期，后期将持续下降。

2）用能特点及趋势分析

非金属矿物制品业的终端能源消费量与水泥、玻璃、石膏、晶硅、陶瓷产业规模高度相关，从2000年的不足1亿吨标准煤增长到2011年的3.3亿吨标准煤（按电热当量法计算），其后在2.7亿—3.2亿吨标准煤之间波动，2022年消费量为3.1亿吨标准煤，占全国终端能源消费总量的8.1%，其中水泥行业能源消费占比在六成到七成。非金属矿物制品业属于高载能行业，随着高效节能技术的推广，单位产品能耗将不断减少。其中，煤炭是非金属矿物制品业消费的主要能源品种，但近年来去煤化趋势明显，煤炭消费占比从2000年的73.6%降至2022年的51.9%；天然气消费占比呈增长态势，从2000年的0.3%增长至2022年的10.4%；2022年电力消费占比为15.8%，呈小幅下降趋势，油品的消费占比为15.2%，呈小幅上升趋势。

3）用能总量及结构分析

我国进入新发展阶段以来，随着社会基础设施建设放缓，以水泥为代表的非金属矿物制品业的产量稳中趋降，同时技术进步推动单位产品能耗减少，总体上，非金属矿物制品业的能源消费将呈持续下降趋势，预计2035年下降至2.1亿吨标准煤左右，到2060年下降至1.1亿吨标准煤左右。能源结构方面，行业整体正在朝清洁化、电气化的方向发展转型，预计到2035年，非金属矿物制品业的煤炭消费占比将下降至41.5%左右，油品消费占比将下降至11.8%左右，电力消费占比将增长至31.8%左右；到2060年，非金属矿物制品业的煤炭消费占比将下降至13.1%左右，油品消费占比将下降至2.0%左右，而电力消费占比将增长至59.9%左右（图3-8）。

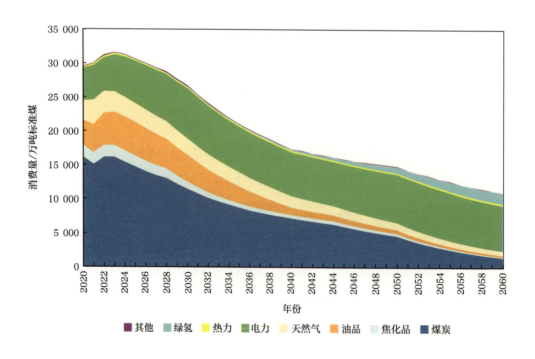

图3-8 非金属矿物制品业终端能源消费量及结构统计与预测

4. 燃料加工和化工业

燃料加工和化工业包括两大行业，分别为石油、煤炭及其他燃料加工业，以及化学原料和化学制品制造业。其中，石油、煤炭及其他燃料加工业主要包括石油炼制、煤炭加工、核燃料加工和生物质燃料加工，化学原料和化学制品制造业主要由基础化学原料制造、肥料制造、农药制造、涂料/油墨/颜料及类似产品制造、合成材料制造、专用化学产品制造及日用化学产品制造七个子行业构成。其中，从产业结构上看，石油炼化、炼焦、合成氨、甲醇、乙烯、丙烯等6个产品的生产制造过程中的能源消费占比最高。

1）产业发展规模分析

2000年以来，我国燃料加工和化工业发展迅速，原油加工量从2亿吨增长到2023年的7.3亿吨；焦炭产量自2011年以来长期稳定在4亿—5亿吨，2023年达4.9亿吨，创历史新高；合成氨产量由2000年的3364万吨提高到2023年的6765万吨，翻了一番；甲醇产量由2000年的200万吨提高到2023年的8403万吨，增长了40余倍；乙烯产量由470万吨提高到3190万吨，增长近6倍。在未来较长一段时间内，为满足经济发展和社会主义现代化建设需要，燃料加工和化工业的产业规模将继续壮大，成品油、焦炭、甲醇、烯烃、芳烃、化肥、酸、碱等大宗化工品产量总体上仍将保持增长。

2）用能特点及趋势分析

燃料加工和化工业能源消费量较大，其单位增加值能耗远高于工业整体水平。随着经济社会的发展，燃料加工和化工业能源消费量总体呈现持续增长态势，但增速呈波动下降，2022年能源消费量达8.5亿吨（按电热当量法计算），占终端能源消费总量的22.0%，在13个大类行业中占比最高。其中，油品是燃料加工和化工业最主要的能源消费品种，2022年约占39.8%；煤炭次之，2022年占比约14.2%，且近年来呈先升后降态势，由2000年的23.8%升至2008年的38.2%，而后持续下降至目前水平；热力、电力、天然气、焦化品的消费占比则呈现先降后升并保持平稳的态势，2022年的消费占比分别为15.3%、12.0%、9.2%、8.8%。未来随着绿色清洁化发展的推进，高效节能技术的推广，燃料加工和化工业的能效将持续提升，用能结构向更加清洁化方向发展，电力、氢能消费占比将逐步提高。

3）用能总量及结构分析

随着燃料加工和化工业的产业规模不断扩大，预计其终端能源消费量将匹配性增长，总体在"十六五"期间进入峰值平台期，峰值在9.9亿吨标准煤左右，2035年保持在9.7亿吨标准煤左右，其后将呈持续下降趋势，到2060年降至6.4亿吨标准煤左右。能源消费结构方面，电力、热力、绿氢的消费占比将呈现不断增长的趋势，天然气的消费占比呈先升后降趋势，而煤炭、焦化品、油品的消费占比则不断降低。预计到2035年，油品的消费占比将下降至29.2%，随着电气化率的提升和绿氢的推广应用，电力和绿氢的消费占比将分别增长至22.3%和1.7%；到2060年，油品的消费占比将下降至12.8%，电力和绿氢的消费占比将分别增长至30.8%和16.0%（图3-9）。

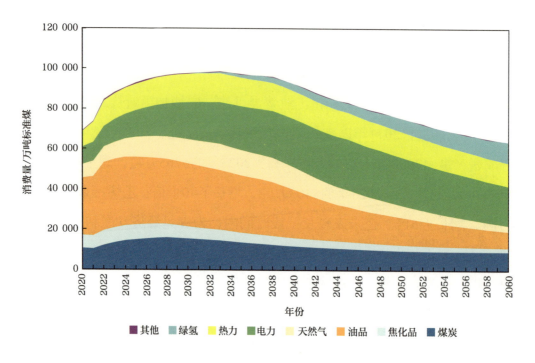

图3-9　燃料加工和化工业终端能源消费量及结构统计与预测

5. 交通运输仓储邮政业

交通运输仓储邮政业属于第三产业，具体包括铁路运输业、道路运输业、水上运输业、航空运输业、管道运输业、多式联运和运输代理业、装卸搬运和仓储业、邮政业等8个子行业，在当今社会中十分重要，不仅为人们提供便捷的交通方式和物品流通渠道，也为国家提供重要的基础设施和服务。我国交通运输仓储邮政业正在从规模速度增长逐步转向质量效率提高，加快构建安全、便捷、高效、绿色、经济的现代化交通运输体系，满足更高层次的经济社会发展需要和人民群众物质流通需求。

1）产业发展规模分析

2000—2019年，我国交通运输仓储邮政业稳步快速发展，客运周转量增长了两倍左右，货运周转量增长了3.5倍左右；2020年受新冠疫情影响，客运周转量同比下降40%

左右，货运周转量同比持平略增。2021年和2022年交通运输行业整体仍处于低迷状态；2023年，新冠疫情防控转段后经济恢复发展，交通运输周转量大幅增长，其中客运周转量同比增长121%，货运周转量同比增长7%。目前，我国交通运输仓储邮政业仍处于基础设施发展、服务转型提升阶段，未来随着我国交通强国建设的持续推进，预计未来我国交通运输仓储邮政业的总体规模仍将保持较快增长趋势。

2）用能特点及趋势分析

2022年交通运输仓储邮政业终端能源消费量为3.7亿吨标准煤（按电热当量法计算），占全国终端能源消费总量的9.5%。当前我国交通运输仓储邮政业的能源消费以油品为主，但其占比呈现逐步降低态势，由2000年的87.7%逐步降低至2022年的79.7%。近年来，随着交通领域用能电气化、仓储领域供热用能清洁化、邮政领域运营智能化发展，交通运输仓储邮政业能源消费需求对电力、天然气的消费占比呈现小幅上涨的态势，电力消费占比从2000年的3.3%增长至2022年6.8%，天然气消费占比从2000年的0.5%增长至2022年的11.4%。预计我国交通运输仓储邮政业用能将进一步向电气化、清洁化方向发展，能源消费结构多元化趋势进一步显现，电力、绿氢的应用将更加广泛。

3）用能总量及结构分析

随着未来我国经济总量不断壮大和结构不断优化，以交通运输仓储邮政业为代表的服务业将获得长足发展。在交通运输仓储邮政业总体规模持续增长的同时，其用能总量在中长期内仍将保持同向增长，预计到2035年达到5.4亿吨标准煤，较2020年增长约42%；2035年后随着电氢替代进一步加速，其用能总量将呈现先平稳上涨后平稳下降的态势，到2060年预计为4.3亿吨标准煤。能源消费结构方面，交通运输仓储邮政业的用能将进一步电气化、清洁化，预计到2035年，油品消费占比将降至55.6%左右，天然气、电力、绿氢的消费占比分别达到16.5%、22.1%、2.6%左右；到2060年，油品占比将大幅降低至13.1%，天然气将降至9.3%，电力和绿氢占比将分别提高至55.7%、19.2%左右（图3-10）。

6.居民生活消费

居民生活包括城镇居民和乡村居民的居家活动（炊事、取暖、制冷、家电使用等）与自驾出行活动等。自改革开放以来，随着我国经济社会的快速发展，居民收入大幅增长，生活水平全方位提升，消费结构不断升级，物质文化生活得到了极大丰富。

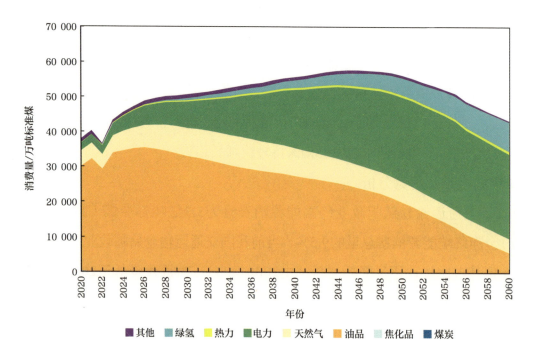

图3-10　交通运输仓储邮政业终端能源消费量及结构统计与预测

1）居民消费支出规模分析

2000年，我国人均居民消费支出仅为2916元，全国居民消费总支出为3.7万亿元人民币；近20年来我国经济建设取得了历史性成就，GDP和人均居民收入都有了大幅提高，相应地我国人均居民消费支出也有了显著提高，到2019年首次突破两万元，达到了2.16万元；2020年受疫情影响略有下降；近三年来经过恢复性增长，到2023年人均居民消费支出达到了2.68万元，全国居民消费总支出为37.8万亿元人民币，基本相当于2000年的10倍。未来，我国将逐渐实现社会主义现代化，中国式现代化是人口规模巨大的现代化，是全体人民共同富裕的现代化，人均居民收入和消费支出也将持续增长。综合人均水平和人口总量两方面因素来看，虽然中长期我国人口总量将呈现稳中趋降走势，但全国居民消费总支出仍将长期保持增长，预计到2035年达到69万亿元人民币左右，到2060年达到140万亿—145万亿元人民币。

2）用能特点及趋势分析

随着生活水平的提高，居民生活终端能源消费量逐步增长，2022年达到4.7亿吨标准煤（按电热当量法计算），较2000年增长3倍左右。能源消费结构也发生了巨大变化，其中煤炭消费占比从2000年的46.8%下降至2022年的8.7%；天然气消费占比从3.8%提升至15.8%；电力消费占比从10.9%提升至36.8%，成为目前居民生活中最主要的能源品种；油品、热力的消费占比均有小幅上升，分别达到23.6%、12.1%。居民生活终端能源消费与居民收入水平、住宅面积、家电（尤其是空调）保有量、汽车保有量等要素的趋势基本一致，随着居民生活水平不断提高，人均生活用能量将持续增长至2050年前后，能源消费总体将朝着生活品质高端化、用能结构清洁化的方向不断发展。

3）用能总量及结构分析

随着居民生活水平和质量逐步提升，居民生活的终端能源消费量将在较长时期内保持增长，预计到2035年达6.4亿吨标准煤左右；2040—2050年为峰值平台期，总体保持在6.5亿吨标准煤左右；2050年后随着人口规模下降和居民用能的电氢化加速替代，预计到2060年居民生活终端能源消费量降低至5.2亿吨标准煤左右。能源消费结构方面，随着终端用能电气化水平不断提升，特别是电动汽车的迅速发展，油品消费占比的增长势头将出现扭转，煤炭消费占比持续下降，电力、热力、天然气将成为能源消费的增长主力，消费占比将加快提升，预计到2035年，煤炭、油品、天然气、电力、热力、绿氢的能源消费占比将分别达到5.9%、17.4%、21.0%、39.5%、13.7%、0.4%，2060年进一步调整为0.8%、2.6%、16.7%、59.7%、15.6%、4.1%（图3-11）。

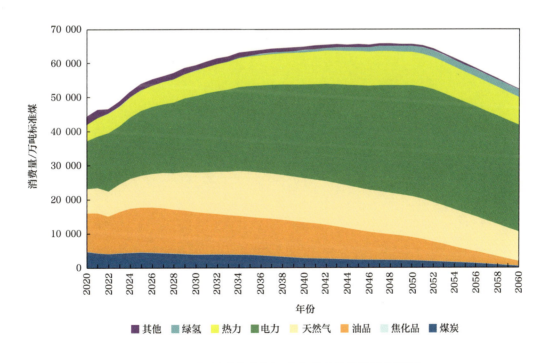

图3-11　居民生活终端能源消费量及结构统计与预测

第二篇

2030年与2035年
中国能源发展预测

四、全社会终端能源消费预测

终端能源是指直接被国民经济各产业所使用的能源，包括商品煤、焦炭、焦炉煤气、汽油、柴油、航空煤油、天然气、液化石油气、电力、热力等几十个能源品种，为更有利于清晰表述，本书将终端能源品种归类总结为煤炭、焦化品、油品、天然气、电力、热力、绿氢、其他能源等八大品种。终端能源消费与国民经济产业的发展息息相关，本书将分别从产业分布和品种结构对未来全社会终端能源消费情况进行预测分析。

（一）全社会终端能源消费总量和产业分布

根据我国国民经济行业分类，结合各行业终端能源消费情况，我国终端能源消费分析重点围绕第一产业、第二产业、第三产业、居民生活等4个用能行业开展。

第一产业包括农林牧渔业（不含农林牧渔服务业）。

第二产业包括工业和建筑业，工业包括采矿业（不含开采辅助活动）、制造业（不含金属制品、机械和设备修理业）、电热水燃供应业；制造业包括钢铁行业、有色金属业、建材行业、燃料加工和化工业等四大高耗能行业及其他制造业。

第三产业包括交通运输、仓储和邮政业（简称交通运输仓储邮政业），批发和零售业/住宿和餐饮业（简称批发零售住宿餐饮业），其他服务业。

在以上产业划分的基础上，再加上居民生活，全国共划分为13个终端用能行业大类，对我国终端能源消费形成了全覆盖。在13个终端用能行业中，燃料加工和化工业、钢铁行业、居民生活、交通运输仓储邮政业、其他制造业、建材行业、其他服务业、有色金属业等8个行业终端能源消费总量分别位列前八，合计占比接近90%，是终端能源消费的主要领域。

我国终端能源消费预计在2030—2035年进入峰值平台期，不同行业消费占比出现较大分化趋势。2022年，我国终端能源消费总量为38.4亿吨标准煤（按电热当量法计算），其中，燃料加工和化工、钢铁、建材、有色金属、交通运输仓储邮政、居民生活等六大行业用能占比较高，约占终端能源消费总量的3/4。随着中国式现代化持续推进和人均GDP不断提高，我国终端能源消费总量在未来10年左右将保持持续增长趋势，预计2025年将达到42亿吨标准煤左右，2030—2035年为峰值平台期，终端能源消费总量为44亿—45亿吨标准煤，随后进入逐步下降阶段。其中，钢铁、建材等高耗能行业用能基本呈逐步降低趋势，有色金属、燃料加工和化工、交通运输仓储邮政和居民生活用能呈现先上升各自达峰再下降的趋势（图4-1）。

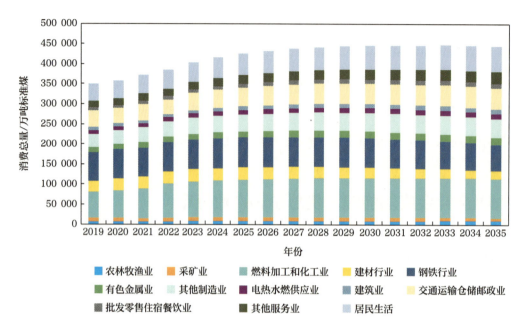

图4-1　终端能源消费总量及行业分布

从产业分类来看，第一产业的终端能源消费总量在未来十年将保持增长，预计将从2022年的7066万吨标准煤增长至2035年的9100万吨标准煤左右。在用能结构方面，当前第一产业的油品消费占比最高，占比超过40%，电力和煤炭分列第二位和第三位；未来随着农业机械电气化和农业供暖清洁化的持续推进，到2035年电力消费占比将超过50%，成为第一产业消费的最主要能源（图4-2）。

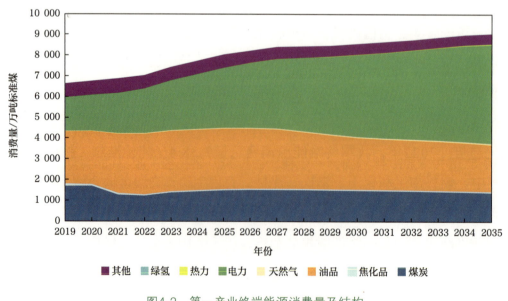

图4-2　第一产业终端能源消费量及结构

第二产业的终端能源消费总量在未来3—5年仍将保持增长，预计在"十五五"期间达峰，峰值区间在29亿—29.5亿吨标准煤，较2022年的26.7亿吨标准煤还有2.3亿—2.8亿吨标准煤的增长空间，达峰后平稳下降，到2035年降至27.9亿吨标准煤左右。在用能结构方面，当前第二产业的电力和焦化品消费分列前两位，分别为6.8亿吨标准煤和6.4亿吨标准煤；油品和煤炭分列第三位和第四位，分别为4.6亿吨标准煤和4.3亿吨标准煤。未来随着我国重型制造业的转型升级，以及工业领域用能清洁化改造的持续推进，预计到2035年电力消费将超过10亿吨标准煤，占比达到37%左右；届时焦化品、油品和煤炭的消费量将分别降至5亿吨、4亿吨和3.2亿吨标准煤；绿氢在第二产业中的应用将持续增加，预计到2035年将接近2900万吨标准煤（图4-3）。

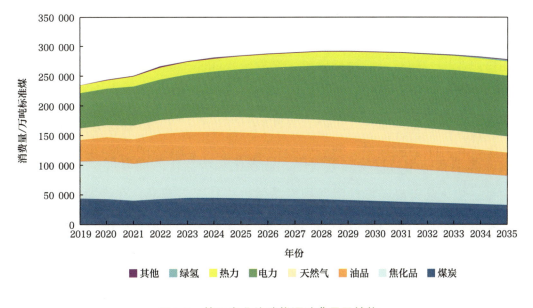

图4-3　第二产业终端能源消费量及结构

第三产业的终端能源消费总量在未来十年将保持连续增长，预计到2035年将达到9.3亿吨标准煤左右，较2022年的6.4亿吨标准煤还有近3亿吨标准煤的增长空间。第三产业能源消费增长的主要动力来自交通运输仓储邮政业以及5G通信、云计算、数据中心、人工智能等高端服务业。在用能结构方面，当前第三产业的油品和电力消费分列前两位，分别为3.5亿吨标准煤和1.7亿吨标准煤；其他能源品种消费占比较小。未来随着我国数字化、智能化服务业的持续升级和不断发展，预计到2035年第三产业电力消费将达到3.8亿吨标准煤左右，超过油品的3.6亿吨标准煤。此外，天然气作为化石能源中最为清洁的品种，在第三产业中的消费量将持续增加，预计到2035年将达到1.1亿吨标准煤左右（图4-4）。

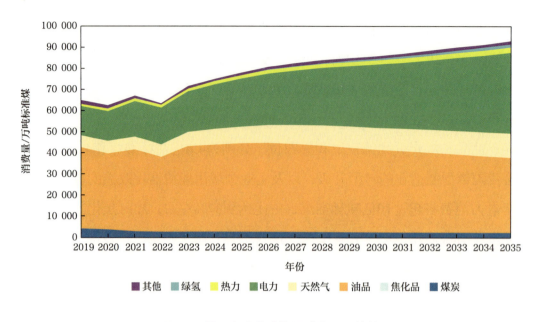

图4-4　第三产业终端能源消费量及结构

（二）终端能源消费结构和分品种消费趋势

终端能源消费结构将持续向电气化、低碳化和清洁化方向发展。未来终端使用的煤炭、油品、焦化品等高碳能源消费规模总体趋稳并逐步减量，在终端能源消费中占比呈现持续降低趋势；天然气、电力、热力、绿氢在终端能源消费中的规模和占比逐步提高，电力消费占比涨幅最为显著，绿氢消费将逐步由小范围试点向规模化应用转变，终端用能电氢化率（电力和绿氢消费在终端能源消费总量中的占比）将持续提高。预计在2025年、2030年和2035年将分别达到30%、35%和39%左右（其中绿氢消费占比分别为0、0.3%、1.0%），有效助力我国相关重点用能行业清洁低碳转型。其中，2025年，煤炭、焦化品、油品、天然气、电力、热力、绿氢、其他能源等八大品种的消费占比分别为12.4%、15.0%、24.7%、10.1%、29.5%、7.1%、0、1.1%，到2030年八大品种消费占比变化为10.5%、13.2%、22.0%、11.1%、34.3%、7.5%、0.3%、1.0%，到2035年进一步优化为9.0%、11.2%、19.8%、11.7%、38.4%、8.0%、1.1%、0.9%（图4-5）。

1. 煤炭和焦化品终端消费趋势

煤炭终端消费预计在"十四五"时期达峰，随后消费规模和占比呈"双降"趋势。终端煤炭消费主要为工业终端利用和民用散烧，2022年我国终端煤炭消费量为5.1亿吨标准煤左右，其中，燃料加工和化工、钢铁、建材、居民生活等4个行业消费占比较高，

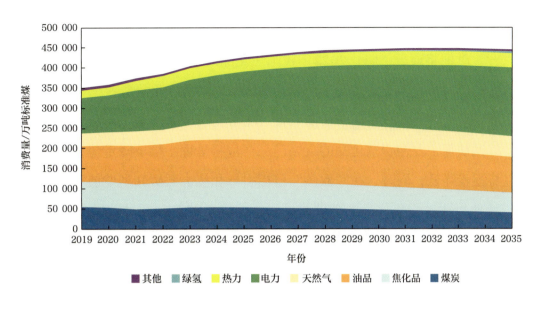

图4-5 终端能源消费总量及品种结构

约占全国终端煤炭消费量的75%。随着"双碳"目标深入推进，以及经济社会与产业低碳转型发展，预计"十四五"时期煤炭终端消费规模基本保持稳定，2025年为5.3亿吨标准煤。在"十五五"和"十六五"时期，燃料加工和化工、钢铁、建材、居民生活等重点用煤行业及其他国民经济产业将更多采用电力、天然气等清洁能源，对于煤炭的终端消费将呈逐步降低趋势，预计我国煤炭终端消费量在2030年、2035年将分别降至4.7亿吨标准煤、4.0亿吨标准煤（图4-6）。

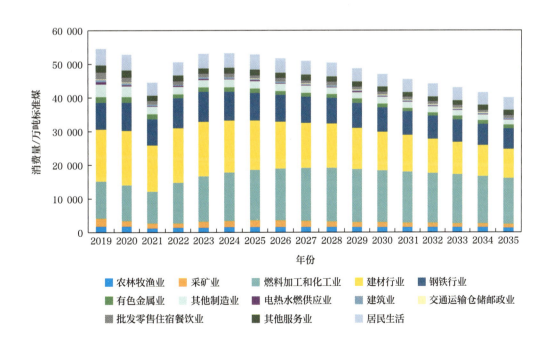

图4-6 各行业对煤炭的终端消费量

焦化品终端消费目前总体处于峰值平台期，进入到"十五五"时期后逐步降低，到"十六五"时期将显著下降。2022年我国焦化品终端消费量为6.4亿吨标准煤左右，其中，钢铁、燃料加工和化工、建材、其他制造业等4个行业消费占比较高，占全国终端焦化品消费量的98%左右。从中长期来看，随着我国城镇化水平不断提高和基础设施不断完善，钢铁等主要消费焦化品的大宗产品产量将呈现平稳下降走势，对应焦化品的需求量也将逐步降低；同时，在"双碳"目标引导和社会低碳转型发展理念不断深化的背景下，其他行业对于焦化品的消费也将呈逐步降低趋势。预计我国焦化品终端消费量在2025年、2030年、2035年分别为6.4亿吨标准煤、5.9亿吨标准煤、5.0亿吨标准煤（图4-7）。

图4-7　各行业对焦化品的终端消费量

2. 油品和天然气终端消费

油品终端消费预计在2026—2027年达峰，峰值约为10.5亿吨标准煤（7.3亿吨标准油），达峰后稳中趋降，到2035年降至8.8亿吨标准煤（6.2亿吨标准油）左右。2022年我国终端油品消费量为9.5亿吨标准煤（6.7亿吨标准油），其中，交通运输仓储邮政、燃料加工和化工、居民生活、建筑、其他服务、建材等6个行业消费占比较高，约占全国终端油品消费量的94%。今后2—3年，交通运输仓储邮政、燃料加工和化工、其他服务等3个行业规模将继续壮大，对于油品的消费还将有一定时间的持续增长，居民生活对油品的消费也还有一定的增长空间；但随着新能源汽车的规模化推广和智能化应用，当前电动汽车对传统燃油汽车已经形成了有效替代，全国燃油车销量已出现明显下滑，在此因素影响下，预计全国油品终端消费将在2026—2027年达到峰值，峰值约为10.5亿吨标准煤（7.3亿吨标准油）；在"十五五"和"十六五"时期，随着"双碳"工作深入推进，以及新能源汽车加速发展、电力加速替代，各行业对于油品的消费将呈逐步降低趋势，预计我国终端油品消费量在2030年、2035年分别为9.8亿吨标准煤（6.9亿吨标准油）和8.8亿吨标准煤（6.2亿吨标准油）（图4-8）。

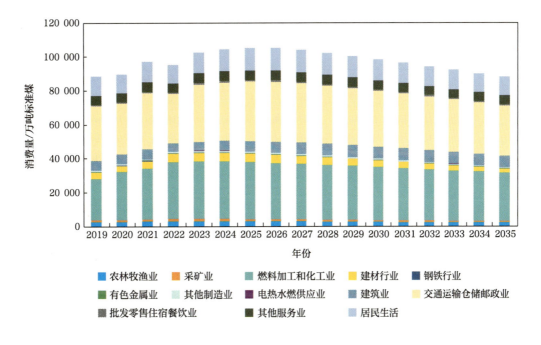

图4-8　各行业对油品的终端消费量

未来十年天然气终端消费量将持续增长，以支撑保障我国相关重点用能行业在减煤过程中的能源充足供给，预计在2035年前后达峰。2022年我国终端天然气消费量为3.7亿吨标准煤（2900亿立方米），受气价大幅上涨影响，较上年有所减少。在天然气终端消费中，居民生活、燃料加工和化工、其他制造、交通运输仓储邮政、建材、采矿、钢铁等7个行业的消费占比较高，约占全国天然气终端消费量的92%。从中长期来看，天然气作为一种清洁能源和碳排放系数最低的化石能源，在我国碳达峰、碳中和过程中将发挥着良好的过渡性作用，综合研判认为，燃料加工和化工、其他制造、交通运输仓储邮政、居民生活等行业对于天然气的消费还将有持续较长时间的增长，全社会对天然气的终端消费在未来十年仍将呈现稳步增长态势，预计我国天然气终端消费量在2025年、2030年、2035年将分别为4.3亿吨标准煤（3400亿立方米）、4.9亿吨标准煤（3900亿立方米）、5.2亿吨标准煤（4100亿立方米），并在2035年前后达到峰值（图4-9）。

图4-9　各行业对天然气的终端消费量

3. 电力和热力终端消费

电力是国民经济各行业实现化石能源替代和绿色低碳发展的主要能源品种，预计在未来相当长的时期内电力终端消费均将保持稳定增长。2022年，我国电力终端消费折算能量为10.5亿吨标准煤（8.5万亿千瓦·时），已经连续多年保持增长。在电力终端消费中，居民生活、燃料加工和化工、其他制造、钢铁、有色金属、其他服务、电热水燃供应与建材等8个行业消费占比较高，约占全国终端电力消费量的87%。从中长期来看，我国经济将长期向好发展，各主要用能行业在政策和市场双重引导下将更加优先选择电力作为能量来源，我国的终端用能电气化率将不断提高，国民经济各行业对于电力的消费在较长时期内保持持续增长。另外，参考发达国家的人均生活用电量，居民生活对电力消费也有较大增长空间。研究认为，全社会电力终端消费在未来30年内仍将呈现增长态势，预计2025年、2030年、2035年电力终端消费将分别为12.5亿吨标准煤（10.2万亿千瓦·时）、15.3亿吨标准煤（12.5万亿千瓦·时）、17.0亿吨标准煤（13.9万亿千瓦·时）（图4-10）。

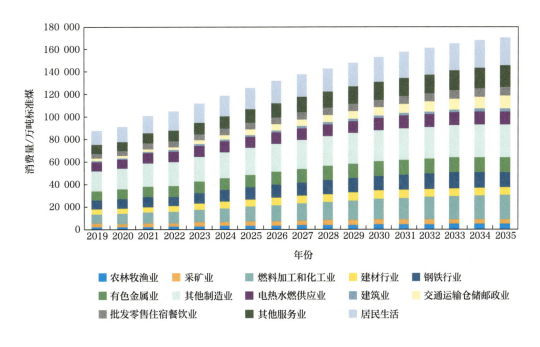

图4-10　各行业对电力的终端消费量

未来随着国民经济不断发展和居民生活水平不断提高，终端行业对于热力的需求预计在2035年前将保持持续增长。2022年我国热力终端消费折算能量为2.8亿吨标准煤，较上年增长明显。其中，燃料加工和化工、居民生活、其他制造、有色金属、其他服务、钢铁等6个行业消费占比较高，约占全国热力终端消费量的93%。从中长期来看，受我国经济长期向好发展影响，国民经济各行业对于热力的消费在较长时期内将保持持续增长，居民生活在全国居民收入水平不断提高趋势下对热力消费也有较大增长空间。另外，国民经济各行业的中小型锅炉持续压减，相关用能行业也将由消费煤炭或天然气转而消费外购热力，研究认为，全社会热力终端消费在未来20年左右仍将呈现增长态势，预计2025年、2030年、2035年热力终端消费将分别为3.0亿吨标准煤、3.3亿吨标准煤、3.5亿吨标准煤（图4-11）。

4. 绿氢和其他能源终端消费

绿氢作为一种清洁、高效的零碳能源，当前在我国生产及利用规模尚小，未来在政策引导和市场激发双重作用下增长空间巨大。当前绿氢主要分布在燃料加工和化工、交通运输仓储邮政等行业，分别用作化工原料和动力燃料。未来，在"双碳"目标引导、低碳转型发展理念不断深化和绿氢规模化替代的多重作用下，绿氢将获得蓬勃发展的机会，特别是在燃料加工和化工、钢铁和交通运输仓储邮政等领域将优先开展规模化应用。绿氢逐步发展成为我国能源消费的重要组成部分，预计到2025年、2030年、2035年，

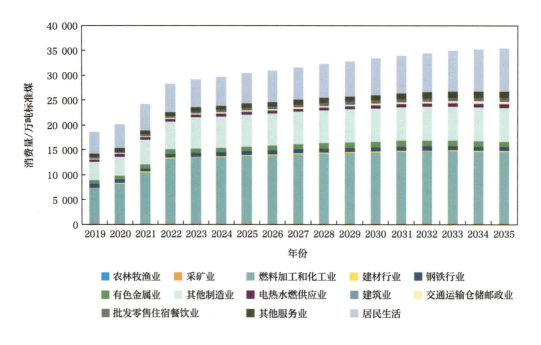

图4-11　各行业对热力的终端消费量

我国终端绿氢消费量将分别达到160万吨标准煤（39万吨绿氢）、1280万吨标准煤（310万吨绿氢）、4730万吨标准煤（1150万吨绿氢）左右（图4-12）。

图4-12　各行业对绿氢的终端消费量

其他能源（包括薪柴、秸秆、地热等）主要在农村或偏远地区相关产业中使用，其分散式的特点决定了未来难以大规模发展应用，预计2035年前总体保持波动式下降趋势。

2022年我国其他能源终端消费量为4000万吨标准煤，较2021年下降较为明显。在全国终端消费的其他能源中，居民生活、交通运输仓储邮政、农林牧渔、其他制造、燃料加工和化工等5个行业消费占比较高，占全国其他能源终端消费量的90%左右。从中长期来看，在"双碳"目标引导、社会低碳转型发展理念不断深化和非化石能源加速替代的多重作用下，各行业对于其他能源的消费将呈逐步降低趋势。预计我国其他能源终端消费量在2025年、2030年、2035年将分别为4900万吨标准煤、4600万吨标准煤、4000万吨标准煤（图4-13）。

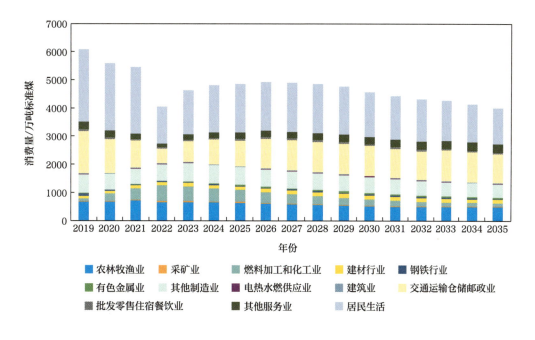

图4-13　各行业对其他能源的终端消费量

五、我国一次能源消费及碳排放预测

一次能源是指可以直接从自然界获取的能源品种，主要包括煤炭、石油、天然气、一次电力及其他能源四大类。为了满足在生产生活中对终端能源的需求，就需要通过能源转化过程，将部分一次能源转化为可供直接消费的终端能源，在这个过程中会产生能源转化损耗。从逻辑关系来看，终端能源需求是一次能源生产的原动力，一次能源供给是终端能源消费的根本来源，两者密不可分；从数量关系来看，一次能源消费等于终端能源消费与能源转化损耗之和。

我国一次能源消费统计方法有发电煤耗法、电热当量法两种，但表征意义及其总量存在一定差异。建议研究近中期能源发展趋势重点参考本书中的发电煤耗法口径相关结论。

一次能源消费统计发电煤耗法、电热当量法的差异。我国一次能源消费统计数据一般按两种口径发布。一直以来，由于我国煤电占比较高，发电煤耗法统计的能源消费总量传播应用更广，常见于统计公报、新闻发布会等大众关注度较高的场合；电热当量法主要在《中国能源统计年鉴》中体现，使用范围集中在能源领域的研究人员，相关数据在公众视野里出现较少，但在国际上主要使用电热当量法进行统计，极少使用发电煤耗法。从数量对比来看，两者有较为明显的差距。例如，2020年，我国一次能源消费总量按发电煤耗法计算为49.8亿吨标准煤，按电热当量法计算为45.6亿吨标准煤，两者的差距在9.2%左右；2023年我国一次能源消费总量按发电煤耗法计算为57.2亿吨标准煤，按电热当量法估算约为51.6亿吨标准煤，两者的差距已扩大到了10.9%左右。

发电煤耗法和电热当量法的计算逻辑存在区别。我国的一次能源消费主要包括煤炭、石油、天然气、一次电力和其他能源等4个类别，发电煤耗法和电热当量法的主要差异在于对一次电力（风光水核等发电）的计量方式不同。电热当量法是将所有的一次电力直接按照电力的热值当量换算，即按照每千瓦·时折合122.9克标准煤进行统计，这种方法在国际上更为通用；发电煤耗法是将所有的一次电力按照燃煤发电的能耗水平进行统计，即当前按照每千瓦·时折合约300克标准煤水平进行统计，是电热当量法的2.4倍左右。

非化石能源发电规模越大，两种统计方法的差异越大。按发电煤耗法核算的一次能源消费总量要比按电热当量法核算的更大，并且一次电力的规模越大，差异就越大，当一次电力成为主体电力时（例如，到2035年前后，非化石能源发电量占比将超过50%），按发电煤耗法核算的一次能源消费总量数字虚高，将失去代表性。

（一）一次能源消费总量及结构

充分考虑燃煤发电、燃气发电、炼油加工、煤焦化、煤制油、煤制气等能源转化过程中的能源消耗，在终端能源消费预测的基础上，得出一次能源消费总量和结构的结论。2035年之前，化石能源发电量占比仍处于主体地位，为保证未来预测数据与历史统计数据相衔接，采用发电煤耗法与电热当量法两种统计口径并行使用的方法；同时，引入电热当量法数据进行比照，作为过渡。2035年之后，非化石能源发电量占比超过50%，主要使用电热当量法来表征一次能源消费总量和结构，采用发电煤耗法表征当下制定的一些主要考核目标。

1. 一次能源消费总量

按发电煤耗法计算，预计到2025年我国一次能源消费总量达到61亿吨标准煤左右，较2020年的49.8亿吨标准煤增长22%左右；到2030年将超过66亿吨标准煤，较2020年增长30%以上，其后增速将大幅放缓，2035年至2040年为峰值平台期，总体保持在67亿—69亿吨标准煤（图5-1），较2020年仍有近40%的增长空间，2040年后将进入缓慢下降阶段。

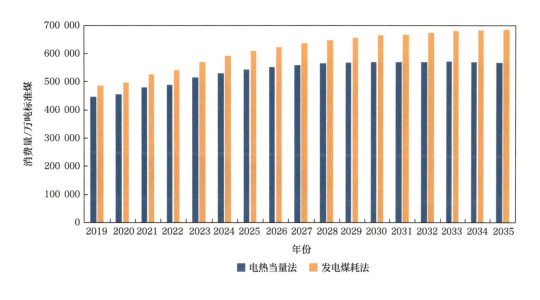

图5-1　一次能源消费总量

按电热当量法计算，预计到2025年我国一次能源消费总量达到54亿吨标准煤左右，较2020年的45.6亿吨标准煤增长18%左右；2030年将达到57亿吨标准煤左右，较2020年增长25%左右；2033年至2035年为峰值平台期，总体保持在57亿—58亿吨标准煤左右（图5-1），较2020年的增长空间不足30%，2035年后将进入逐步下降阶段。

2. 一次能源消费结构

按发电煤耗法，2023年煤炭、石油、天然气、一次电力及其他能源在我国能源消费总量中占比分别为55.3%、18.3%、8.5%、17.9%。煤炭消费较2020年下降1.6个百分点；天然气消费占比较2020年提高0.1个百分点。2022年煤炭消费占比较2021年有所提高，即煤炭消费超过能源消费增速，主要受国际能源供应形势发生深刻变化影响，俄乌冲突以来，石油、天然气价格持续上涨，我国进口天然气总量下降，石油消费减少，煤炭和非化石能源占比得到提升。从长期趋势看，我国能源低碳转型的趋势没有改变，代表能源转型方向的一次电力及其他能源消费占比在2023年较2020年提高2个百分点，保持持续强劲增长势头。预计到2025年，我国一次能源消费结构中煤炭、石油、天然气、一次电力及其他能源占比转变为53.3%、17.4%、9.0%、20.2%，到2030年将变为49.6%、15.0%、9.8%、25.6%，即"十四五"时期煤炭消费占比累计降低3.5个百分点，"十五五"期末煤炭消费占比累计下降3.7个百分点，首次降至50%以下；对应地，非化石能源消费持续增长，"十四五"期间将超过石油消费成为第二大能源，"十五五"期末接近油气消费总量。2035年，预计我国煤炭、石油、天然气、一次电力及其他能源消费占比进一步调整为45.3%、13.0%、10.4%、31.3%；2035年以后非化石能源消费占比将会加速提升，预计到2060年，煤炭、石油、天然气、一次电力及其他能源在我国能源消费中的占比分别为10%、3.5%、6.5%、80%（图5-2）。

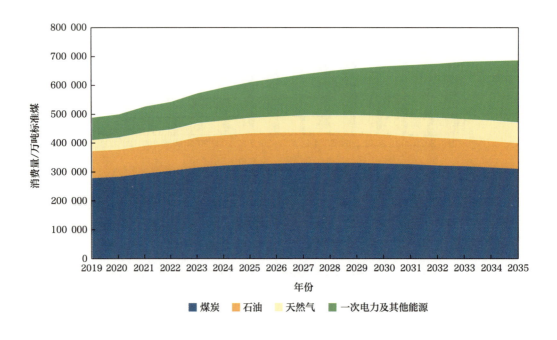

图5-2 一次能源消费量及构成（发电煤耗法）

按电热当量法，2023年我国能源消费总量中煤炭、石油、天然气、一次电力及其他能源占比分别为61.3%、20.3%、9.4%、9.0%，电热当量法反映了当前不同一次能源品种在能源系统中的能量直接贡献程度。预计到2025年、2030年，能源结构将调整为59.9%、19.6%、10.2%、10.3%和57.9%、17.4%、11.4%、13.3%，到2035年能源结构进一步转变为54.6%、15.8%、12.6%、17.0%（图5-3）。可以看出，从能量直接贡献上，煤炭消费占比持续下降，但依然是我国最重要的主体能源。油气消费占比基本稳定在30%左右，但呈现石油消费占比下降而天然气消费占比上升的特点。非化石能源呈逐步加速发展态势，在一次能源消费中的地位快速提升。

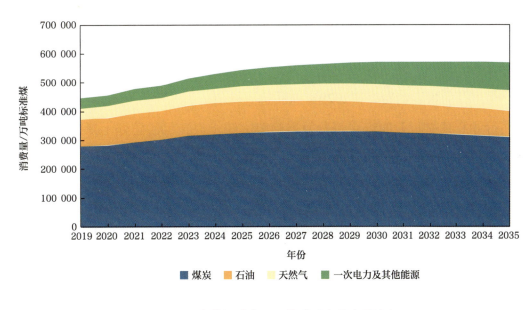

图5-3　一次能源消费量及构成（电热当量法）

（二）分品种一次能源消费达峰及达峰后演化趋势

1. 煤炭消费达峰及达峰后发展趋势

1）主要用煤行业分析

煤炭是我国的主体能源。2023年，我国煤炭消费量在能源消费总量中的占比为55.3%。我国煤炭消费主要集中在电力、钢铁、建材、化工等领域，这四大行业合计占全国煤炭消费总量的90%以上。其中，煤电在我国煤炭消费中占据举足轻重的地位，占比55%以上。

发电和供热用煤是我国近中期煤炭消费的主要增长点，预计2030年前我国煤电行业煤炭消费将保持增长趋势，2030—2035年总体保持稳中略降。在"双碳"目标引导下，我国全社会用电需求在经济社会发展自然牵引和终端能源电力替代的双重驱动下将保持持续增长趋势。未来煤电发电占比将逐步降低，但在"先立后破"原则下，由于保障能源电力安全稳定的现实需要，煤电作为最主要的顶峰电源，发电量将在"十四五""十五五"期间仍然保持增长，在发电增量中贡献较大比例。"十五五"后期，随着风电和光伏发电装机保持高速增长，储能应用规模大幅增加，非化石能源发电量占比不断提升，发电供热用煤增速将逐渐放缓。

化工行业用煤是我国未来煤炭消费第二大增长点，预计化工行业煤炭消费将在"十五五"时期内达峰。"十四五"期间，我国煤化工行业战略意义日益凸显，甲醇和合成氨等产品需求增长，炼油化工产品仍有增长空间，推动我国化工行业用煤继续增长。"十五五"期间，随着电气化率的提升，煤炭在化工行业能源消费的占比将逐渐降低，预计化工行业煤炭消费将在2029年前后达到峰值。

钢铁行业和建材行业的煤炭消费发展趋势比较相似，目前已处于峰值平台期，预计"十四五"后期和"十五五"时期将呈现平稳下降趋势。我国城镇化率已达到中高位水平，未来城镇化进程的速度将放缓，基建需求稳中有降，另外，随着我国经济结构调整的不断深入，重工业占比将进一步下降，全社会对钢铁的需求将稳中有降。与此同时，基建进程的放缓也将直接导致水泥需求的减少。总体判断我国粗钢和以水泥为代表的建材产量已处于峰值平台期，从"十四五"后期开始将平稳下降。未来随着高效、节能技术的推广和电能消费占比的提高，吨钢综合能耗和水泥单位产品能耗将逐步降低，"十四五"后期和"十五五"时期钢铁行业和建材行业的煤炭消费将呈平稳下降的趋势。

"十四五"时期，在发电和供热用煤、化工用煤两大增长点共同推动下，我国煤炭消费在今后一段时期仍将保持稳定增长趋势。"十五五"时期，发电和供热用煤、化工用煤仍将是煤炭消费的增长点，钢铁和建材行业需求减少，用煤量稳步下降，此阶段我国煤炭消费总体上呈现先升后降的趋势。"十五五"后期，发电和供热用煤增速放缓，同时钢铁和建材用煤继续下降，煤炭消费达峰后将进入持续下降阶段，但仍然占据能源消费的主体地位。

2）煤炭消费达峰时间及消费量预测

煤炭消费预计在"十五五"前中期达峰，"十五五"后期稳中有降。"十四五"时期，煤炭作为我国主体能源的地位和作用不会改变，煤炭消费仍将继续增长；"十五五"时期，我国煤炭消费总体平稳，预计2027年进入峰值平台期，2027—2029年煤炭消费呈现高位波动，2030年较峰值平台期明显回落，2031—2035年形成显著下降趋势。

煤炭消费量预测。综合上述用煤行业分析和量化模型预测，预计未来在"先立后破"原则下，随着新能源的大规模发展以及保障能源电力安全稳定的现实需要，我国煤炭消费在今后一段时期仍将保持稳定增长趋势，到2025年增长至49.5亿吨（国产原煤+进口商品煤）左右；煤炭消费到2027年进入峰值平台期，2027—2029年在峰值平台上呈现波动状态，振幅区间为50.5亿—52亿吨（波动范围按标准煤折算约1亿吨）；煤炭消费达峰后，在"十五五"后期将稳中有降，到2030年降至50亿吨左右（图5-4），"十六五"时期将进入持续下降阶段。2035年前，煤炭消费保持在47亿吨以上，仍然占据能源消费的主体地位。2035年以后，随着我国非化石能源规模化发展，煤炭消费规模和占比快速下降（预计到2060年煤炭消费降至8亿—10亿吨商品煤）。按发电煤耗法计算，煤炭消费在一次能源消费中的比例将从2020年的56.9%逐步降至2025年的53.3%、2030年的49.6%和2035年的45.3%，"十四五""十五五""十六五"时期的煤炭消费占比分别累计降低3.6个百分点、3.7个百分点、4.3个百分点，煤炭消费占比呈现加速趋减态势。

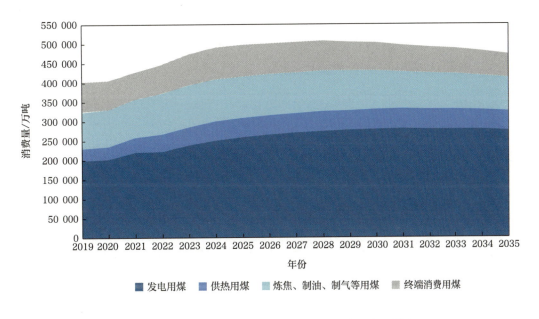

图5-4　煤炭消费量及构成（国产原煤+进口商品煤）

2. 石油消费达峰及达峰后发展趋势

1）主要用油行业分析

石油是我国长期以来的第二大能源品种，2023年全国石油表观消费量约为7.6亿吨，在能源消费总量中的占比为18.3%。我国石油消费主要集中在交通运输和化工两大领域，合计占全国石油消费总量的70%左右。

交通运输方面，目前我国电动汽车呈现出对燃油汽车的快速替代趋势，燃油汽车保有量进入平台期，交通用油量趋于饱和，"十四五""十五五"期间交通运输行业石油消费将呈现先升后降的趋势，"十四五"期间缓慢增长，"十五五"前期达到峰值，随后平稳下降。

化工方面，随着国内成品油消费量进入平台期，"减油增化"已成为炼油产品结构调整的重要方向。近年来我国化工规模快速增长，我国成为全球最大乙烯和对二甲苯生产国，化工产能的扩张带动化工原料用油消费的增加。预计我国化工行业石油消费在"十四五"时期保持增长，"十五五"后期由于化工产品需求趋于饱和，石油消费增速逐渐放缓。

"十四五"时期，我国石油消费总体处于峰值平台期。交通用油趋于饱和，化工用油成为我国石油消费增长主要推动力，总体上"十四五"期间我国石油消费难以出现持续较大规模增长。进入"十五五"后，在交通用油稳中有降、化工用油增速放缓的共同作用下，我国石油消费预计于"十五五"前期达峰；"十五五"后期，随着交通领域清洁交通工具的规模化替代及非化石能源的规模化发展，石油消费进入下行期。

2）石油消费达峰时间及消费量预测

石油消费达峰时间预计为2026—2027年。"十四五"时期，我国石油消费将呈现总量增加，增速逐渐放缓的趋势。我国石油消费峰值将出现在"十五五"前期，达峰时间预计为2026—2027年，2030年较峰值有所下降，消费占比下降总体平缓，中长期来看石油将从燃料属性逐渐向原料属性转变。

石油消费量预测。综合上述用油行业分析和量化模型预测，预计石油消费在2026—2027年达峰，2030年维持在7亿吨，消费占比下降总体平缓。石油消费量现阶段总体处于峰值平台期，2022年受疫情影响出现小幅下降，后疫情时代将有所反弹，但考虑到电动汽车对燃油汽车的快速替代趋势，石油消费难以出现持续较大规模增长，预计全社会石油消费合计量2025年为7.5亿吨（表观消费量8.0亿吨）；在2026—2027年石油消费达到峰值，峰值区间为7.5亿—7.6亿吨（表观消费量8.0亿—8.1亿吨）；在"十五五"后期，石油消费量进入下行期，2030年降至7亿吨（表观消费量7.3亿吨），2035年前保持在6.3亿吨以上（图5-5）。2035年以后，随着交通领域清洁交通工具的规模化替代及非化石能源的规模化发展，石油消费规模和占比将呈快速下降态势，预计到2060年石油消费降至1.4亿—1.5亿吨。按发电煤耗法计算，石油消费在一次能源消费中的比例将从2020年的18.8%逐步降至2025年的17.4%、2030年的15.0%、2035年的13.1%，"十四五""十五五""十六五"时期的石油消费占比分别同比累计降低1.4个百分点、2.4个百分点、1.9个百分点，相比煤炭消费占比其降幅更为平缓。

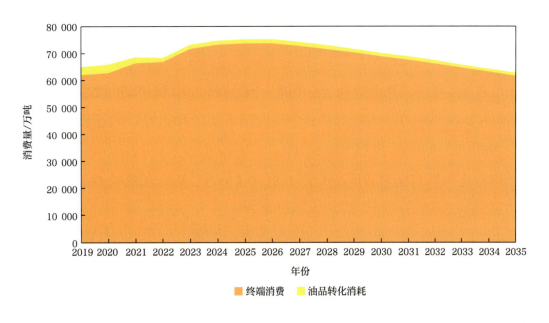

图5-5　石油实际消费量及构成

3. 天然气消费达峰及达峰后发展趋势

1）主要用气行业分析

2023年，我国天然气消费量约为3826亿立方米，在能源消费总量中的占比为8.5%。我国天然气消费主要集中在城镇燃气、工业燃料、燃气发电和化工等领域。

"双碳"目标下，为满足未来近中期全社会不断增长的能源需求，天然气将成为我国低碳发展的重要过渡能源。"十四五""十五五"时期内，发电用气、供热用气、工业用气都将在未来较长时间内保持持续增长。预计我国天然气消费在"十四五"和"十五五"时期继续保持增长。2035年以后，随着非化石能源规模化发展，天然气的过渡性支撑能源角色将逐步减弱，其消费将逐步下降。

2）天然气消费达峰时间及消费量预测

天然气消费预计在"十四五""十五五"时期继续增长，达峰时间为2035年前后，此阶段消费占比将稳步提升。2035年以后，天然气的过渡性支撑能源角色将逐步减弱，其消费将逐步下降。

天然气消费量预测。综合上述用气行业分析和量化模型预测，预计天然气消费在未来十年仍将保持增长，到2035年前后达峰，峰值在5600亿立方米以上，在能源消费中占比呈现稳步提升态势。天然气作为实现"双碳"目标的过渡能源，发电用气、供热用气、终端用气都将在未来较长时间内保持持续增长。预计2025年我国天然气消费量将超过4200亿立方米,到2030年接近5100亿立方米,到2035年达到5600亿立方米以上,到达峰值平台期(图5-6)。2035年以后,随着非化石能源规模化发展,天然气的过渡性支撑能源角色将逐步减弱,其消费将逐步下降(预计到2060年降至2900亿立方米左右)。按发电煤耗法,天然气在一次能源消费中的比例将从2020年的8.4%逐步提高至2025年的9.0%、2030年的9.8%、2035年的10.4%,"十四五""十五五""十六五"时期的天然气消费占比分别同比累计提高0.6、0.8、0.6个百分点,天然气消费保持稳健增长态势。

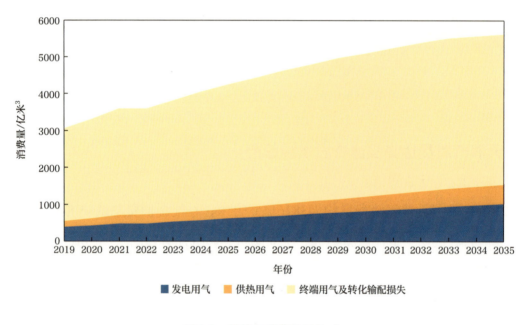

图5-6 天然气消费量及构成

4. 非化石能源消费发展趋势

非化石能源(一次电力及其他能源)的主要构成为风电、太阳能发电、水电、核电、生物质发电等清洁电力。大力发展非化石能源是我国实现"双碳"目标和能源产业绿色低碳转型高质量发展的主要抓手,随着我国终端能源电气化率的不断提高,预计我国非化石能源消费在中长期内将持续保持增长,在能源消费总量中占比将呈现加速上涨态势,逐步成为电力增量的绝对主体。在绿色低碳政策导向和非化石能源技术进步、成本降低的长期驱动下,风、光、水、核、生物质等非化石能源发电在未来将保持持续快速发展态势。

关于非化石能源发电量,预计到2025年将达到4.1万亿千瓦·时,占全国总发电量的

39%左右；到2030年达到5.8万亿千瓦·时，占全国总发电量的45%左右。到2035年将达到7.5万亿千瓦·时（图5-7），占全国总发电量的一半以上。2035年以后，非化石能源的发展速度将进一步加快，并最终在能源系统中占据绝对主体地位，预计到2060年发电量将达到16.5万亿千瓦·时，占全国总发电量的95%左右。

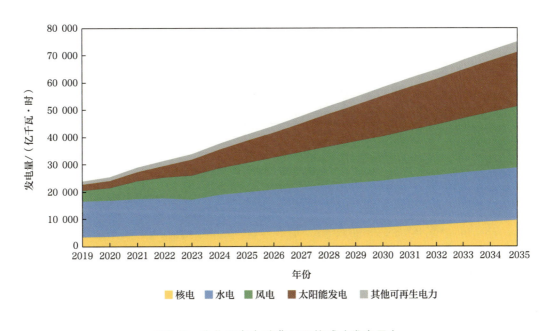

图5-7　非化石电力消费量及构成（发电量）

关于非化石能源消费量（一次电力及其他能源消费量），按照发电煤耗法，预计到2025年将达到12.3亿吨标准煤，在一次能源消费总量中占比20.2%；到2030年将达到17.0亿吨标准煤，在一次能源消费总量中占比25.6%；到2035年将达到21.4亿吨标准煤，在一次能源消费总量中占比31.3%（图5-8）。按照电热当量法，预计到2025年将达到5.6亿吨标准煤，在一次能源消费总量中占比10.3%；到2030年将达到7.7亿吨标准煤，在一次能源消费总量中占比13.3%；到2035年将达到9.6亿吨标准煤，在一次能源消费总量中占比17.0%（图5-8）。

关于非化石能源占一次能源消费总量的比重，按发电煤耗法计算，"十四五""十五五""十六五"时期的非化石能源消费占比分别同比累计提高4.3、5.4和5.7个百分点，非化石能源消费保持加速增长态势，到2030年非化石能源发电将贡献全国75%左右的新增发电量，到2035年将贡献全国100%的新增发电量。

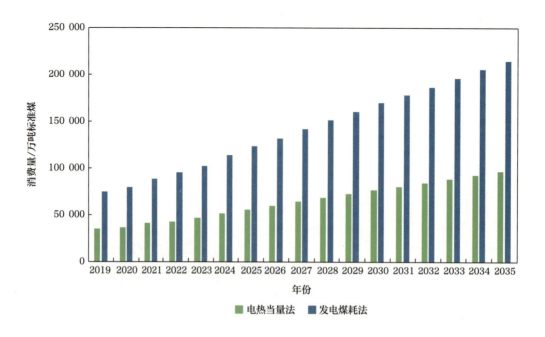

图5-8 一次电力与其他能源消费量

（三）全社会用电量及最大用电负荷预测

1. 全社会用电量预测

全社会用电需求将随着终端电氢化率不断提升而保持持续增长态势。我国在2035年要基本实现社会主义现代化，经济实力需要不断增强，而经济的增长离不开电力的强力支撑；在"双碳"目标引导下，我国终端用能的清洁化程度将不断提高，用电用氢比例将逐步提高，预计2025年我国终端电氢化率将达到30%左右，到2030年将达到35%左右。相应地，我国全社会用电需求在经济社会发展自然牵引和终端能源电氢替代的双重驱动下将持续增长。预计我国全社会用电量到2025年将达到10.5万亿千瓦·时，到2030年将达到13.0万亿千瓦·时左右，2035年将达到14.8万亿千瓦·时左右（图5-9）。

分产业来看，第一产业、第二产业、第三产业和居民生活的用电量均将保持增长，其中第二产业和第三产业是用电量增长的主要来源，预计在"十五五""十六五"十年间全国增长的4.2万亿千瓦·时用电量中，第二产业占比约为54%，第三产业占比约为30%（图5-9）。

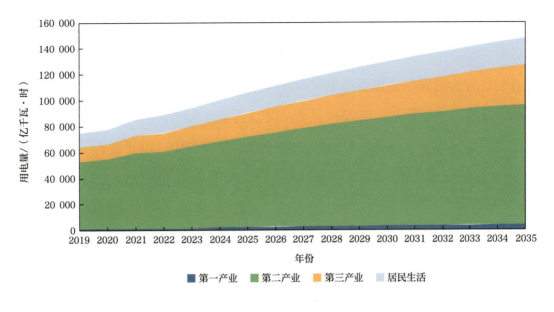

图5-9　全社会用电量及产业构成

分用途来看，终端消费和制取绿氢的用电量均将保持增长，电力输配损失随着全社会用电量增长也将有所增加。其中，终端消费是用电量增长的主要来源，预计在"十五五"和"十六五"十年间全国增长的4.2万亿千瓦·时用电量中，终端消费占比约88%，制取绿氢消费占比约为11%（图5-10）。

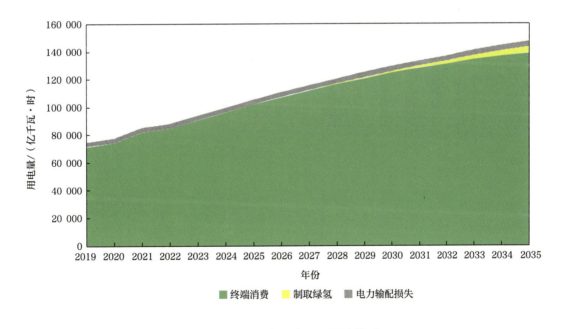

图5-10　全社会用电量及用途构成

2. 全社会最大用电负荷预测

近年来我国全社会最大电力负荷年均增长速度略快于全社会用电量增长速度（约为

5.8%），"十三五"期间各年的最大峰谷差率均在30%左右，总体变化不大；全社会最大用电负荷一般发生在夏季晚高峰时段，2021年冬夏双峰效应也较为明显。2022年夏季负荷高峰特征较为明显，叠加西南地区高温少雨、水电出力不足，造成川渝等局部地区用电高峰时段电力供应不足。2023年夏季高峰负荷增长明显，未来，我国全社会最大用电负荷在方向上将与全社会用电量保持总体一致的发展趋势。但随着我国第三产业和居民用电量占比的逐渐提高，全社会用电负荷的波动性也将不断升高，负荷尖峰效应更加明显，总体判断，我国全社会最大用电负荷的增长速度仍将保持略快于全社会用电量增速的趋势。

预计我国全社会最大用电负荷到2025年将达到15.5亿千瓦（考虑需求侧响应抵消后为15.1亿千瓦），到2030年将达到20.0亿千瓦（考虑需求侧响应抵消后为19.1亿千瓦），到2035年将达到24.1亿千瓦（考虑需求侧响应抵消后为22.8亿千瓦）（图5-11）。

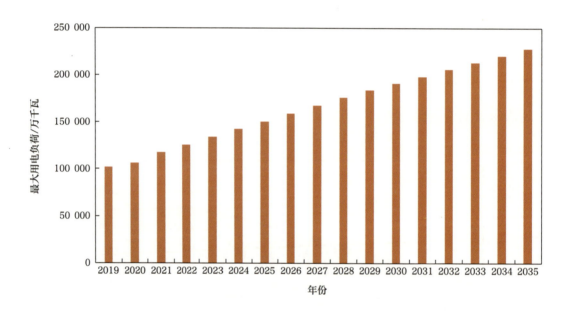

图5-11　全社会最大用电负荷（考虑需求侧响应后）

（四）"双碳"目标下我国能源活动碳排放趋势

火电（含供热）、钢铁、燃料加工和化工、建材等四大行业是我国能源活动碳排放的主要来源（图5-12）。在终端用能电氢化替代趋势下，未来钢铁、燃料加工和化工、建材三个行业的碳排放量总体将不断下降，而火电（含供热）行业碳排放量将继续增长一段时期。

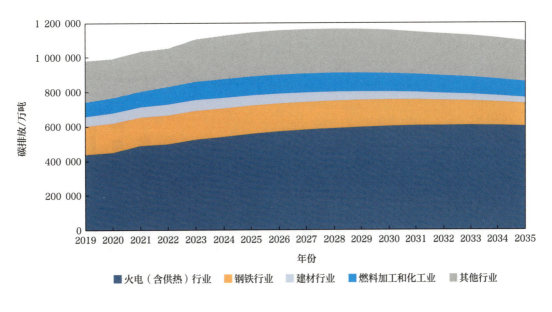

图5-12　各行业不考虑CCUS的碳排放

从历史数据来看，能源活动碳排放主要来源于火电（含供热）、钢铁、建材、燃料加工和化工四大行业，2020年其能源活动碳排放占比分别为45%、17%、6%、9%左右，合计约占77%；国民经济其他行业碳排放占比共计23%左右。从发展趋势上看，在2035年前，火电（含供热）行业由于发电量持续攀升，碳排放占比将持续升高，到2030年超过50%，到2035年将达到53%左右；钢铁行业和建材行业由于产量稳中有降，碳排放占比将持续降低，到2030年分别降至13%和3.5%，到2035年分别降至12%和3%；燃料加工和化工业碳排放占比呈现先升高后降低的走势，主要原因是近几年煤化工的快速发展和未来油品消费达峰以后产业规模的逐步下降，预计到2030年占比约为9.5%，到2035年约为9%（图5-12）。

未来，CCUS将逐渐在火电（含供热）、钢铁、燃料加工和化工、建材等四大行业布局发展，其中，火电（含供热）行业是CCUS产业发展的主要方向；预计到2035年全国CCUS装机总量（二氧化碳处理能力）将达到3900万吨（图5-13）。

总体来看，我国能源活动碳排放预计在2030年前达峰，峰值区间为115亿—118亿吨，达峰后进入峰值平台期，到2035年降至109亿吨左右。未来几年，为支撑经济社会发展和保障能源电力系统安全，化石能源消费总体仍处于缓慢增长期，对应能源活动碳排放量也将继续增长。预计2025年，能源活动碳排放量为114亿吨左右；2030年前达到峰值，峰值区间为115亿—118亿吨，较2020年碳排放量约有16亿—19亿吨的增长空间（图5-14）。

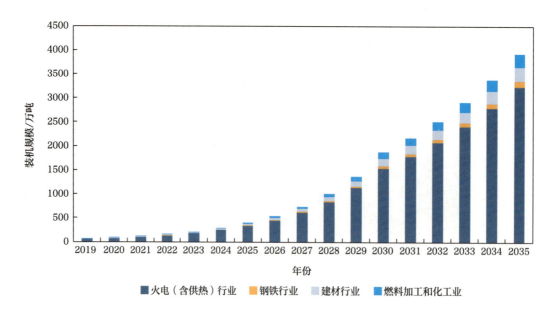

图5-13　各行业CCUS累计装机规模

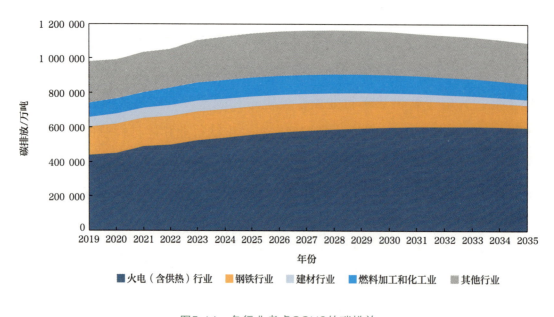

图5-14　各行业考虑CCUS的碳排放

随着化石能源消费的减量替代及CCUS等负碳技术的示范推广，能源活动碳排量的增长量将逐步下降，"十四五""十五五""十六五"时期，能源活动碳排放量分别新增约15亿吨、2亿吨、-7亿吨，我国能源活动顺利实现碳排放达峰后稳中有降（图5-14）。

2035年前CCUS产业处于示范推广阶段，发展速度较快，但总体规模较为有限，占全国能源活动碳排放总量的比例不足0.5%（图5-15）。

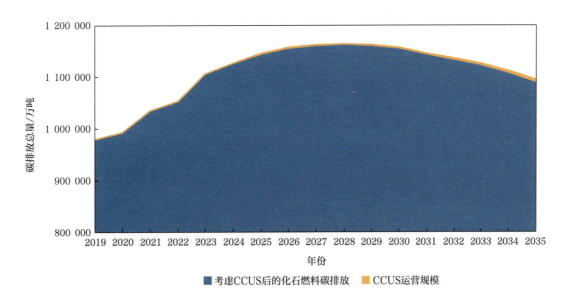

图5-15　考虑CCUS的能源活动碳排放总量

对比来看，碳排放量增速低于能源消费总量增速，碳排放达峰早于能源消费达峰。能源活动与碳排放呈现高度的正相关性，但由于技术进步、能源结构逐步低碳演化，碳排放量增速低于能源消费总量增速，"十四五""十五五"时期，预计全国一次能源消费总量（按发电煤耗法计算）较2020年分别增长22.5%和33.3%，而对应碳排放量分别增长约15%和16%。此外，根据本书研究成果，全国能源活动碳排放将在2030年前达峰，较我国能源消费在2035—2040年达峰（按发电煤耗法计算）早5—10年，主要原因是在碳排放达峰之后，虽然煤炭和石油消费量达峰后开始缓慢下降，但天然气、一次电力及其他能源消费量仍在保持上涨并成为增量绝对主体，导致能源消费达峰要滞后于碳排放达峰。这一方面反映出2035年前能源消费持续增长，但增长以低碳清洁能源为绝对主体；另一方面反映出2030年后能源系统转型的结构性降碳效果十分显著。

到2060年能源活动碳排放预计约为22亿吨，通过12亿吨CCUS工程和碳汇抵消可实现碳中和。2035年后随着非化石能源对煤炭、石油、天然气等的加速替代，预计我国能源活动碳排放将进入快速下降阶段，到2060年能源系统碳排放约为22亿吨（不考虑负碳技术时），若考虑CCUS兜底脱碳保障并到2035年之后进入规模化布局（重点在煤电、石油化工、煤化工、冶金、工业燃煤等领域推广应用），预计2060年CCUS可实现碳减排12亿吨，能源活动碳排放降至10亿吨以内。另外，根据国内林业领域研究结果，预计2060年我国陆上林地的碳汇能力可达15亿—20亿吨，可顺利实现能源活动碳中和，并为社会其他碳排放预留一定的空间。

六、我国能源生产供给发展趋势分析

（一）能源总体供给发展趋势

从历年统计数据来看，我国一次能源供需总体保持平衡，供需平衡差额在2%—4%（1亿—2亿吨标准煤），能源供给总量受能源消费总量牵引，保持相近的变化趋势。能源供给方面，我国一次能源主要由国内满足，总体自给率在80%左右（发电煤耗法），具体由煤炭、石油、天然气、一次电力及其他能源等四类能源供给保障，其中石油、天然气的对外依存度较高，煤炭、一次电力及其他能源基本依靠国内。为保证能源供应有效满足能源消费需求，到2035年将形成煤炭、油气、非化石能源三分天下格局。在前述对能源消费预测分析的基础上，对未来能源供给研判如下。

2035年将形成煤炭、油气、非化石能源三分天下的格局，能源供应总体上可有效保障能源消费需求。预计未来较长时间内我国一次能源供给总量（按发电煤耗法计算）将保持增长，到2025年达到62亿—63亿吨标准煤，到2030年达到67亿—68亿吨标准煤，到2035年达到68亿—70亿吨标准煤（图6-1）。若按电热当量法，到2035年我国一次能源供给总量为57亿—58亿吨标准煤（图6-2）。2022年，我国煤炭、石油、天然气、一次电力及其他能源对我国能源供给的贡献分别为56.5%、18.3%、8.2%、17.0%；预计未来一段时间煤炭和石油的贡献率将逐渐下降，天然气、一次电力及其他能源的贡献率将逐渐上升，到

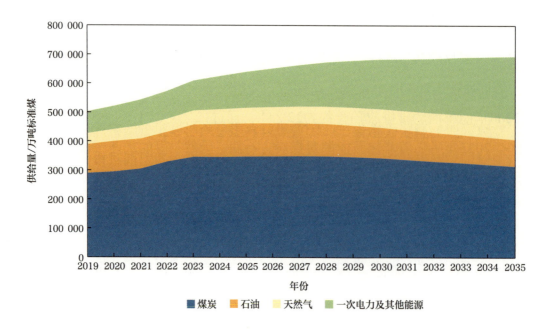

图6-1 一次能源供给量及品种构成（发电煤耗法）

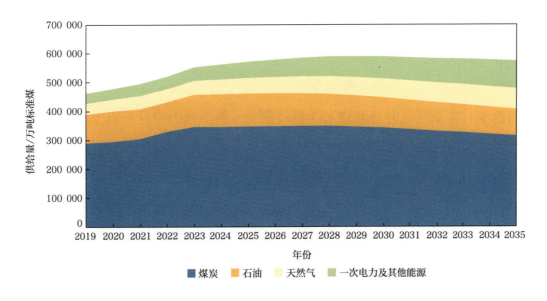

图6-2　一次能源供给量及品种构成（电热当量法）

2025年煤炭、石油、天然气、一次电力及其他能源对我国能源供给的贡献率分别为53.6%、18.0%、8.8%、19.6%；到2030年四者贡献率分别为50.0%、15.3%、9.7%、25.0%。

我国能源自给率总体处于80%左右的较高水平，受油气结构性对外依存度高影响，我国未来能源自给率将呈现先保持平稳再不断升高的态势（图6-3、图6-4）。2022年，我国一次能源的总体自给率按发电煤耗法为81.3%（按电热当量法为79.5%）。其中，煤炭、石油、天然气、一次电力及其他能源的自给率分别约为94.8%、28.9%、61.1%、100.0%；

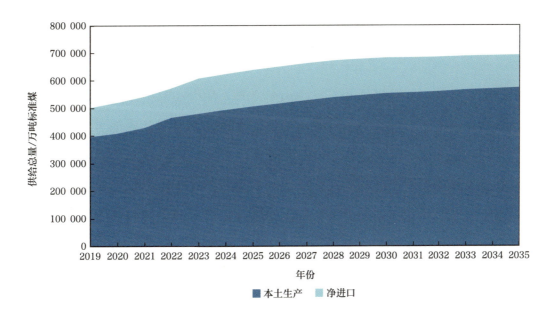

图6-3　一次能源供给总量及来源地（发电煤耗法）

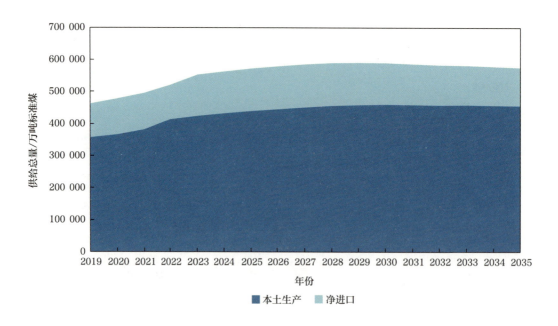

图6-4　一次能源供给总量及来源地（电热当量法）

受油气进口下降影响，油气自给率当年略有上升；预计未来几年内随着油气进口的增多，油气自给率将有所降低。未来我国一次能源的总体自给率呈现先保持平稳再不断升高的走势，预计2025年为79%，其中煤炭、石油、天然气、一次电力及其他能源的自给率分别为92.6%、26.7%、58.0%、100.0%；2030年回升到81%，四大能源种类的自给率分别为92.8%、28.1%、54.7%、100.0%；2035年回升到83%，四大能源种类的自给率分别为93.3%、30.8%、52.0%、100.0%。

（二）煤炭生产和进口发展趋势

煤炭消费未来3—5年保持增长，以国内生产为主的供应高位爬坡，对应煤炭国内生产保持稳步增长，净进口保持稳定并略有下降，煤炭供需保持总体平衡。在前述对煤炭消费预测分析的基础上，对未来煤炭供给研判如下。

原煤产量在2025年将达到48亿吨以上（按原煤计，下同），进口维持在4.5亿吨左右（按商品煤计，下同）。当前和未来我国煤炭需求都将主要由国内生产来供给，进口煤会保持一定比例并呈现逐渐下降的趋势。预计在煤炭消费峰值平台期（2027—2029年）的国内生产量和净进口量分别为48.5亿吨和4.5亿吨，到2030年国内生产量和净进口量分别为47.9亿吨、4.3亿吨（图6-5）。

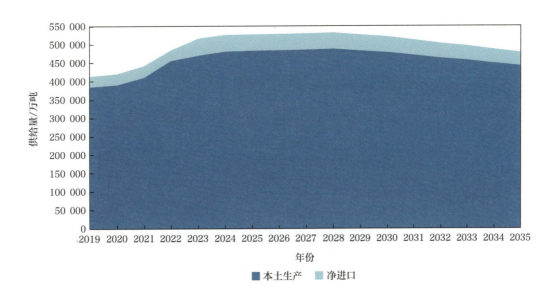

图6-5　煤炭供给结构（原煤+进口煤）

考虑到未来煤炭核心区产能下降、中东部煤矿深度开采难度加大，以及全国2030年后在产煤矿产能快速衰退等因素，预计全国煤炭供应在中长期存在一定缺口，2035年前需新增煤炭产能8亿吨/年左右。根据全国在产煤矿产能及资源接续能力评估，按照全国现有煤炭产能剩余服务年限，煤炭产量在2030年后将出现快速衰减，难以保障今后一段时期以及2040年前煤炭消费需求，考虑煤炭供需平衡，需要提前在晋陕蒙新等重点区域开工建设一定规模的煤炭产能，并配合适当煤炭进口，共同保证2030—2050年煤炭的充足供给。另外，根据国家发展和改革委员会、国家能源局提出的"在新建和在建煤矿项目中优选一批产能储备煤矿，到2030年力争形成3亿吨/年左右的可调度产能储备"目标，近中期我国需要在已有煤炭产能基础上新建一批先进煤炭产能。

（三）油气生产和进口发展趋势

近几年原油稳产提振信心，但近中期我国石油消费主要依靠进口的格局难以改变；预计在2026—2027年石油消费达峰后，石油的对外依存度将进入下行通道。在前述对石油消费预测分析的基础上，对未来石油供给发展趋势研判如下：近几年我国石油工业坚定不移加大勘探开发力度，油气增储上产取得重要阶段成效，原油产量重回2亿吨，提振了国内资源稳定信心，但继续增产空间较小。为满足石油消费需求，其余缺口主要依靠国外进口，对我国能源安全造成一定压力，但随着石油消费达峰以及国内石油稳产，石油对外依存度总体呈持续下降趋势。预计在2035年前我国石油供给仍需主要依靠海外，2025年、2030年、2035年的国内石油产量分别为2.1亿吨、2.05亿吨、2.0亿吨，对外依存度仍总体保持在较高比例，2025年、2030年、2035年分别为73.3%、71.9%、69.2%（图6-6）。

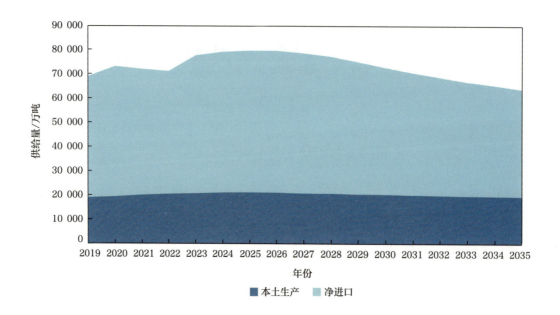

图6-6　石油供给量及结构

国内天然气生产与进口气并举的供应体系，支撑保障未来天然气消费需求增长，天然气对外依存度可控制在50%以内的合理区间。在前述对天然气消费预测分析的基础上，对未来天然气供给发展趋势研判如下：2000年以来，我国天然气行业进入快速发展期，储产量快速增长，进口气在天然气供应中的占比稳步攀升，形成了以国产气为主体的多元化天然气供应体系。未来我国天然气供应将稳步增长，同时，为满足国内天然气需求，进口气也将持续增加，国产气仍将发挥供气主体作用，从中长期来看天然气对外依存度将呈现先上升（2035年前）后下降（2035年后）的趋势。预计2025年、2030年和2035年我国天然气产量将分别达到2470亿、2790亿和2920亿立方米左右；天然气对外依存度在2025年、2030年和2035年分别为42%、45%和48%左右，保持在50%红线以内（图6-7）。

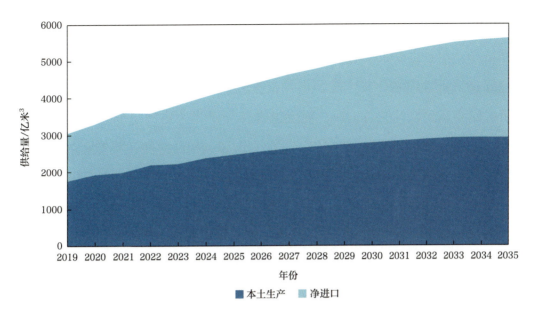

图6-7　天然气供给量及结构

（四）电力生产发展趋势

1. 电力装机总量及装机结构发展趋势

装机总量。为满足全国不断增长的用电需求，并适应发电清洁化程度不断提高的要求，我国电力装机总量将不断攀升。根据中国能源系统预测优化模型结果，预计到2025年我国电力装机总量将达到36亿千瓦左右，在2030年电力装机总量将达到50亿千瓦左右，在2035年电力装机总量将达到59亿千瓦左右（图6-8）。

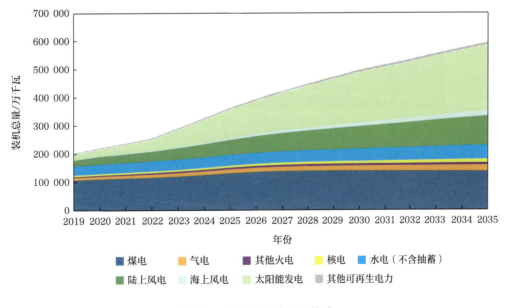

图6-8　电力装机总量及构成

装机结构。未来我国非化石电源装机占比将逐渐提高。根据中国能源系统预测优化模型计算结果，预计到2025年，非化石电源装机占比将达到58%左右，风、光发电合计装机将达到16亿千瓦左右，其中，风电约6亿千瓦，光伏约10亿千瓦；2030年，非化石电源装机占比将达到67%左右，风、光发电合计装机将达到27亿千瓦左右，其中，风电约9亿千瓦，光伏约18亿千瓦；2035年，非化石电源装机占比将达到72%左右，风、光发电合计装机将达到35亿千瓦左右，其中，风电约12亿千瓦，光伏约23亿千瓦（图6-8）。我国煤电装机在"十四五"和"十五五"时期将总体保持增长，到"十六五"时期将出现下降，预计2025年、2030年和2035年煤电装机分别为13.1亿、14.0亿和13.7亿千瓦。此外，水电与核电装机在2035年前均将保持有序增长。

2. 全国发电量及结构发展趋势

随着全社会用电需求的增长，我国发电规模也将不断壮大，总体上与全社会用电量保持一致（按照国家统计局口径，发电量=用电量），到2025年、2030年和2035年分别达到10.5万亿、13.0万亿、14.8万亿千瓦·时左右（图6-9）。发电结构将从煤电独大逐步向以清洁发电为主过渡，到2035年非化石能源发电量占比将超过50%，到2060年最终演化为风电、太阳能发电、其他发电三分天下的格局。

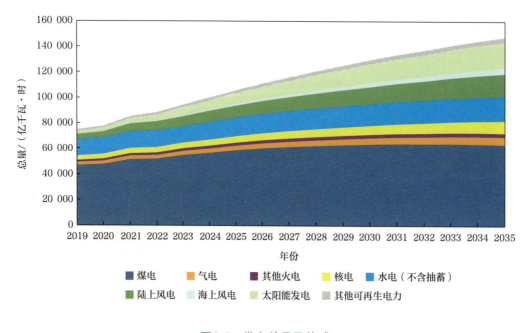

图6-9　发电总量及构成

煤电发电量占比呈逐步降低趋势，2025年、2030年、2035年煤电发电量占比从2023年的58%左右逐渐下降到56%、49%、43%左右。

风电发电量占比将持续快速提升，2025年、2030年、2035年风电发电量占比从2023年的9%左右快速提升到10%、13%、15%左右。

太阳能发电量占比也将持续快速提升，2025年、2030年、2035年太阳能发电量占比将从2023年的4%左右快速提升到8%、11%、14%左右。

常规水电发电量总体稳步增长，但受资源和条件限制，发电量逐步趋稳，占比将从2023年的14%左右降低到2035年的13%左右。

核电发电量占比持续提升，2025年、2030年、2035年核电发电量占比从2023年的4.6%左右逐步提升到4.7%、5.3%、6.5%左右。

3. 电力电量平衡分析

1）电力平衡分析

为满足用电高峰时段的电力供应安全，在大力发展发电电源的基础上，需要不断增加储能的规模，预计2025年、2030年和2035年我国储能（含抽水蓄能、电化学储能、其他储能）的装机将分别达到1.3亿、3.1亿和5.6亿千瓦（图6-10）。

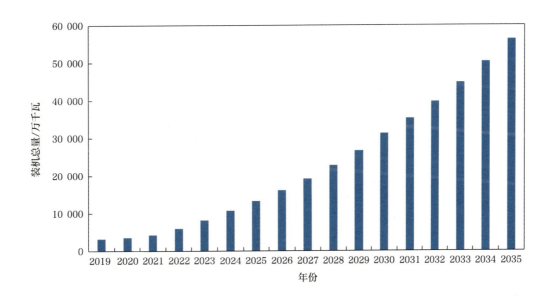

图6-10　储能装机总量

结合不同发电电源种类和不同储能方式在负荷高峰时段各自的出力系数，仿真预测到2025年、2030年、2035年我国各类发电电源和储能最大出力合计分别超过17亿、20亿和24亿千瓦（图6-11），均超过同期全社会最大用电负荷（考虑需求侧响应之后）10%以上，在总体上可以保证用电高峰时段的电力供应安全。

图6-11　负荷晚高峰时段各电源和储能最大输出能力

2）电量平衡分析

我国发电总量总体与全社会用电量保持一致，在当前煤电仍是主体电源的背景下，未来清洁能源发电将成为我国低碳能源转型、降低高碳能源比重、有效减少碳排放的有生力量，清洁能源发电占比将逐渐提高。预计2025年、2030年和2035年非化石电源发电占全国发电总量的比重将从当前的36%左右分别提高到39%、45%和51%左右，发电量分别达到4.1万亿、5.8万亿、7.5万亿千瓦·时；其中，到2030年风电和太阳能发电成为发电量的增量主体（占58%左右），到2035年风电和太阳能发电将占据当年新增发电量的3/4左右；煤电发电量占比在2025年降至56%左右，在2030年降至49%左右，在2035年降至43%左右。

为保障用电需求，预计我国发电总量在2025年、2030年和2035年将分别达到10.5万亿、13.0万亿和14.8万亿千瓦·时左右，在传统火电提供基础保障、非化石能源发电提供电力增量的共同作用下实现全国的电量供应平衡。

4. 非化石电源发展规模和布局方向分析

1）非化石能源产业发展的规模节奏

大力发展非化石能源是我国实现"双碳"目标的重要引擎之一，发展壮大清洁能源发电产业可以不断优化我国能源消费和供给结构，逐步实现对化石能源的替代，有效发挥减碳降碳的作用，还可以在能源需求方面扩大产业需求，延伸产业链，构建起以新能源为产业龙头的新需求模块。根据中国能源系统预测优化模型计算结果，风、光、水、核、生物质等非化石能源在未来将持续保持快速发展并逐步在能源系统中占据主体地位，预计到2025年，我国电力装机总量将达到36亿千瓦，其中非化石电源装机达到21亿千瓦左右，风、光发电装机超过16亿千瓦；到2030年，电力装机总量约50亿千瓦，其中非化石电源装机达到33亿千瓦左右，风、光发电装机增长至27亿千瓦左右；到2035年，电力装机总量达到59亿千瓦左右，其中非化石电源装机超过42亿千瓦，风、光发电装机合计达到35亿千瓦左右，占据主体地位。在非化石电源装机快速发展的同时，预计非化石能源发电量也将快速提高，到2025年将接近4.1万亿千瓦·时（其中风、光发电量为1.9万亿千瓦·时），到2030年将达到5.8万亿千瓦·时（其中风、光发电量为3.1万亿千瓦·时），到2035年将达到7.5万亿千瓦·时（其中风、光发电量为4.2万亿千瓦·时）。

2）非化石能源产业发展的布局方向

要高质量发展非化石能源，需以源网荷储协调适度超前发展为原则，集中式和分布式项目共同发力。集中式发展以基地项目为主，其作为清洁能源规模化的主力军，推动"本地消纳+跨区外送"，促进新能源消纳，有效规划跨区电力输送项目布局，提高送受端匹配度，并优化风光装机比例，提高电源侧电力曲线耦合度；分布式发展作为终端能源供应场景的关键抓手，坚持以用户为中心，定制化开发多种能源类型耦合发展，供应能源品类多元化，因地制宜推广风电、光伏、地热、热泵技术等多种供能组合模式，利用循环用能提高节能增效成果。

建立自上而下的规划体系，东中西部协调发展，集中式和分布式项目统一发力。风光水、风光火等一体化综合能源基地仍是能源发展的主流趋势，西北沙戈荒风光火基地、西南水风光能源基地、东部沿海海上风电基地及东中部新能源综合基地是未来非化石能源产业布局的重点方向。

A. 大力发展西北沙戈荒风光火基地

把握国家以沙漠、戈壁、荒漠为重点的大型风电光伏基地布局思路，对照基地预期规模，统筹外送条件和本地消纳能力，构建因地制宜的大容量不同品类可再生能源互补发电体系。沙戈荒新能源基地的布局思路主要是充分利用沙戈荒地区的资源优势，在推动新能源产业的规模化发展与促进区域经济的协调发展等方面共同发力。

首先，沙戈荒地区拥有丰富的太阳能和风能资源。这些资源具有巨大的开发潜力，使得沙戈荒地区成为新能源基地建设的理想选择。通过在这些地区布局大规模的光伏和风电项目，可以有效提高清洁能源的供应能力，满足国家能源转型和绿色发展的需求。

如新疆区域，风能资源总储量8.9亿千瓦，技术可开发量7.8亿千瓦，占全国的17%。塔城、阿拉山口、达坂城及哈密地区发电小时数可达到3000—3500小时。同样，新疆的太阳能资源十分丰富，年日照时间较长，水平表面年太阳辐射总量为5000—6500兆焦/米^2，年平均值为5800兆焦/米^2，年总辐射量比同纬度地区高10%—15%，初步估算全区内光伏项目发电利用小时数范围在1251—1963小时。

其次，沙戈荒新能源基地的布局需要注重规模化发展。通过集中连片式规模化开发，可以降低项目的建设和运营成本，提高新能源项目的经济效益。同时，规模化发展还可以促进相关产业链的完善，推动新能源产业的快速发展。

再次，沙戈荒新能源基地的布局还需要考虑能源的可持续发展。在项目建设中，需要注重环境保护和生态恢复，确保项目的可持续发展。同时，还需要加强技术创新和研发，提高新能源的利用效率和稳定性，为能源的可持续发展提供有力支撑。

最后，沙戈荒新能源基地的布局还需要与区域经济的发展相协调。新能源项目的建设，可以带动相关产业的发展，创造就业机会，促进区域经济的增长。同时，新能源基地的建设还可以为当地提供清洁、安全的能源供应，提高居民的生活质量。

B. 大力发展西南水风光能源基地

充分利用水电灵活调节能力和水能资源，在合理范围内配套建设一定规模的以风电和光伏为主的新能源发电项目，建设可再生能源一体化综合开发基地，实现一体化资源配置、规划建设、调度运行和消纳。

水风光能源基地的建设主要依托流域水电开发，目前我国已形成十三大水电基地，主要分布在长江、黄河流域，以及西南、华南、东北地区，由于优质水电资源基本开发完毕，近年来水电装机量增速趋于放缓，剩余未开发的资源主要分布在各流域上游，以及出于地质条件和生态问题而尚未开发的怒江、雅鲁藏布江地区，此类地区的水电资源开发难度大，开发成本高。因此开展重点领域的可再生能源一体化工程是非常必要的。

开展可再生能源一体化建设首先需满足流域范围内风光等新能源资源要丰富，且地形条件好，场址分布集中；其次流域调节能力要强，且规划新建水电项目较多。对于流域调节能力，主要看水库调节库容和抽水蓄能规模。如果两个条件都具备，就适合先期开展水风光一体化建设。比如雅砻江、澜沧江、金沙江上游等都可作为先期示范。

从调节能力来看，无调节水电站按天然径流发电，具有日调节能力的水电站通过水库的调蓄作用使电站出力在日内能灵活调整，具有年（季）调节能力的水电站能改变径流的年内分配，调整年内运行方式，不仅对下游水电站具有较大的补偿效益，还可以使流域电站更好地匹配风电、光伏等新能源电站出力，为实现水电与新能源的年内互补奠定基础。

以大渡河上游为例，根据大渡河风光资源分布情况分析，风电资源主要集中在金川县、小金县、丹巴县，光伏资源主要集中在色达县、阿坝县、金川县等，且风光资源总量较少，因此大渡河干流风光水互补分析主要考虑丹巴水电站以上的梯级。结合现有电网条件、输电走廊和送出方向，阿坝地区的大渡河上游梯级电站以及阿坝州内的风电、光伏，甘孜地区的雅砻江中上游、大渡河中游水电站以及甘孜藏族自治州的风电、光伏，可考虑就近汇集、打捆外送至川渝负荷中心。阿坝地区清洁能源（水电、风电、光伏）需统一汇集后通过500千伏、1000千伏电压等级满足外送需求。

C. 大力发展东部沿海海上风电基地

海上风电作为一种重要的清洁能源，技术先进、易于规模化、出力稳定、发电小时数高、紧邻东南部负荷中心，大规模开发能够快速提高沿海地区可再生能源占比，能减轻"西电东送"通道运行和建设压力，同时与"西电东送"的水电还能在出力上形成季节互补，是我国发展可再生能源、实现电力系统低碳转型的重点发展方向。

我国拥有约1.8万公里的大陆海岸线，可利用海域面积超过300万平方公里。据中国风能资源普查数据，我国5—50米水深、70米高度的海上风电可开发资源量约为5亿千瓦；进一步考虑70米高度以上的可开发量，资源储量将更为丰富。

技术发展加速，可用海域不断扩大。一是技术进步。近10年，风电发电效率较十年前提高了30%，低风速、抗台风、超高塔架、超长叶片等风电技术居世界前列。二是机组容量大型化，商业运行单机容量已达到16兆瓦，样机已达20兆瓦以上。三是远海化，离岸距离多数达50公里以上。四是深海化，众多新开发场址水深已达到30米以上。

资源优质丰富，电网友好性强。相比陆上风电，海上风电风资源丰富且优质，对电力系统更为友好，体现在：一是平均风速高，总体发电小时数高；二是风速稳、风频好、出力平稳，日夜间和季节间峰谷差均较小，反调峰特性较弱，对电力系统更为友好，未来不需要过多的储能或系统调峰能力来支撑。

以合理的规模带动近海浅水区海上风电产业化发展，促进成本降低和提升市场竞争力。按照"海上风电基地+陆上先进制造研发基地"模式，重点在领海海域及毗连区布局海上风电项目，形成建设深远海海上风电场的技术能力，推动多种海洋能技术综合利用。

D. 大力发展东中部新能源综合基地

鉴于东中部省份新能源规模化发展受限，因此新能源的发展要考虑以新能源综合基地方式布局和建设。

东中部新能源综合基地发展，首先，满足东中部地区对能源的需求，建设新能源综合基地，可以有效提高清洁能源的供应能力，满足东中部地区日益增长的能源需求，推动能源结构的优化和转型。其次，充分结合新能源技术、产业链和市场等方面的优势，通过综合基地的建设、推广，促进新能源技术的创新和应用，并形成产业集聚效应，提升能源领域的竞争力。此外，与现有能源基础设施的紧密衔接和协同，通过优化能源输送网络等措施，提高能源系统的整体效率和稳定性。

在布局方面，东中部新能源综合基地应考虑地理位置、资源条件、市场需求和生态环境等因素。优先选择资源丰富、生态环境良好、交通便利的区域进行布局，确保项目的可持续性和经济效益。同时，还需要加强与周边地区的合作和协调，实现资源共享和互利共赢。

在技术路线方面，因地制宜推动分布式风电、分布式光伏、地热能、热泵技术及用户侧储能的多种技术路线组合，形成清洁能源供能的多种新业态。基于大数据、云计算、物联网、移动互联网等新技术，与用户侧用能需求相结合，加快与互联网技术相结合的智慧化发展，形成虚拟电厂、综合能源系统、云平台等，成为新能源多元化利用的重要方式。

最后，为了确保东中部新能源综合基地的顺利建设和运营，还需要加强政策支持和加大监管力度。政府可以出台相关政策，提供税收优惠、资金扶持等措施，鼓励企业积极参与新能源综合基地的建设。同时，还需要加强监管和评估，确保项目的合规性和可持续发展。

第三篇

2050年与2060年中国能源发展展望

2035年后，我国能源领域在实现碳排放达峰后稳中有降的基础上，全面进入碳中和阶段，其间全面建成新型能源体系、全面建设能源强国等目标逐步实现，能源技术取得重大突破，能源发展多元化路径将得到验证，能源发展形态加速重塑，能源生产和供应方式取得根本性变革。本篇在2035年前能源发展预测基础上，将延续开展2060年能源发展基准情景展望，同时，围绕长时低成本储能技术、安全低成本CCUS技术分别取得重大突破并大规模广泛应用，开展能源系统高配比储能、高配比CCUS两种拓展情景展望，以期为我国能源系统中长期不同路径选择提供参考，并在三个情景能源系统形态展望分析的基础上，对未来实现碳中和目标所需的能源投资进行测算。此外，本篇还将分析未来十多种重大能源技术及其潜在影响，任何一项颠覆性技术的重大突破和大规模应用，都将对能源系统产生极大的推动作用，进而重塑未来能源。

七、展望情景设置

（一）情景设置原则

本书面向"双碳"目标，研究的时间跨度为2024—2060年，结合经济社会发展趋势预测和能源技术发展趋势研判，将整个研究划分为两个阶段。

第一阶段是2024—2035年。这一阶段的主要宏观环境和目标是：基本实现社会主义现代化远景目标，碳排放在2030年前实现达峰目标，并在2035年前实现稳中有降。

能源行业的发展重点是：在推进能源绿色低碳转型进程中，立足我国能源资源禀赋，兜住能源安全底线；可再生能源成为增长主体，逐步建设"立"的体系和机制，能源系统全力保障经济社会安全稳定和高质量发展。这一阶段，处理好能源安全与低碳转型的关系是发展重点，"先立后破"原则下的既有能源发展规律、能源的生产和供给方式较当前不会发生重大转变，对各项能源发展指标可以进行相对明确的研判。因此，2024—2035年，本书将主要开展能源发展预测研究，以此来作为基准情景，不再设置其他情景。

第二阶段是2036—2060年。这一阶段的主要宏观环境和目标是：中国式现代化得到充分验证，经济总量达到较高水平，发展方式更为注重内涵式增长，2050年全面建成社会主义现代化强国，新型能源体系全面建成，2060年顺利实现碳中和目标。

能源行业发展趋势是：在顺利实现碳达峰目标基础上，通过能源技术持续突破和体制机制不断创新，能源的生产和供应方式较当前发生根本性变革，制约能源安全和低碳转型的技术、成本等瓶颈问题基本得到解决，新型能源技术和供需应用场景得到广泛应用。

这一阶段，能源转型发展路径多元，不确定性较大，能源发展新形态加速重塑。因此，2036—2060年，本书拟分以下三种情景对我国能源行业中长期发展大势进行展望。

（1）基准情景，在第一阶段2024—2035年量化预测的基础上，对2036—2060年的总体能源图景进行综合展望，其中能源主要技术发展方向相对均衡平稳，能源形态按照既有规律和趋势演化发展。

（2）拓展情景一，即储能技术更快发展情景，显著特征是高配比储能。在2024—2035年基准情景的基础上，基于制约可再生能源规模化发展的长时低成本储能技术取得重大突破，"新能源+储能"在保障能源安全和推进能源低碳发展方面取得绝对发展优势，形成对能源系统增量发展和存量替代的巨大推动力。

（3）拓展情景二，即CCUS更大规模布局情景，显著特征是高配比CCUS。在2024—2035年基准情景的基础上，基于CCUS取得绝对发展优势，"化石能源+CCUS"在可靠性、安全性、经济性等方面具备大规模推广应用的基础。

除上述三种情景外，从中长期看，若可控核聚变技术、先进高效太阳能光电光热技术、高效低成本制储氢技术及终端利用技术等前沿技术取得重大突破，则能源生产供应和消费利用在总量、结构、方式等方面也将可能发生重大颠覆性的变化与调整，能源系统形态的重塑方向也将更趋多元。

（二）基准情景

基准情景是指在外部发展环境未出现重大破坏、国内经济社会发展达到正常预期情况下，能源系统按照"双碳"目标总要求和能源行业相关政策及规划目标正常演化，能源技术逐步进步，能源节能降碳和转型有序推进。

基准情景的内涵如下：在人口发展、城镇化水平、GDP增长等社会经济发展指标达到预期的前提下，按照"双碳"目标的总要求，不断强调全社会的节能降碳，采取有力的政策约束，运用一定行政指导手段主动调整产业结构，降低高能耗行业占比，并投入大量节能技术降低单耗水平，从而不断对冲全社会用能总需求的增长，以确保更为顺利地实现"双碳"目标，以及非化石能源消费占比、终端电气化率等预期性用能指标。

基准情景的特点如下：产业结构不断升级，能源消费结构朝着绿色低碳方向深入转型发展，能源系统终端电气化、电力清洁低碳趋势不断增强，总体上全社会产业结构更加清洁低碳，资源利用更加集约，能源总量和能耗控制政策更为强化，节能技术更加进步。

基准情景下重要变量因素预测研判如下。在基准情景下，本书对人口、城镇化率、GDP总量及GDP增速、钢铁/水泥/电解铝/成品油/焦化品/塑料/合成材料/化肥/酸/碱等高耗能产品的产量，以及运输周转量、人均消费支出等对全社会能源消费有重要影响的因素进行了预测。其中，人口、城镇化率、GDP总量及GDP增速等宏观社会经济因素的预测参见第一篇第三章第一节。

关于钢铁行业，本书综合考虑经济发展水平、人口、城镇化率、人均钢铁蓄积量、发达国家人均钢铁蓄积量、废钢回用比例、钢铁循环损耗等因素，通过量化模型预测钢铁产量呈现稳步下降趋势，到2060年下降至5.5亿吨左右，该预测结果与中国钢铁工业协会、冶金工业规划研究院等行业权威机构对于2060年的钢铁产量判断基本一致。

关于有色金属行业，本书主要选取铝作为代表性品种进行预测研究，主要原因是铝行业的能耗占有色金属行业总体能耗的80%左右，很有代表性。在考虑宏观社会经济因素和铝行业自身特点后，通过量化模型预测电解铝产量呈现短期小幅上升、中长期稳步下降的趋势，到2060年下降至1600万吨左右（不包括再生铝），该预测结果与中国有色金属工业协会铝业分会对于2060年的电解铝产量研判大体一致。

除钢铁和有色金属外，本书也对其他高耗能工业品产量，以及对服务业和居民生活用能影响较大的因素演化趋势进行了量化预测，作为研判未来能源消费的基础。

（三）储能技术更快发展情景

储能技术更快发展情景是由基准情景衍生出来的，其内涵、特点及一些变量因素与基准情景有诸多相似之处，不再重复叙述，在此主要说明其与基准情景的主要区别。

（1）关于能效水平，该情景比基准情景更加先进，全社会能源使用更加集约高效，单位GDP能耗和用电水平较基准情景均略低。

（2）关于储能，该情景下储能技术比基准情景下更为先进，除了实现日内的短时调峰功能，到2060年储能还可实现较低成本的长时调峰功能，功能性大幅增强。

（3）关于煤电，该情景下"新能源+储能"将比基准情景发挥更大的作用，适用性显著提高，继续保留大量煤电进行常态化调峰的必要性不强，到2060年煤电规模将进一步缩减，仅发挥应急备用的作用。

（4）关于终端能源消费，该情景下化石能源消费比例将比基准情景更低，终端用能电气化率进一步提高，且由于储能技术更加先进，氢能的一部分空间也将被电能挤占。

（5）关于CCUS，该情景下化石能源消费将比基准情景明显降低，能源活动的碳排放量也随之降低，为实现碳中和目标所需布置的CCUS项目规模也大幅减小。

（6）关于能源消费结构，该情景下风电、太阳能发电等非化石能源在储能技术的支持下将比基准情景有更好的发展，化石能源消费将被进一步压缩，到2060年非化石能源消费占比将在基准情景（80%）的基础上进一步提高到85%左右。

（四）CCUS更大规模布局情景

CCUS更大规模布局情景也是由基准情景衍生出来的，其内涵、特点及一些变量因素与基准情景有诸多相似之处，不再重复叙述，在此主要说明其与基准情景的主要区别。

（1）关于能效水平，该情景比基准情景略为落后，全社会能源使用较基准情景偏粗放，单位GDP能耗和用电水平均高于基准情景。

（2）关于储能，该情景下储能技术未达到基准情景的水平，难以完全实现基准情景下的相应调峰功能，适用性受限。

（3）关于煤电，该情景下"新能源+储能"组合大规模推广将受到抑制，需要保留更多的煤电以发挥调峰、应急备用甚至基荷的作用，到2060年煤电规模将进一步提高。

（4）关于终端能源消费，该情景下化石能源消费比例将比基准情景更高，发挥更为重要的作用，终端用能电气化率有所降低。

（5）关于CCUS，该情景下发电用煤和终端化石能源消费都将比基准情景明显提高，能源活动的碳排放量也随之攀升，为实现碳中和目标所需布置的CCUS项目规模也大幅增加，兜底保障作用更加突出。

（6）关于能源消费结构，该情景下风电、太阳能发电等不稳定性能源发展受到抑制，煤炭、石油、天然气等化石能源消费相对升高，到2060年非化石能源消费占比将在基准情景（80%）的基础上降低至75%左右。

八、基准情景下我国能源中长期发展展望

（一）我国能源消费中长期展望

1. 终端能源消费展望

2035年以后，我国终端能源消费持续降低，预计2060年将降至30亿吨标准煤左右。2035年以后，我国进入第二个百年奋斗目标的第二阶段，经济社会发展全面绿色转型取得显著成效，产业结构更为优化，清洁低碳安全高效的能源体系初步建立，全社会能源效率进一步提高。我国终端能源消费总量在达峰后，整体将呈现逐步下降的趋势，单位GDP能耗不断下降。其中，燃料加工和化工业、交通运输仓储邮政业、居民生活等三个行业终端能源消费呈现持续上升到各自的峰值点随后逐步下降的趋势；钢铁行业、建材行业、有色金属业等高耗能行业用能总体呈现稳步降低趋势。预计我国终端能源消费总量在2035年44亿吨标准煤左右的基础上，到2040年将降至42亿吨标准煤左右，2045年、2050年、2060年终端能源消费总量进一步分别降至40亿吨标准煤、37亿吨标准煤、30亿吨标准煤左右（图8-1）。

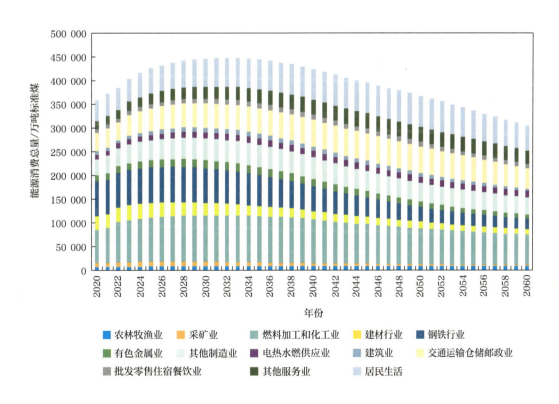

图8-1 基准情景下终端能源消费总量及行业分布

终端能源消费结构加速向电气化、低碳化和清洁化方向发展。预计终端能源电氢化率（电力和氢能在终端能源消费总量中的占比）在2035年、2040年、2050年、2060年将分别达到40%、45%、56%、67%，总体呈现出每年平均增长1个百分点的态势，其中绿氢占比分别为1.1%、2.3%、5.6%、11%左右（图8-2）。

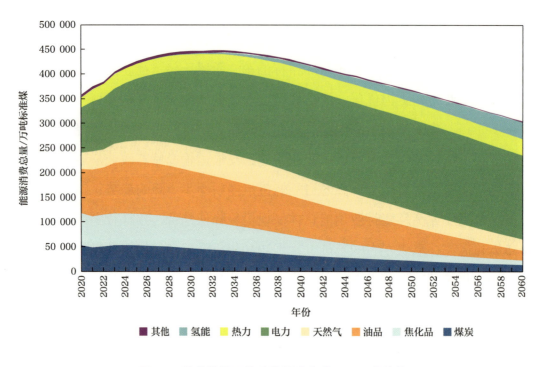

图8-2　基准情景下终端能源消费总量及品种结构

2. 一次能源消费总量及结构展望

如前所述，考虑到2035年以后非化石电源发电量将占到总发电量的一半以上，一次能源消费总量表征主要采用电热当量法展示，涉及当前设定的规划目标等采用发电煤耗法进行描述。

1）一次能源消费总量

按照电热当量法计算，2035年以后我国能源消费总量将持续下降，2060年降低至约32亿吨标准煤。预计我国一次能源消费总量在2033—2035年达峰（峰值区间为57亿—58亿吨标准煤），随后进入逐步下降阶段，到2040年、2050年、2060年将分别降至54亿吨标准煤、44亿吨标准煤、32亿吨标准煤左右（图8-3）。一次能源消费总量经历达峰后开始持续下降，2050年降至2020年规模水平；2050年后，随着我国建成社会主义现代化强国目标的实现，我国经济产业结构将进一步发生深度调整，同时，为顺利实现碳中和目标，化石能源在此后十年将被加速替代，全社会能源效率进一步提升，到2060年一次能源消费总量进一步下降，相当于峰值水平的55%左右。

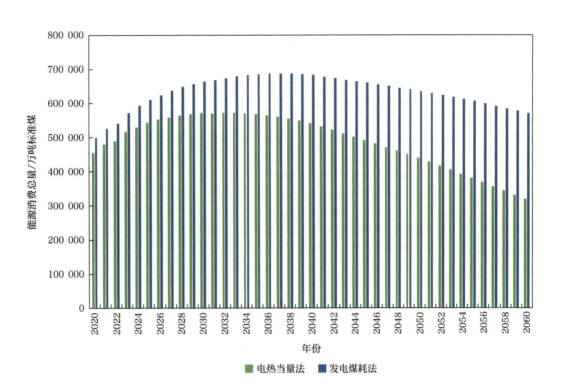

图8-3　基准情景下一次能源消费总量

按照发电煤耗法折算，我国一次能源消费总量在2040年前实现达峰，随后呈现持续下降态势，但降幅有限。由于未来我国非化石能源发电规模和占比将持续大幅提高，相比电热当量法，一次能源消费总量将显著提高，达峰年份显著推迟，预计一次能源消费到2035年为66亿—68亿吨标准煤，2040年前达峰，峰值区间为67亿—69亿吨标准煤。随后，虽然全社会终端能源消费量持续下降，但由于终端电气化率大幅提高及电力绝大部分来自非化石能源，一次能源消费总量下降并不明显，至2050年略降至63亿—64亿吨标准煤；到2060年仍需57亿—58亿吨标准煤，降至峰值水平的83%左右，与2023年57.2亿吨标准煤的规模相当（图8-3）。但由于届时燃煤发电量占比已经较大幅度降低（2040年约为37%，2050年约为22%，2060年约为4%），使用发电煤耗法进行折算已经失去了代表意义。

2）一次能源消费结构

2035年以后非化石能源对化石能源替代呈现逐步加速态势，2060年非化石能源消费占比将达到80%。按照发电煤耗法计算，对照党中央"双碳"文件中关于非化石能源消费占比的远期规划目标，预计到2035年，煤炭、石油、天然气、一次电力及其他能源在我国能源消费中的占比分别为45.3%、13.0%、10.4%、31.3%；2040年，四者在我国能源消费中的占比分别为41.0%、11.5%、10.1%、37.5%；到2050年，四者在我国能源消费中的占比分别为27.2%、8.0%、8.9%、55.9%；到2060年，四者占比分别为10%、3.5%、6.5%、80.0%（图8-4）。其中，2030—2040年，非化石能源消费占比提高了近12个百分点；2040—2050年，非化石能源消费占比提高了近18个百分点；而2050年以后，进入了碳中和攻坚10年，预计到2060年，非化石能源消费占比将进一步提高近24个百分点，非化石能源实现对传统化石能源的大幅替代、能替尽替。从发展节奏来看，非化石能源对化石能源的替代属于渐进式加速替代，在技术和时机逐渐成熟的过程中不断扩大替代规模，在保障实现"双碳"目标的同时兼顾安全性和经济性。

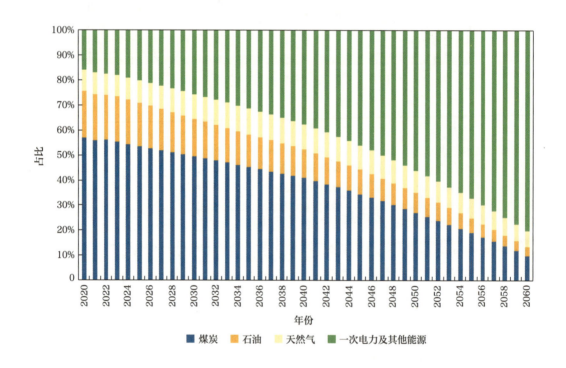

图8-4　基准情景下一次能源消费结构（发电煤耗法）

2060年我国能源消费总量（按电热当量法计算）的64.2%由非化石能源提供。按照电热当量法计算，预计到2035年，煤炭、石油、天然气、一次电力及其他能源在我国能源消费中的占比分别为54.7%、15.7%、12.6%、17.0%；到2040年，四者在我国能源消费中的占比分别为51.6%、14.5%、12.7%、21.2%；到2050年，四者在我国能源消费中的占比分别为39.3%、11.6%、12.8%、36.2%；到2060年，四者在我国能源消费中的占比分别为17.9%、6.3%、11.6%、64.2%（图8-5）。

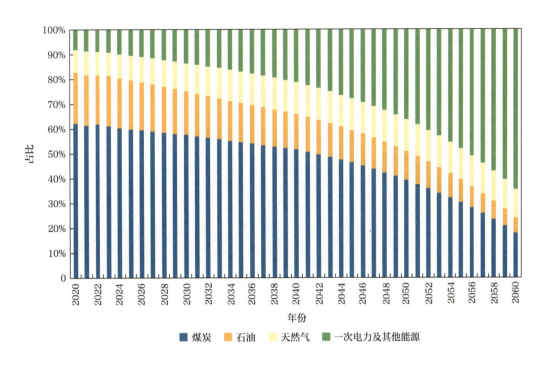

图8-5 基准情景下一次能源消费结构（电热当量法）

3. 分品种一次能源消费中长期演化趋势展望

（1）煤炭消费。到2035年以后呈现持续快速下降态势，随着我国非化石能源规模化发展，煤炭消费量将快速下降，预计到2040年将在2035年47.3亿吨（国内原煤+进口商品煤，下同）基础上降至42.6亿吨左右，折合标准煤约28.0亿吨；到2050年降至26.0亿吨左右，折合标准煤约17亿吨；到2060年降至8亿—10亿吨，折合标准煤约6亿吨（图8-6）。其中，发电用煤、供热用煤至2040年总体需求较为平稳，稳定在20.0亿吨标准煤左右，其后受燃煤发电和燃煤供热需求下降的影响呈现加速下降态势，到2050年、2060年分别下降到13.0亿吨标准煤、3.4亿吨标准煤左右；炼焦制油制气等用煤随着焦炭、油品等产品需求下降，2035年后总体呈现持续下降态势，到2040年、2050年、2060年分别下降到4.6亿吨标准煤、2.0亿吨标准煤、1.0亿吨标准煤左右；终端消费用煤随着终端能源的电氢化清洁替代，呈现稳步下降趋势，到2040年、2050年、2060年分别下降到3.3亿吨标准煤、2.3亿吨标准煤、1.4亿吨标准煤左右。

（2）石油消费。到2035年以后以每年1800万—2000万吨的速度递减，到2060年石油消费需求降至1.4亿—1.5亿吨。2035年以后，随着交通领域清洁交通工具的规模化替代及非化石能源规模化发展，石油消费量快速下降，其中，终端油品需求下降是主要原因，

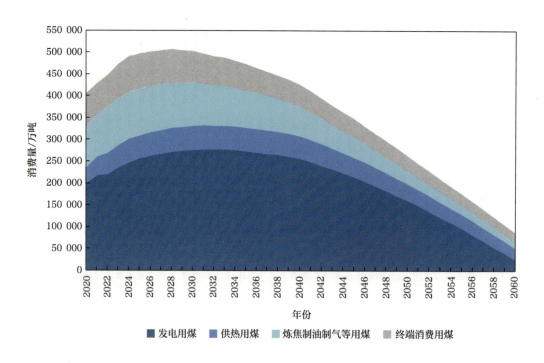

图8-6 基准情景下煤炭消费量及结构（国内原煤+进口商品煤）

预计2035年为6.3亿吨左右，到2040年降至5.5亿吨左右，到2050年降至3.6亿吨左右，预计到2060年石油消费降至1.4亿—1.5亿吨（图8-7）。

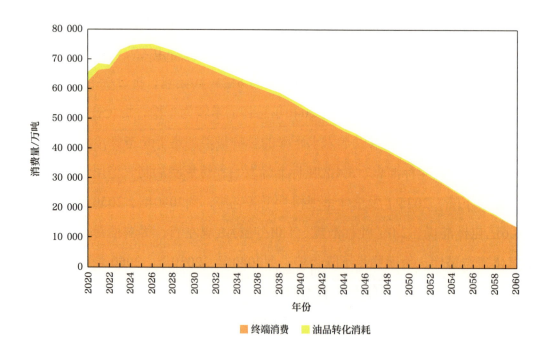

图8-7 基准情景下石油实际消费量及结构

（3）天然气消费。到2035年以后由增转降，2060年天然气消费需求降至2900亿立方米左右。2035年天然气消费峰值为5600亿—5700亿立方米，其后，随着非化石能源规模化发展，天然气将逐步退出过渡性支撑能源角色，作为燃料使用的天然气将逐渐被绿电或绿氢替代，终端消费用气和发电用气将出现较为明显的下降，供热用气仍将保持增长，综合来看，天然气总消费量将逐步下降，预计到2040年降至5400亿立方米左右，到2050年降至4400亿立方米左右，到2060年降至2900亿立方米左右（图8-8）。

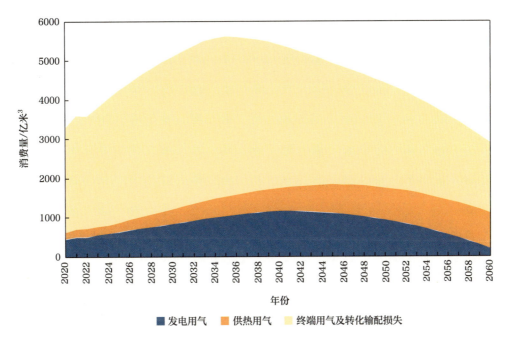

图8-8　基准情景下天然气消费量及结构

（4）一次电力及其他能源（非化石能源）消费。非化石能源发电占比在2035年超过50%后呈现加速增长态势，2060年非化石能源占总发电量的95%左右。2035年一次电力及其他能源（非化石能源）的发电量到2035年将达到7.5万亿千瓦·时左右（占总发电量的51%左右），其后，风、光、水、核、生物质等非化石能源的发展速度将进一步加快。若将非化石能源发电换算为热量，两种核算方法引起的差异将越来越大，到2060年时按电热当量法计算为20.5亿吨标准煤，按发电煤耗法计算为45.7亿吨标准煤，相差25.2亿吨标准煤（图8-9）。预计一次电力及其他能源的发电量到2040年将达到9.1万亿千瓦·时左右（占56%），到2050年将达到12.7万亿千瓦·时左右（占75%），到2060年将达到16.5万亿千瓦·时左右（占95%）（图8-10）。

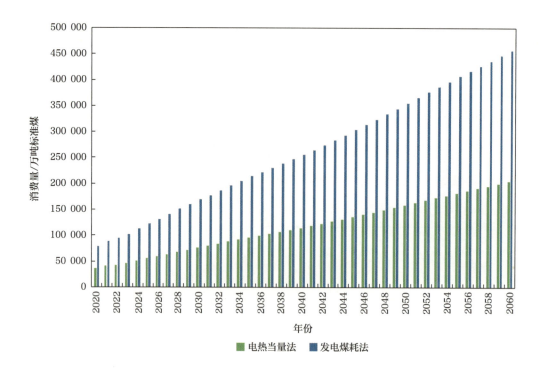

图8-9　基准情景下一次电力及其他能源消费量

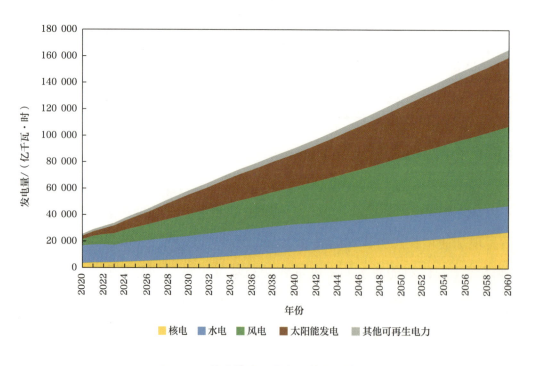

图8-10　基准情景下非化石能源发电量

4. 碳中和目标展望

2035年以后，随着非化石能源对煤炭、石油、天然气等的加速替代，预计我国能源活动碳排放量将进入快速下降阶段。

不考虑负碳技术时，预计能源活动碳排放量在2030年前达峰后，将从115亿—118亿吨高位峰值区间进入稳步减量期；预计到2035年、2040年、2050年能源活动碳排放量将分别降至109亿吨、98亿吨、60亿吨左右；2050年以后，随着非化石能源的加速替代，能源活动碳排放量进一步降至2060年的约22亿吨，其中火电（含供热）行业排放占总排放的50%左右；随着钢铁行业、建材行业、燃料加工和化工业等低碳技术和低碳流程再造，其碳排放量大幅减少，三者之和占比仅21%左右；其他行业碳排放合计占比约为29%，主要集中在农林牧渔业、采矿业、其他制造业、居民生活等行业中取暖、供热、炊事等难以规模化替代的领域（图8-11）。

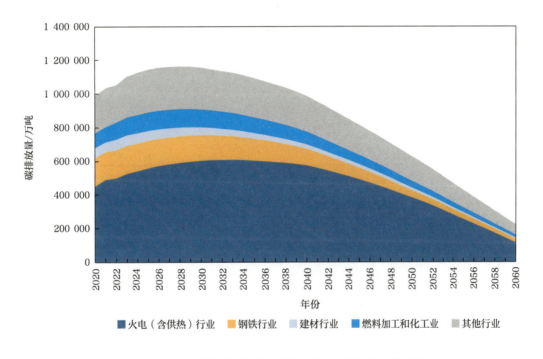

图8-11　基准情景下各行业不考虑CCUS时的碳排放量

若考虑CCUS的兜底脱碳保障在2035年以后进入规模化布局（重点聚焦煤电、石油化工、煤化工、冶金、工业燃煤等领域），预计到2040年、2050年、2060年CCUS分别可实现碳减排0.8亿吨、3.1亿吨、12.4亿吨左右（图8-12）。能源活动碳排放量与CCUS处理二氧化碳量综合抵消后，预计到2060年能源活动的二氧化碳净排放量降至10亿吨以内（图8-13）。

根据国内林业领域研究结果，预计2060年我国陆上林地每年的碳汇能力可达15亿—20亿吨，可顺利将能源活动二氧化碳的净排放进行中和，并为经济社会其他领域碳排放预留一定的中和空间。

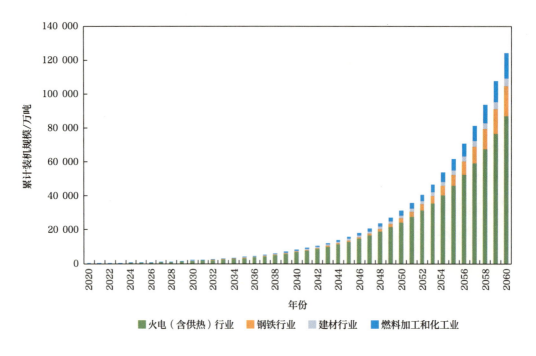

图8-12　基准情景下各行业CCUS的累计装机规模

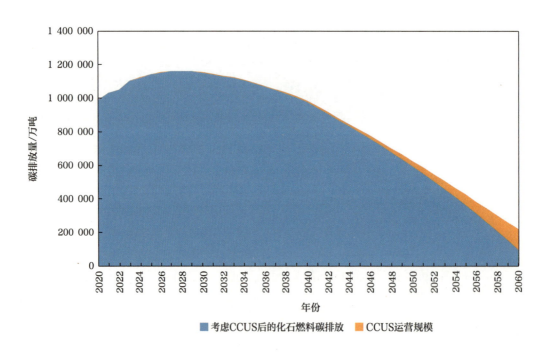

图8-13　基准情景下考虑CCUS的碳排放量

5. 电力电量需求展望

1）全社会用电量

在经济社会发展拉动和终端用能电氢化替代的双重作用下，我国全社会用电量将在未来三十年左右持续增长，总体于2055年前后达峰。2050年后，全社会用电进入峰值平台期，总体保持在17.3万亿—17.5万亿千瓦·时，到2060年终端电氢化率将达到67%左右。2035年以后，能源消费总量（按电热当量法计算）虽然逐步降低，但在碳中和目标引导下，终端用能清洁化水平逐步提高，终端用能电氢化率不断提高，预计2035年终端用能电氢化率将达到40%左右，到2040年将达到45%左右，到2050年将达到56%左右，到2060年将达到67%左右。相应地，全社会用电需求在经济社会发展自然牵引和终端能源电氢替代的共同驱动下，在2035年将达到14.8万亿千瓦·时左右，到2040年将达到16.1万亿千瓦·时左右，到2050年将达到17.4万亿千瓦·时左右，到2055年将达到17.5万亿千瓦·时左右，到2060年略降至17.3万亿千瓦·时左右（图8-14），人均用电量1.3万—1.4万千瓦·时（图8-15），仅与美国当前人均用电水平相当（美国当前的终端用能电气化率不足30%，未来提升空间很大）。

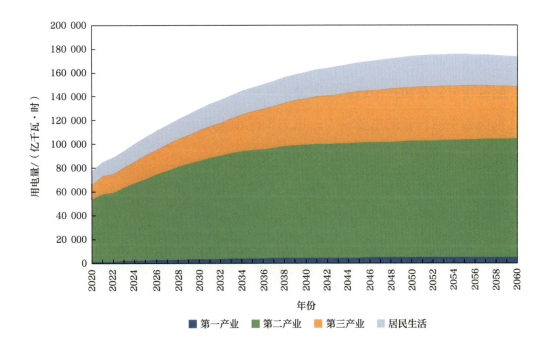

图8-14　基准情景下全社会用电量及产业构成

分产业来看，中长期内第一产业、第二产业、第三产业和居民生活的用电量均将保持增长，其中第三产业和居民生活是用电量增长的主要来源。在从2040年到2050年十年间增长的1.3万亿千瓦·时用电量中，第三产业用电量占比约为47%，居民生活用电量占比约为32%，第二产业用电量增长不大。到2050年后，各产业用电量总体变化不大（图8-14）。

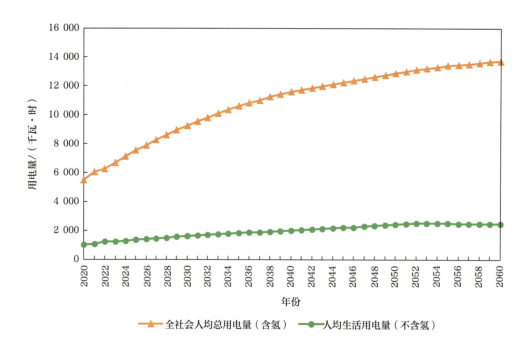

图8-15　基准情景下人均总用电及人均生活用电情况

分用途来看，终端电力消费在2040年将进入峰值平台期，并在2050年后呈现逐步下降走势；制氢用电量在2035年后逐步增加，到2060年的用电量将达到3.1万亿千瓦·时左右，是远期电力消费增长的主要动力；电力输配损失随着全社会用电量增长将同步有所增加（图8-16）。

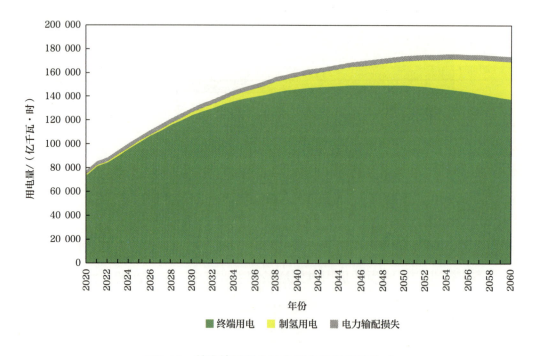

图8-16　基准情景下全社会用电量及用途构成

在电力消费来源方面，非化石电力消费占比逐渐提高，并呈现出近期发电量增速低于装机增速、远期发电量增速高于装机增速的规律特点，其背后原因主要是近期非化石电源发电小时数显著低于火电，到远期时火电留容量、让电量，火电发电小时数快速下降，最终非化石电源发电小时数高于火电。

2）全社会最大用电负荷

在第三产业和居民生活用电量占比继续提高的背景下，全社会用电负荷的波动性进一步加大，最大用电负荷增速总体略高于用电量增速，电力电量平衡面临更大的挑战。2035年以后，随着我国基本实现社会主义现代化，经济结构调整将进一步深化，第三产业和居民生活用电量占比继续提高，相对应的，全社会用电负荷的波动性也将不断升高，负荷尖峰效应更加明显。总体判断，2060年以前，我国全社会最大用电负荷的增速仍将保持略高于全社会用电量增速的趋势。预计我国全社会最大用电负荷（考虑需求侧响应后）在2035年为23亿千瓦左右，到2040年将达到26亿千瓦左右，到2050年将达到31亿千瓦左右，到2060年也为31亿千瓦左右（图8-17）。2020—2035年，全社会最大用电负荷累计增长约123%，高于同期用电量的累计涨幅（90%）；2035—2060年，全社会最大用电负荷累计增长36%，也高于同期用电量的累计涨幅（17%）。

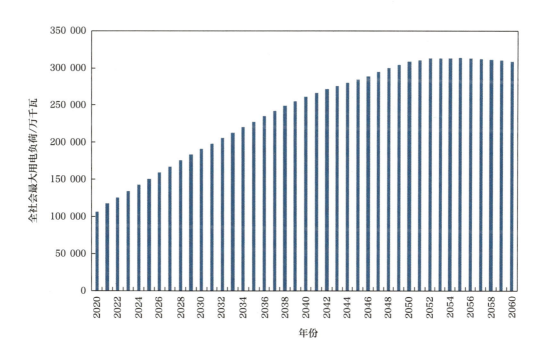

图8-17　基准情景下全社会最大用电负荷（考虑需求侧响应后）

（二）我国能源供给中长期展望

1. 能源总体供给展望

与一次能源消费总量表征相一致，考虑到2035年以后非化石电源发电量将占到总发电量一半以上，一次能源供给总量及结构等指标表征主要采用电热当量法展示，涉及当前设定的规划目标等采用发电煤耗法进行描述。

在供给总量方面，受能源消费总量（按电热当量法计算）达峰后下降走势的牵引，2035年后我国一次能源供给总量也将逐渐下降，预计到2035年降至57.5亿吨标准煤左右，到2040年降至55亿吨标准煤左右，到2050年降至44亿吨标准煤左右，到2060年降至32亿吨标准煤左右（图8-18）。按发电煤耗法计算的结果作为对比参考（图8-19）。

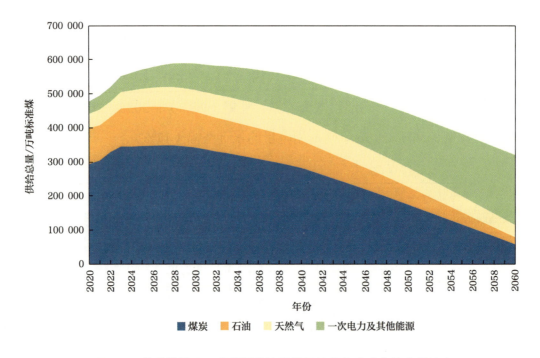

图8-18 基准情景下一次能源供给总量及品种构成（电热当量法）

在供给结构方面，随着化石能源消费达峰后的减量替代，预计2035年后煤炭、石油、天然气对一次能源供给的贡献率将逐渐下降，一次电力及其他能源（非化石能源）的贡献率将持续上升，到2035年煤炭、石油、天然气、一次电力及其他能源对我国能源供给的贡献分别为54.8%、15.9%、12.5%、16.8%，到2040年分别为51.7%、14.6%、12.6%、21.0%，到2050年分别为39.5%、11.7%、12.8%、36.0%，到2060年分别为18.1%、6.3%、11.6%、64.0%。需要特别说明的是，若按发电煤耗法计算，到2060年煤炭、石油、天然气、一次电力及其他能源对我国能源供给的贡献分别为10.0%、3.5%、6.5%、80.0%。

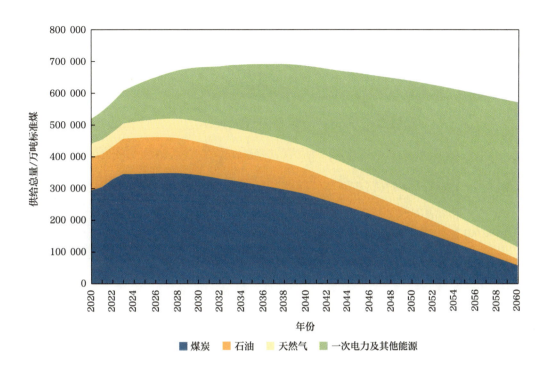

图8-19 基准情景下一次能源供给总量及品种构成（发电煤耗法）

在供给来源地方面，2035年以后，我国一次能源的安全保障能力将不断提高，能源总体自给率（按电热当量法计算）将呈现不断升高的态势，预计到2040年升高至82.0%左右（2035年为79.5%左右），其中煤炭、石油、天然气、一次电力及其他能源的自给率分别为93.8%、35.7%、54.3%、100.0%；到2050年升高至88.0%左右，其中煤炭、石油、天然气、一次电力及其他能源的自给率分别为94.8%、51.5%、65.2%、100.0%；到2060年超过96.0%，其中煤炭、石油、天然气、一次电力及其他能源的自给率分别为95.6%、80.3%、84.7%、100.0%（图8-20）。

2. 煤炭供给展望

煤炭供应在中远期将呈逐步下降态势，预计到2060年国内产量降至8亿—9.5亿吨，净进口量为3000万—5000万吨。2035年以后，我国煤炭需求仍将主要由国内生产来供给，净进口煤会保持一定比例并呈现平稳略降的趋势。预计2040年煤炭的国内生产量（按原煤计）和净进口量（按商品煤计）分别为39.9亿吨和3.1亿吨左右，较2035年分别减少4.4亿吨和0.6亿吨，当年净进口煤比例为7.0%左右；到2050年国内生产量和净进口量分别为25亿吨和1.6亿吨左右，净进口煤比例为6.0%左右；到2060年煤炭的国内生产量和净进口量分别为8亿—9.5亿吨和0.3亿—0.5亿吨，进口煤比例下降到5.0%左右（图8-21）。

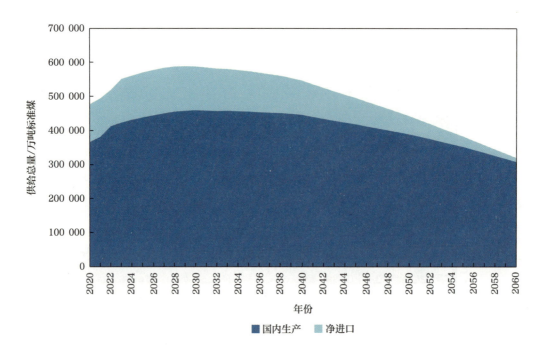

图8-20 基准情景下一次能源供给总量及来源地（电热当量法）

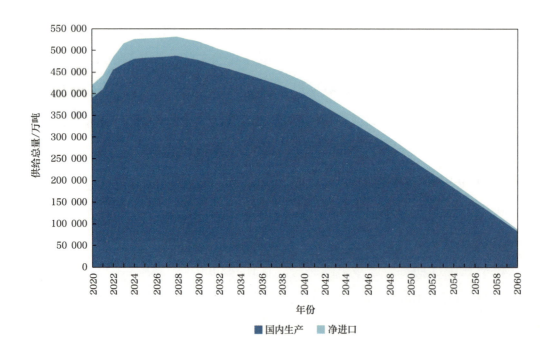

图8-21 基准情景下煤炭供给结构（国内原煤+进口商品煤）

　　2035年以前需新开工建设煤矿产能8亿吨/年，确保2030—2050年煤炭需求缺口得到有效供应，但在2050年以后煤炭产能将出现产能过剩情况。按照全国现有煤炭产能剩余服务年限，煤炭产量在2030年以后将出现快速衰减。通过梳理分析摸清了我国煤炭产能家底（覆盖了全国4000多座煤矿），分析认为2030年以后衰减较快，将出现较大缺口，难以满足我国在2040年以前煤炭峰值平台期的煤炭需求。综合研判认为，在2035年以前我国需要提前在晋陕蒙新等重点区域新开工建设8亿吨/年的煤炭产能，以满足煤炭保供需求，并配合适当煤炭进口共同保证2030—2050年煤炭的充足供给；预计到2050年以后由于煤炭消费快速下降将出现阶段性的煤炭产能过剩，煤炭产业可通过产业转移、企业转型、煤炭清洁转化利用、生态经济等手段转型发展。

3. 油气供给展望

我国石油产量将在相当长的时期保持在1.9亿—2.0亿吨水平，预计2060年以后显著下降，其间对外依存度呈总体下降态势。2035年后，我国国内的石油供给仍将保持平稳略降的趋势，对外依存度随着石油消费量的减少而不断下降，预计到2035年、2040年、2050年、2060年，石油产量分别为2.0亿吨、2.0亿吨、1.9亿吨、1.1亿吨，对外依存度分别为69.2%、64.3%、48.5%、19.7%（图8-22）。

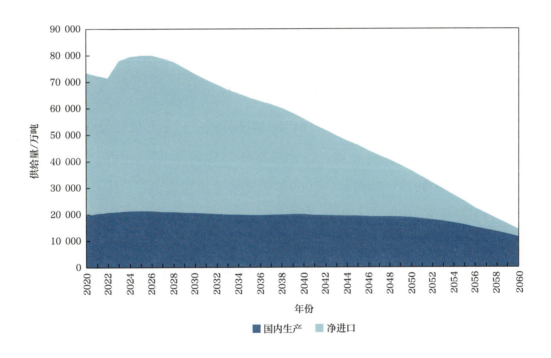

图8-22　基准情景下石油供给量及结构

我国天然气产量持续上升，在2035年以后进入2900亿立方米左右产量平台期，天然气自主保障能力持续提升。预计到2035年以后，我国国内的天然气供给总体将保持平稳趋势，对外依存度随着天然气消费量的减少而不断下降，预计到2035年、2040年、2050年、2060年，天然气产量分别为2900亿立方米、2900亿立方米、2900亿立方米、2500亿立方米左右，对外依存度分别为48.0%、45.7%、34.8%、15.3%（图8-23）。

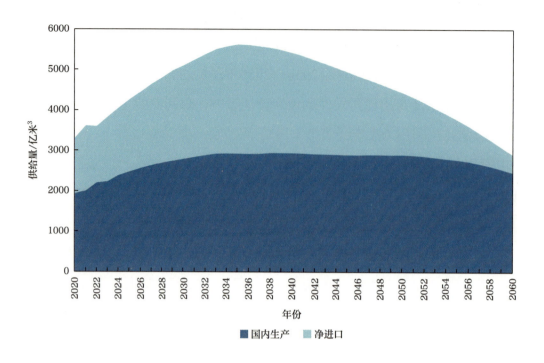

图8-23　基准情景下天然气供给量及结构

4. 电力电量供给展望

全国发电量持续提升至2050—2060年的17.3万亿—17.5万亿千瓦·时水平，非化石能源发电在2060年成为绝对主体，占比将达到95%左右。预计我国全社会发电量在2035年、2040年、2050年、2055年、2060年将分别达到14.8万亿千瓦·时、16.1万亿千瓦·时、17.4万亿千瓦·时、17.5万亿千瓦·时、17.3万亿千瓦·时左右，基本与全社会用电量保持一致。

2035年以后，我国新型能源体系和新型电力系统建设不断加速，到2050年前后新型电力系统将全面建成。清洁能源发电始终是我国低碳能源转型、降低高碳能源比例、有效减少碳排放的主要动力，非化石电源发电占比将逐渐提高。

预计2035年、2040年、2050年、2060年非化石电源发电量占全国总发电量的比例将分别提高到51%、56%、73%、95%，风电和太阳能发电是增量的绝对主体；煤电发电量占比将呈快速下降趋势，到2035年、2040年、2050年、2060年将逐渐下降到43%、37%、22%、4%左右；气电发电量占比呈现先稳中有升再下降走势，到2035年、2040年、2050年、2060年分别为4.2%、4.4%、3.3%、0.7%左右（图8-24）。到2060年化石能源发电主要发挥应急备用和调峰功能，让渡了绝大多数的电量空间。

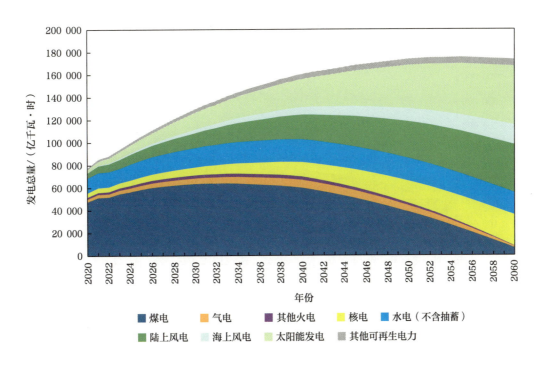

图8-24　基准情景下发电总量及构成

新能源大规模发展驱动电力装机容量快速提升，2060年装机容量将达到85亿千瓦左右，其中非化石电源装机容量占比将达到86%，煤电装机容量占比显著高于其发电量占比，应急备用功能突出。2035年我国电力总装机容量达到59亿千瓦，其后我国电力总装机容量仍将不断攀升，预计到2040年、2050年、2060年我国电力总装机容量将分别达到67亿千瓦、81亿千瓦、85亿千瓦左右。

其中，非化石电源装机容量占比将逐渐提高，预计到2040年非化石电源装机容量占比将达到75%左右，较2035年提高3个百分点左右，风、光发电合计装机将达到43亿千瓦左右（约占63%），较2035年提高约7亿千瓦，煤电装机降至13.3亿千瓦左右（约占20%），较2035年降低约0.4亿千瓦；到2050年，非化石电源装机占比将达到78%左右，风、光发电合计装机将达到56亿千瓦左右（约占69%），煤电装机降至12.3亿千瓦左右（约占15%）；到2060年，非化石电源装机占比将达到86%左右，风、光发电合计装机将达到63亿千瓦左右（约占74%），煤电装机降至9亿千瓦左右（约占10%）（图8-25）。

在利用小时数方面，2035年后火电发电小时数将逐步出现下降，到2040年煤电将加速从基础支撑向灵活调节和应急备用转换，与之相对应，发电小时数出现加速下滑，到2060年降至700—800小时，主要发挥应急备用功能。风电和太阳能发电在2035年后，随着发电技术和电网调度技术不断进步，年利用小时数将呈现小幅上涨（图8-26）。

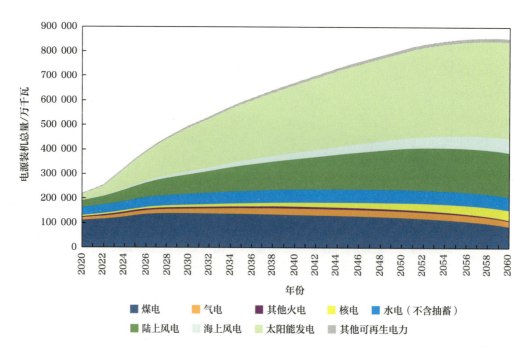

图8-25　基准情景下电源装机总量及构成

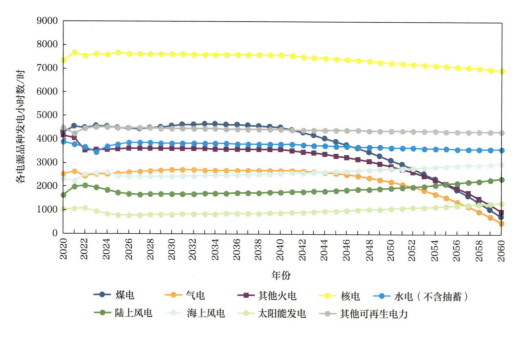

图8-26　基准情景下各电源品种发电小时数

储能规模呈快速增长态势，2060年将超过15亿千瓦，有效支撑和保障了全社会最大用电负荷。2035年以后，为满足用电高峰时段的电力供应安全，储能产业需要不断发展壮大，储能的装机容量将保持快速增长。预计到2035年、2040年、2050年、2060年我国储能（含抽水蓄能、电化学储能、其他储能）的装机容量将分别达到5.6亿千瓦、8.8亿千瓦、13.1亿千瓦、15.7亿千瓦（图8-27）。其中，到2040年抽水蓄能、电化学储能、其他储能占比分别为35.6%、59.2%、5.2%；到2050年抽水蓄能、电化学储能、其他储能占比分别为29.2%、63.6%、7.2%；到2060年抽水蓄能、电化学储能、其他储能占比分别为25.7%、65.0%、9.4%（图8-28）。

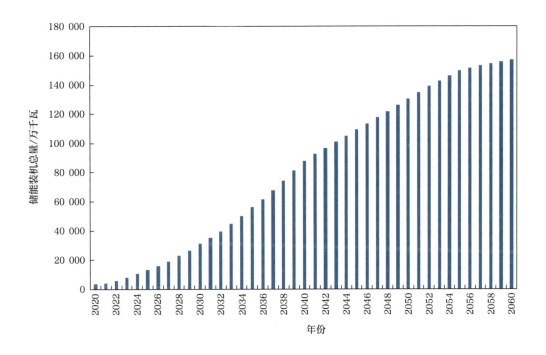

图8-27　基准情景下储能装机总量

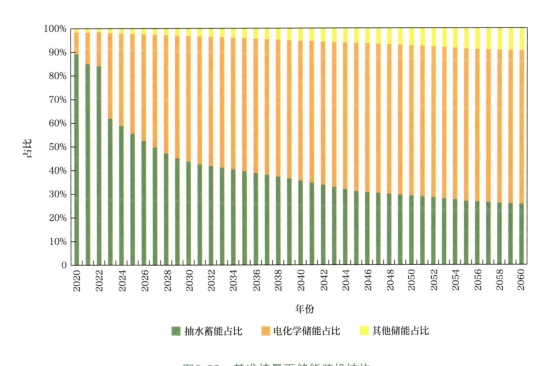

图8-28　基准情景下储能装机结构

根据发电电源和储能的装机情况，并结合不同发电电源种类和不同储能方式在负荷

105

高峰时段各自的出力系数，仿真预测到2035年、2040年、2050年、2060年我国各类发电电源和储能最大出力合计分别达到24.5亿千瓦、28亿千瓦、33亿千瓦、34亿千瓦左右（图8-29），均超过同期全社会最大用电负荷（考虑需求侧响应之后）的10%以上，在总体上可以保证用电高峰时段的电力供应安全。

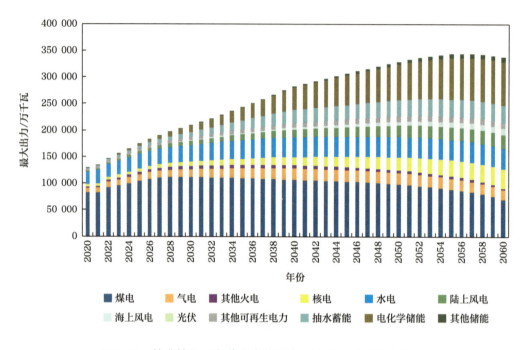

图8-29　基准情景下负荷晚高峰时段各电源和储能最大出力

九、储能技术更快发展情景下我国能源中长期展望

（一）我国能源消费中长期展望

1. 终端能源消费展望

在该情景下，预计我国终端能源消费总量在2040年将比2035年降低约2亿吨，至42亿吨标准煤左右，到2050年将降至36亿吨标准煤左右，到2060年将降至30亿吨标准煤左右（图9-1）。

终端能源消费结构也将继续向电气化、低碳化和清洁化方向发展，并将持续加速。预计终端能源电氢化率（电力和氢能在终端能源消费总量中的占比）在2040年、2050年、2060年将分别达到45%、57%、71%，其中绿氢分别为2.3%、5.1%、9.4%（图9-2）。

2. 一次能源消费总量及结构展望

如前所述，本书主要使用电热当量法来表征2035年以后的一次能源消费总量。

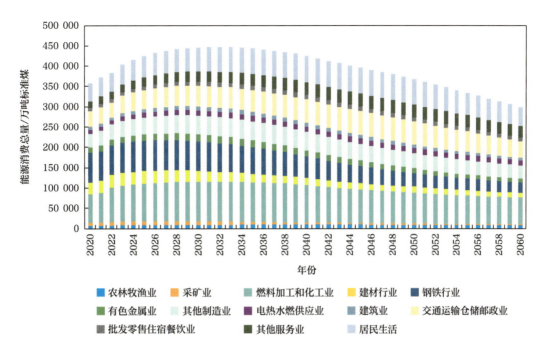

图9-1　储能技术更快发展情景下终端能源消费总量及行业分布

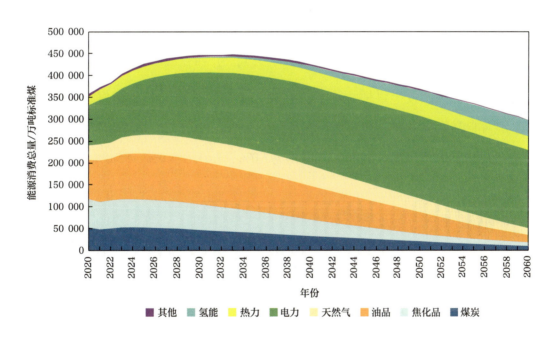

图9-2　储能技术更快发展情景下终端能源消费总量及品种结构

1）一次能源消费总量

在该情景下，按电热当量法计算，预计到2035年、2040年、2050年、2060年我国一次能源消费总量将分别为57亿吨标准煤、54亿吨标准煤、44亿吨标准煤、31亿吨标准煤左右。若按发电煤耗法计算，预计到2035年、2040年、2050年、2060年一次能源消费总量分别为69亿吨标准煤、69亿吨标准煤、65亿吨标准煤、58亿吨标准煤左右（图9-3）。

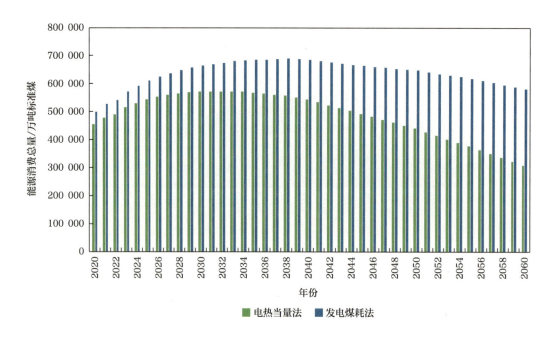

图9-3　储能技术更快发展情景下一次能源消费总量

2）一次能源消费结构

在该情景下，按照发电煤耗法计算，到2040年煤炭、石油、天然气、一次电力及其他能源在我国能源消费中的占比分别为40.4%、12.4%、10.6%、36.6%；到2050年分别为25.1%、8.4%、8.7%、57.8%；到2060年分别为7.0%、3.0%、5.0%、85.0%（图9-4）。

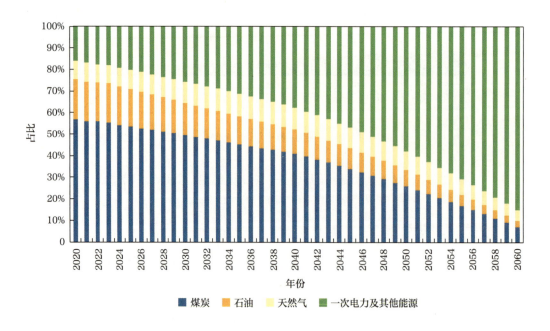

图9-4　储能技术更快发展情景下一次能源消费结构（发电煤耗法）

按照电热当量法计算，预计到2040年，煤炭、石油、天然气、一次电力及其他能源在我国能源消费中的占比分别为50.6%、15.5%、13.2%、20.7%；到2050年，分别为36.8%、12.3%、12.7%、38.2%；到2060年，分别为13.2%、5.7%、9.3%、71.8%（图9-5）。

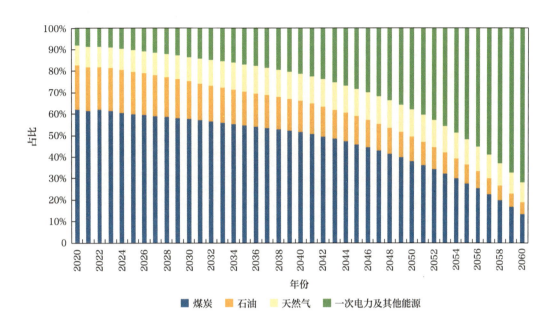

图9-5　储能技术更快发展情景下一次能源消费结构（电热当量法）

3. 分品种一次能源消费中长期演化趋势展望

（1）煤炭消费。预计到2035年降至47亿吨左右（国产原煤+进口商品煤），到2040年降至43亿吨左右，到2050年降至25亿吨左右，到2060年降至6亿吨左右（图9-6）。

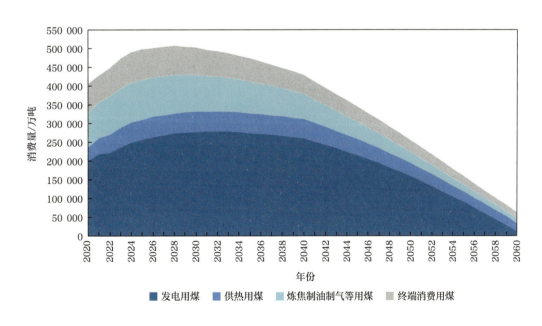

图9-6　储能技术更快发展情景下煤炭消费量及构成（国产原煤+进口商品煤）

（2）石油消费。预计到2035年降至6.3亿吨左右，到2040年降至5.5亿吨左右，到2050年降至3.5亿吨左右，到2060年降至1.2亿吨左右（图9-7）。

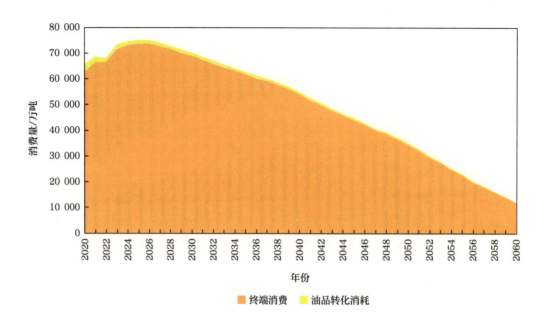

图9-7　储能技术更快发展情景下石油实际消费量及构成

（3）天然气消费。预计到2035年为5600亿—5700亿立方米，到2040年降至5400亿立方米左右，到2050年降至4400亿立方米左右，到2060年降至2300亿立方米左右（图9-8）。

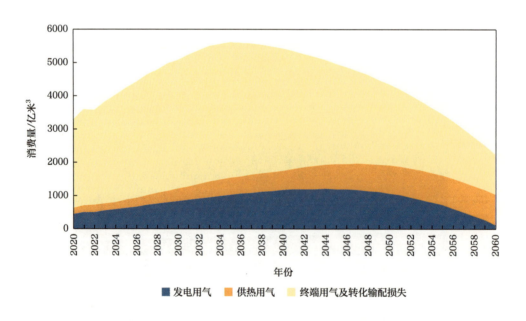

图9-8　储能技术更快发展情景下天然气消费量及构成

（4）一次电力及其他能源（非化石能源）消费。储能技术更快发展情景下一次电力及其他能源消费量如图9-9所示。预计非化石能源的发电量到2035年为7.5万亿千瓦·时左右（占总发电量的51%左右），到2040年将达到9.1万亿千瓦·时左右（占总发电量的56%左右），到2050年将达到13.4万亿千瓦·时左右（占比74%左右），到2060年将达到17.9万亿千瓦·时左右（占比98%左右）（图9-10）。

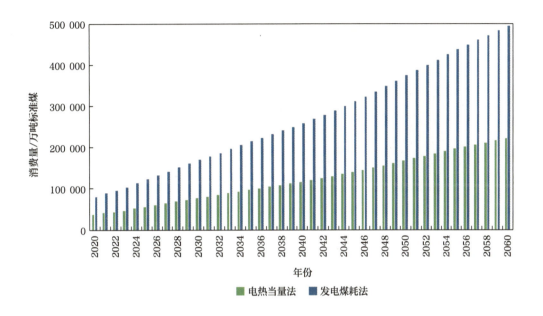

图9-9　储能技术更快发展情景下一次电力及其他能源消费量

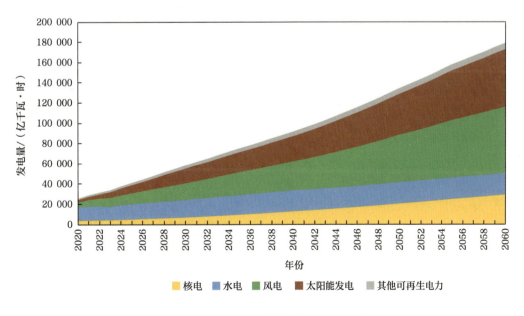

图9-10　储能技术更快发展情景下非化石能源发电量

4. 碳中和目标展望

在该情景下，我国能源活动碳排放量在2035年以后将进入快速下降阶段。

不考虑CCUS时，预计到2035年能源活动碳排放量约为109亿吨，到2040年约为99亿吨，到2050年约为61亿吨，到2060年约为16亿吨（图9-11）。

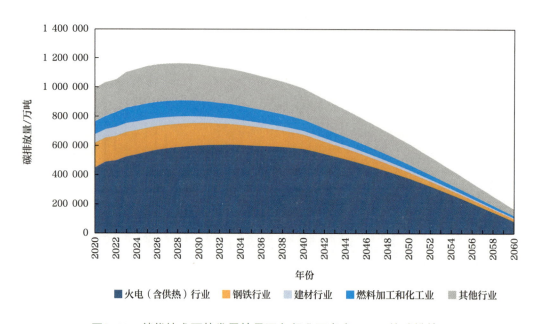

图9-11　储能技术更快发展情景下各行业不考虑CCUS的碳排放量

若考虑CCUS的兜底脱碳保障到2035年以后进入规模化布局（重点聚焦煤电、石油化工、煤化工、冶金、工业燃煤等领域），预计到2035年、2040年、2050年、2060年CCUS分别可实现碳减排0.4亿吨、0.8亿吨、2.3亿吨、6.7亿吨左右（图9-12）。

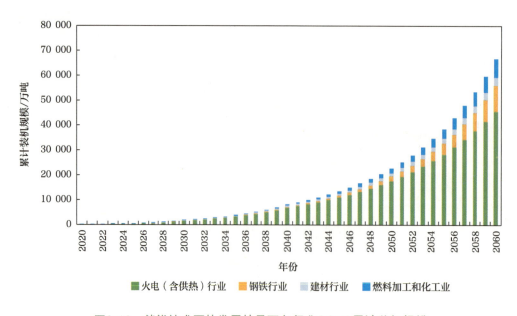

图9-12　储能技术更快发展情景下各行业CCUS累计装机规模

综合抵消后，到2060年能源活动的二氧化碳净排放量降至10亿吨以内（图9-13）。根据国内林业领域研究结果，预计2060年我国陆上林地每年的碳汇能力可达15亿—20亿吨，可顺利将能源活动二氧化碳的净排放进行中和，并为经济社会其他领域碳排放预留较大的中和空间。

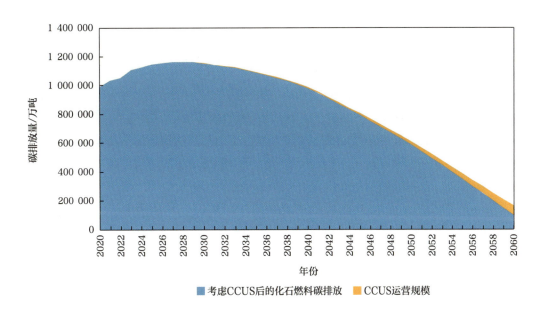

图9-13　储能技术更快发展情景下考虑CCUS的碳排放量

5. 电力电量需求展望

1）全社会用电量

在该情景下，预计2035年我国终端用能电氢化率将达到40%左右，到2040年将达到45%左右，到2050年将达到58%左右，到2060年将达到72%左右。

全社会用电需求在经济社会发展自然牵引和终端能源电氢替代的双重驱动下，将保持长期增长趋势。预计我国全社会用电量到2035年将达到14.8万亿千瓦·时左右，到2040年将达到16.2万亿千瓦·时左右，到2050年将达到18.1万亿千瓦·时左右；到2055年将达到18.5万亿千瓦·时左右，到2060年将达到18.3万亿千瓦·时左右（图9-14和图9-15），人均用电量1.4万—1.5万千瓦·时（图9-16），仅略高于美国当前人均用电水平（美国当前的终端用能电气化率不足30%，未来增长空间较大）。

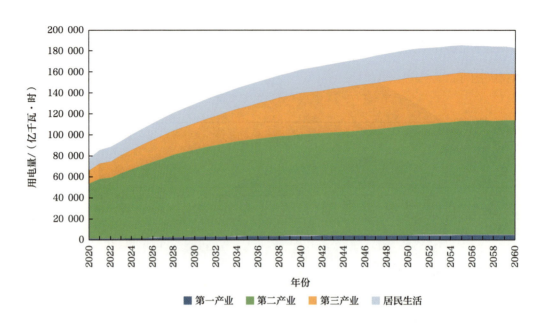

图9-14 储能技术更快发展情景下全社会用电量及产业构成

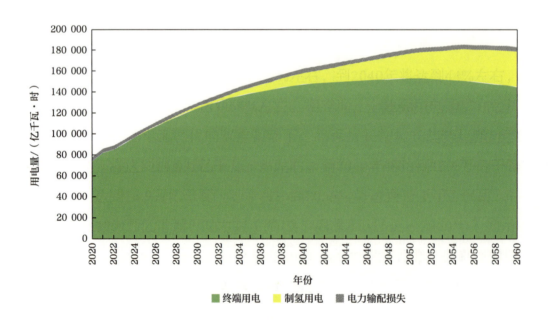

图9-15 储能技术更快发展情景下全社会用电量及用途构成

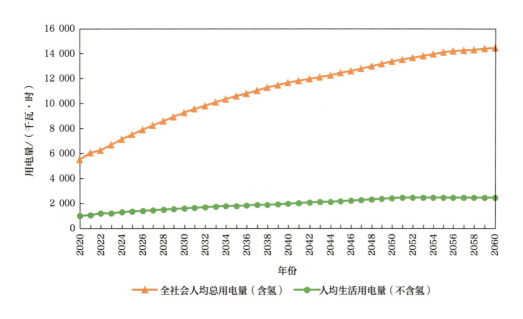

图9-16　储能技术更快发展情景下人均用电情况

2）全社会最大用电负荷

在该情景下，预计我国全社会最大用电负荷（考虑需求响应之后）到2035年将达到23亿千瓦左右，到2040年将达到26亿千瓦左右，到2050年将接近33亿千瓦，到2060年将达到34亿千瓦左右（图9-17）。

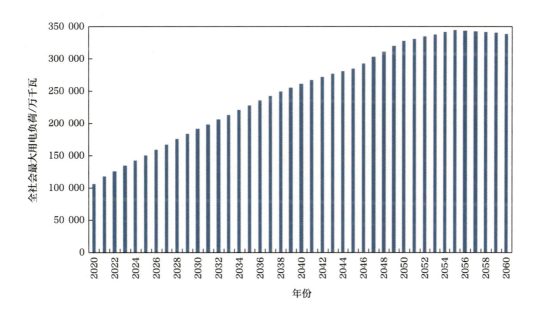

图9-17　储能技术更快发展情景下考虑需求侧响应后的全社会最大用电负荷

（二）我国能源供给中长期展望

1. 能源总体供给展望

与能源消费总量相一致，本书主要使用电热当量法来表征2035年以后一次能源供给情况（图9-18），按发电煤耗法计算的结果作为对比参考（图9-19）。

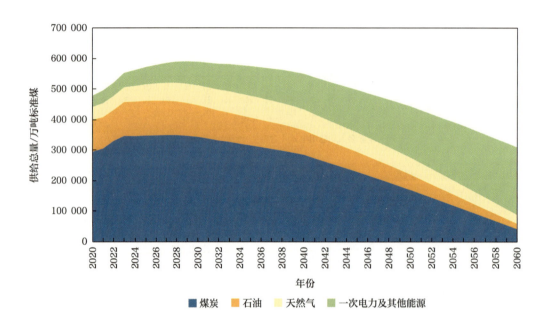

图9-18　储能技术更快发展情景下一次能源供给总量及品种构成（电热当量法）

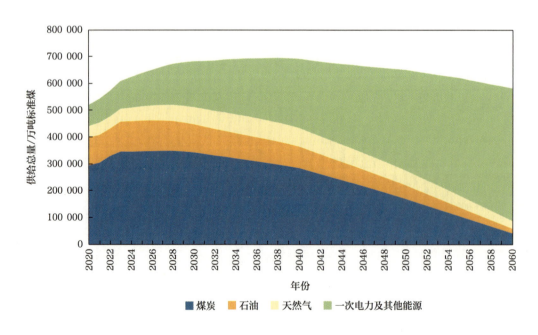

图9-19　储能技术更快发展情景下一次能源供给总量及品种构成（发电煤耗法）

我国一次能源供给总量预计到2035年约为57.5亿吨标准煤，到2040年降至55亿吨标准煤左右，到2050年降至44亿吨标准煤左右，到2060年降至31亿吨标准煤左右。

从供给品种来看，在该情景下，预计到2040年煤炭、石油、天然气、一次电力及其他能源对我国能源供给的贡献分别为50.6%、15.7%、13.1%、20.6%；到2050年分别为36.9%、12.5%、12.6%、38.0%；到2060年分别为12.3%、6.7%、9.4%、71.6%。

从供给来源地来看，在该情景下，我国能源总体自给率将呈现不断升高的态势，预计到2040年将升高至82%左右，较2035年提高约3个百分点（图9-20），其中煤炭、石油、天然气、一次电力及其他能源的自给率分别为96%、36%、54%、100%；到2050年总体自给率将升高至89%左右，其中煤炭、石油、天然气、一次电力及其他能源的自给率分别为97%、53%、65%、100%；到2060年将达到97%左右，其中煤炭、石油、天然气、一次电力及其他能源的自给率分别为97%、84%、85%、100%。

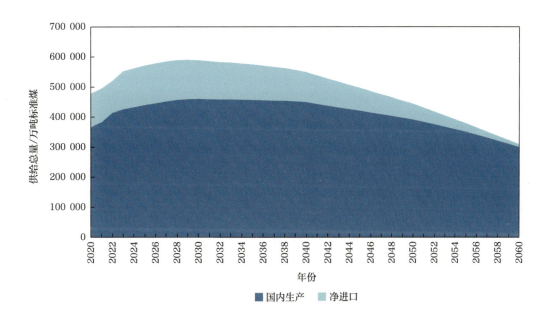

图9-20　储能技术更快发展情景下一次能源供给总量及来源地（电热当量法）

2. 煤炭供给展望

从供给来源地来看，在该情景下，预计2040年煤炭的国内生产量（按原煤计）和净进口量（按商品煤计）分别为40亿吨和3.1亿吨左右，分别较2035年降低4.4亿吨和0.6亿吨，当年进口煤比例为7%左右；到2050年国内生产量和净进口量分别为24亿吨和1.5亿吨左右，进口煤比例为6%左右；到2060年煤炭的国内生产量和净进口量分别为5.5亿—6亿吨和0.2亿—0.3亿吨，进口煤比例下降到4%左右（图9-21）。

从国内生产来看，在该情景下，2035年前我国需要提前在晋陕蒙新等重点区域新开工建设7亿吨/年的煤炭产能，保持"十四五"时期累计开工2亿吨/年、"十五五"时期累计开工3亿吨/年、"十六五"时期累计开工2亿吨/年的开工节奏，以满足煤炭保供需求，并配合适当煤炭进口共同保证2030—2050年煤炭的充足供给。

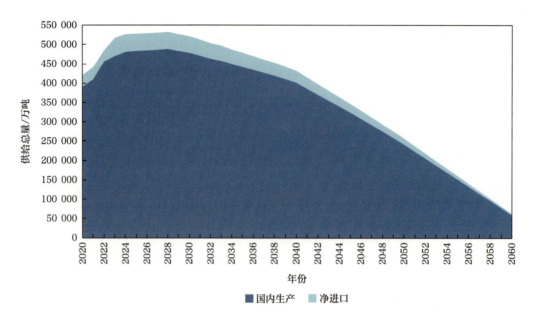

图9-21 储能技术更快发展情景下煤炭供给结构（国内原煤+进口商品煤）

3. 油气供给展望

（1）石油供给。预计到2035年、2040年、2050年、2060年石油产量分别为2.0亿吨、2.0亿吨、1.8亿吨、1.0亿吨左右，对外依存度分别为69%、64%、48.5%、20%左右（图9-22）。

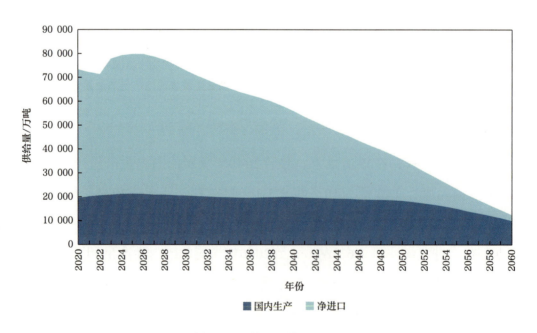

图9-22 储能技术更快发展情景下原油供给结构

（2）天然气供给。在该情景下，预计到2035年、2040年、2050年、2060年天然气产量分别为2900亿立方米、2900亿立方米、2800亿立方米、1900亿立方米左右，对外依存度分别为48%、46%、35%、15%左右（图9-23）。

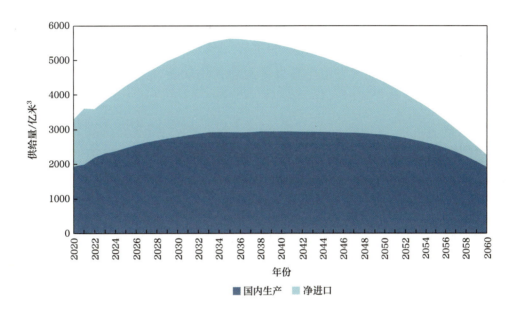

图9-23　储能技术更快发展情景下天然气供给量及结构

4. 电力电量供给展望

电量供给。在该情景下，预计我国总发电量在2035年、2040年、2050年、2055年、2060年分别达到14.8万亿千瓦·时、16.2万亿千瓦·时、18.1万亿千瓦·时、18.5万亿千瓦·时、18.3万亿千瓦·时左右（图9-24）。

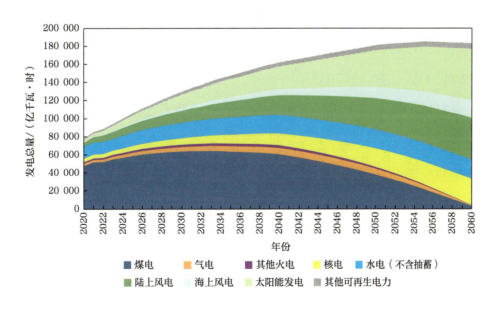

图9-24　储能技术更快发展情景下发电总量及结构

关于发电量结构，预计2035年、2040年、2050年、2060年非化石电源发电占全国总发电量的比例将分别提高到50.8%、56.4%、74.2%、97.7%，风电和太阳能发电是增量的绝对主体；煤电发电量占比将呈快速下降趋势，到2035年、2040年、2050年、2060年将逐渐下降到43.0%、37.4%、21.0%、1.8%左右；气电发电量占比在2035年和2040年分别为4.2%、4.4%，其后呈下降趋势，到2050年、2060年将逐渐下降到3.7%、0.4%左右。到2060年化石能源发电主要发挥应急备用功能，发电小时数降至500—600小时（图9-25）。

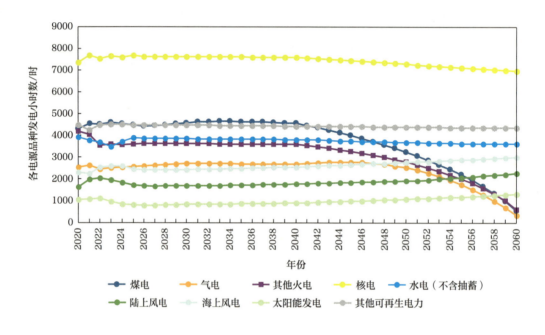

图9-25　储能技术更快发展情景下各电源品种发电小时数

电力装机。2035年以后我国电力装机总量仍将不断攀升。预计到2040年我国电力总装机将达到68亿千瓦左右，较2035年增长9亿千瓦，到2050年将达到85亿千瓦左右，到2060年将达到91亿千瓦左右。装机结构方面，从中长期来看我国非化石电源装机占比将逐渐提高，预计到2040年非化石电源装机占比将达到75%左右，风光发电合计装机将达到43亿千瓦左右，煤电装机降至13.3亿千瓦左右；到2050年，非化石电源装机占比将达到82%左右，风光发电合计装机将达到62亿千瓦左右，煤电装机降至11.7亿千瓦左右；到2060年，非化石电源装机占比将达到90%左右，风光发电合计装机将达到72亿千瓦左右，煤电装机降至6亿—7亿千瓦（图9-26）。

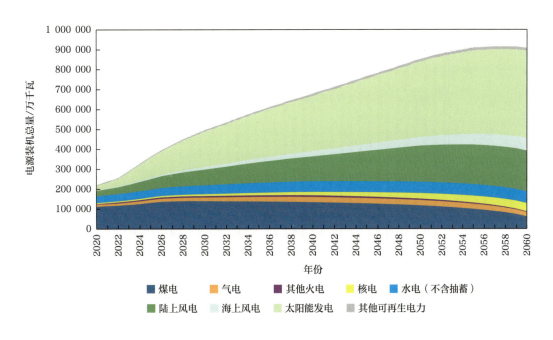

图9-26　储能技术更快发展情景下电源装机总量及构成

电力供给。预计到2035年、2040年、2050年、2060年我国储能装机容量将分别达到5.6亿千瓦、8.8亿千瓦、15.3亿千瓦、21亿千瓦（图9-27）。储能装机结构方面，未来电化学储能占比将不断走高，抽水蓄能占比将不断受到挤压，其他形式的新型储能在2035年后也将获得快速发展，到2060年三者比例分别为65%、25%、10%（图9-28）。

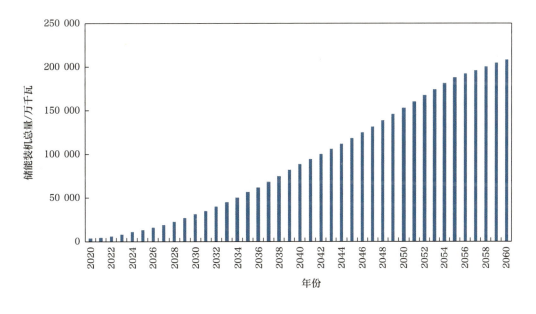

图9-27　储能技术更快发展情景下储能装机总量

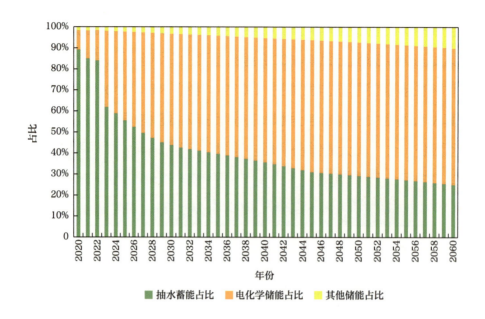

图9-28　储能技术更快发展情景下储能装机结构

　　根据发电电源和储能的装机情况，并结合不同发电电源种类和不同储能方式在负荷高峰时段各自的出力系数，仿真预测到2035年、2040年、2050年、2060年我国电力最大出力合计分别达到24.5亿千瓦、28亿千瓦、35亿千瓦、37亿千瓦左右，均超过同期全社会最大用电负荷10%，在总体上可以保证用电高峰时段的电力供应安全（图9-29）。

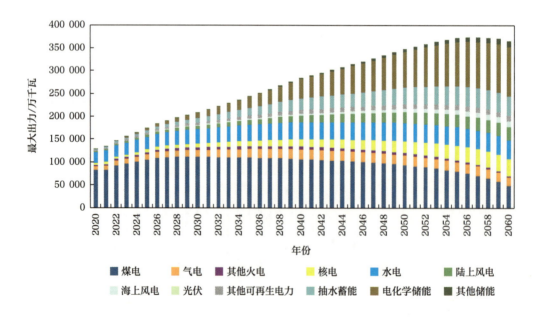

图9-29　储能技术更快发展情景下负荷晚高峰时段各电源和储能最大出力

十、CCUS更大规模布局情景下我国能源中长期展望

（一）我国能源消费中长期展望

1. 终端能源消费展望

预计我国终端能源消费总量2040年为42亿吨标准煤左右，较2035年降低2亿吨标准煤左右，到2050年将降至37亿吨标准煤左右，到2060年将降至31亿吨标准煤左右（图10-1）。

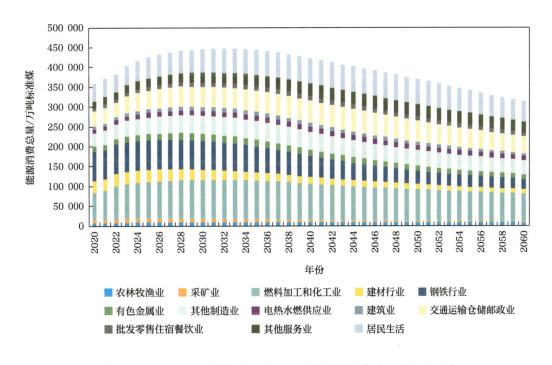

图10-1　CCUS更大规模布局情景下终端能源消费总量及行业分布

终端能源消费结构也将继续向电气化、低碳化和清洁化方向发展，并将持续加速。预计终端能源电氢化率（电力和氢能在终端能源消费总量中的占比）在2040年、2050年、2060年将分别达到44%、54%、64%，其中绿氢分别为2.1%、5.3%、10%左右（图10-2）。

2. 一次能源消费总量及结构展望

如前所述，本书主要使用电热当量法来表征2035年以后的一次能源消费总量。

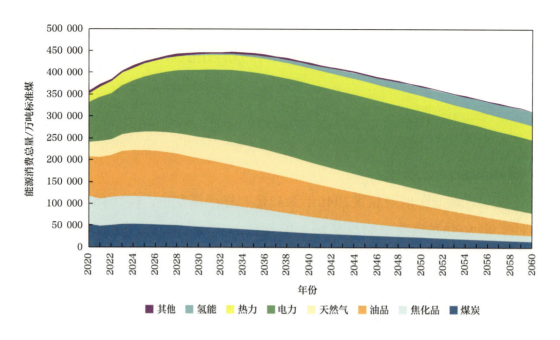

图10-2　CCUS更大规模布局情景下终端能源消费总量及品种结构

1）一次能源消费总量

预计到2035年、2040年、2050年、2060年我国一次能源消费总量将分别为57亿吨标准煤、54亿吨标准煤、44亿吨标准煤、34亿吨标准煤左右。若按发电煤耗法计算，预计到2035年、2040年、2050年、2060年一次能源消费总量分别为69亿吨标准煤、68亿吨标准煤、63亿吨标准煤、57亿吨标准煤左右（图10-3）。

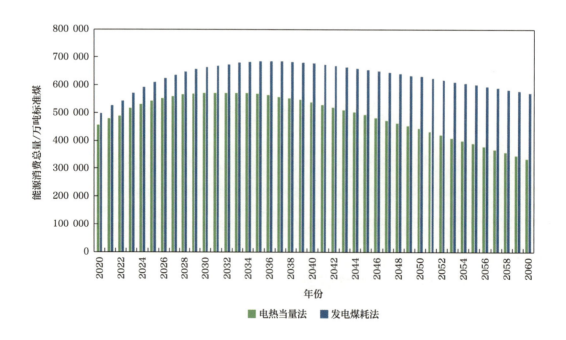

图10-3　CCUS更大规模布局情景下一次能源消费总量

2）一次能源消费结构

在该情景下，按发电煤耗法计算，预计到2040年，煤炭、石油、天然气、一次电力及其他能源在我国能源消费中的占比分别为40.7%、11.7%、10.3%、37.3%；到2050年，分别为28.0%、8.7%、9.5%、53.8%；到2060年，分别为13.0%、4.5%、7.5%、75.0%（图10-4）。

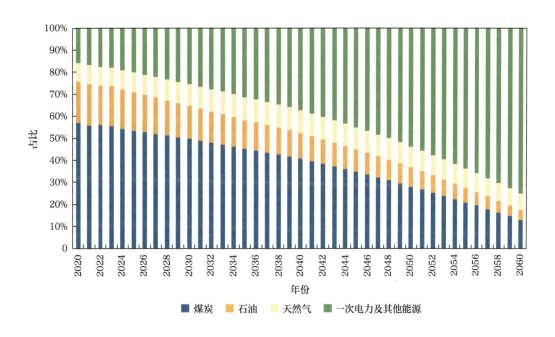

图10-4　CCUS更大规模布局情景下一次能源消费结构（发电煤耗法）

按电热当量法计算，预计到2040年，煤炭、石油、天然气、一次电力及其他能源在我国能源消费中的占比分别为51.2%、14.8%、13.0%、21.1%；到2050年，分别为39.8%、12.4%、13.4%、34.3%；到2060年，分别为22.2%、7.6%、12.8%、57.4%（图10-5）。

3. 分品种一次能源消费中长期演化趋势展望

（1）煤炭消费。在该情景下，预计我国煤炭消费量到2035年为47亿吨（国产原煤＋进口商品煤，下同）左右，到2040年降至42吨左右，到2050年降至27亿吨左右，到2060年降至11亿—12亿吨左右（图10-6）。

（2）石油消费。预计我国石油消费量到2035年降至6.3亿吨左右，到2040年降至5.6亿吨左右，到2050年降至3.9亿吨左右，到2060年降至1.8亿吨左右（图10-7）。

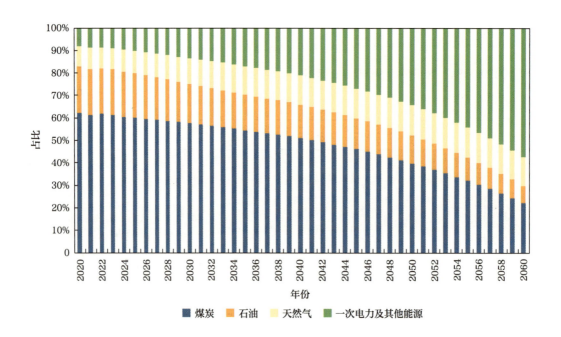

图10-5　CCUS更大规模布局情景下一次能源消费结构（电热当量法）

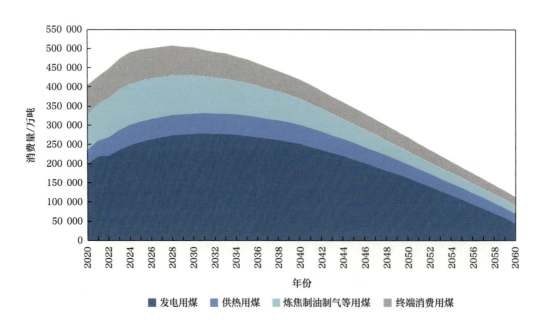

图10-6　CCUS更大规模布局情景下煤炭消费量及构成（国产原煤+进口商品煤）

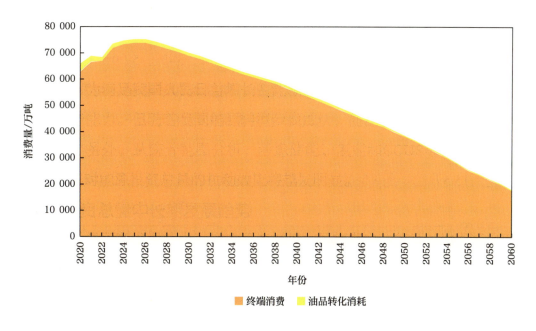

图10-7 CCUS更大规模布局情景下石油实际消费量及构成

（3）天然气消费。预计2035年为5600亿—5700亿立方米，到2040年降至5500亿立方米左右，到2050年降至4700亿立方米左右，到2060年降至3400亿立方米左右（图10-8）。

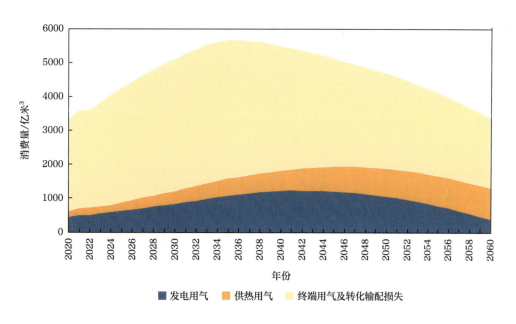

图10-8 CCUS更大规模布局情景下天然气消费量及构成

（4）一次电力及其他能源（非化石能源）消费。按照发电煤耗法，预计2035年为21.5亿吨标准煤，在一次能源消费总量中占比31%；到2040年将达到25.3亿吨标煤，在一次能源消费总量中占比37%；到2050年将达到33.9亿吨标煤，在一次能源消费总量中占比54%；到2060年将达到42.9亿吨标煤，在一次能源消费总量中占比75%（图10-9）。

按照电热当量法，预计到2040年、2050年、2060年将分别达到11.4亿吨、15.2亿吨、19.3亿吨标准煤，在一次能源消费总量中分别占比21%、34%、57.0%（图10-9）。关于一次电力及其他能源（非化石能源）的发电量，预计到2035年将达到7.5万亿千瓦·时左右（占总发电量的51%左右），到2040年将达到9.0万亿千瓦·时左右（占总发电量的56%左右），到2050年将达到12.2万亿千瓦·时左右（占总发电量的72%左右），到2060年将达到15.5万亿千瓦·时左右（占总发电量的91%左右）（图10-10）。

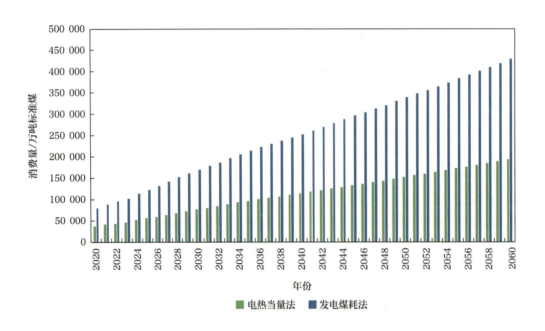

图10-9　CCUS更大规模布局情景下一次电力及其他能源消费量

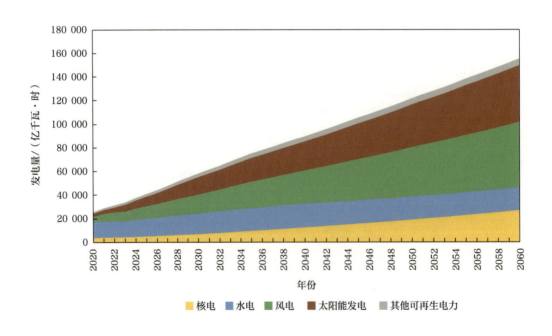

图10-10　CCUS更大规模布局情景下非化石能源发电量

4. 碳中和目标展望

在该情景下，若不考虑负碳技术，预计能源活动碳排放量到2035年约为109亿吨，到2040年约为98亿吨，到2050年约为64亿吨，到2060年约为28亿吨（图10-11）。

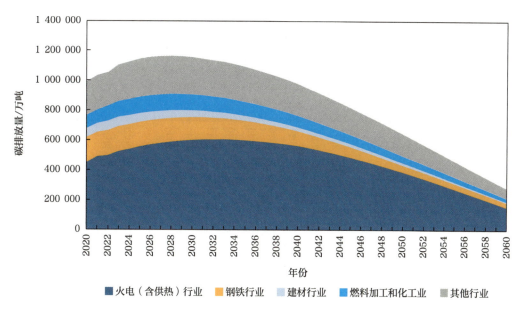

图10-11　CCUS更大规模布局情景下各行业不考虑CCUS的碳排放量

若考虑CCUS的兜底脱碳保障到2035年之后进入规模化布局（重点聚焦煤电、石油化工、煤化工、冶金、工业燃煤等领域）（图10-12），预计到2035年、2040年、2050年、2060年分别可实现碳减排0.4亿吨、1.1亿吨、4.3亿吨、18.2亿吨左右。综合抵消后，到2060年能源活动的碳排放量降至10亿吨以内（图10-13）。根据林业领域研究结果，

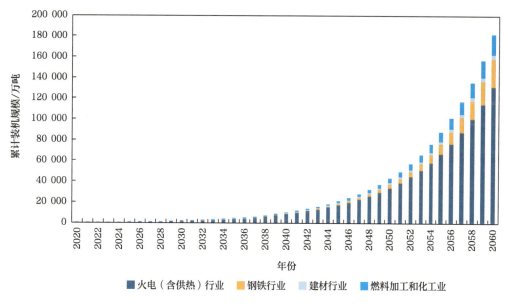

图10-12　CCUS更大规模布局情景下各行业CCUS累计装机规模

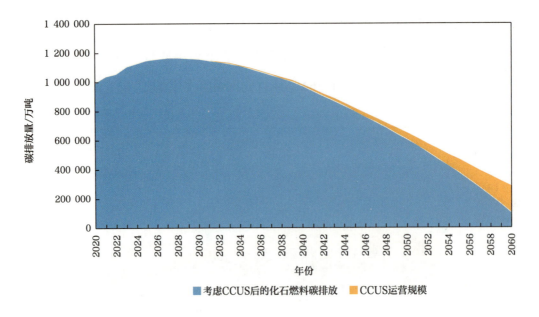

图10-13　CCUS更大规模布局情景下考虑CCUS的碳排放量

预计2060年我国陆上林地每年的碳汇能力可达15亿—20亿吨，可顺利将能源活动二氧化碳的净排放进行中和，并为经济社会其他领域碳排放预留一定空间。

5. 电力电量需求展望

1）全社会用电量

预计2035年我国终端用能电氢化率为40%左右，到2040年将达到44%左右，到2050年将达到54%左右，到2060年将达到64%左右。相应地，全社会用电需求在经济社会发展自然牵引和终端能源电氢替代的双重驱动下，将保持长期增长趋势。预计我国全社会用电量到2035年将达到14.8万亿千瓦·时左右，到2040年将达到15.9万亿千瓦·时左右，到2050年将达到16.9万亿千瓦·时左右；到2055年将达到17.1万亿千瓦·时左右，到2060年略降至17.0万亿千瓦·时左右（图10-14和图10-15）；2060年人均用电量1.3万千瓦·时左右（图10-16），仅与美国当前人均用电水平基本相当（美国当前的终端用能电气化率不足30%，未来提升空间较大）。

2）全社会最大用电负荷

预计我国全社会最大用电负荷2035年为23亿千瓦左右，到2040年将达到26亿千瓦左右，到2050年将达到29亿千瓦左右，到2060年将达到29.5亿千瓦左右（图10-17）。

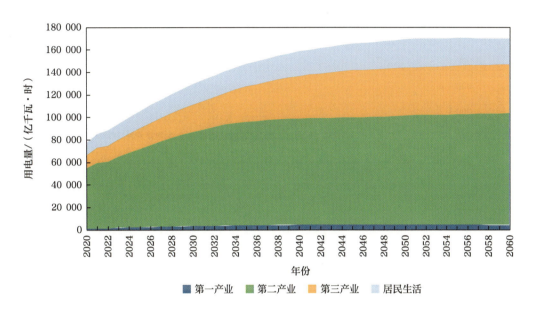

图10-14 CCUS更大规模布局情景下全社会用电量及产业构成

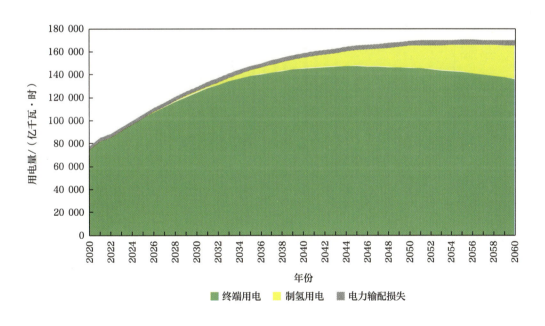

图10-15 CCUS更大规模布局情景下全社会用电量及用途构成

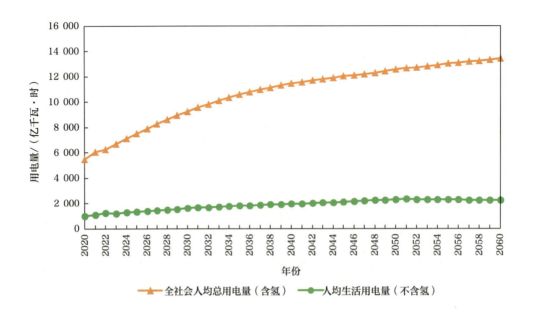

图10-16 CCUS更大规模布局情景下人均用电情况

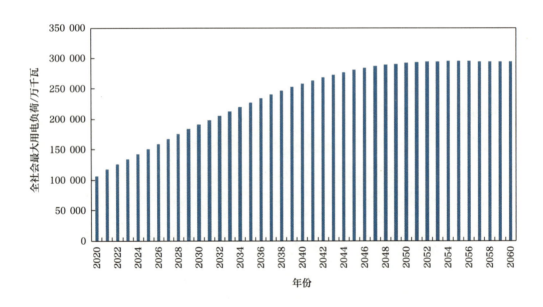

图10-17 CCUS更大规模布局情景下考虑需求侧响应后的全社会最大用电负荷

（二）我国能源供给中长期展望

1. 能源总体供给展望

与能源消费总量相一致，本书主要使用电热当量法来表征2035年以后一次能源供给情况。从供给总量来看，在该情景下，我国一次能源供给总量预计到2035年为57亿吨标准煤左右，到2040年将降至54亿吨标准煤左右，到2050年将降至45亿吨标准煤左右，到

2060年将降至34亿吨标准煤左右（图10-18）。

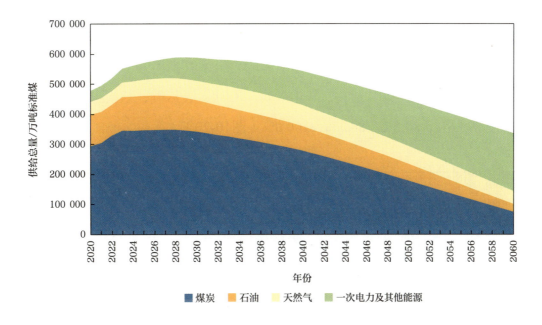

图10-18　CCUS更大规模布局情景下一次能源供给总量及品种构成（电热当量法）

　　从供给品种来看，在该情景下，预计到2040年煤炭、石油、天然气、一次电力及其他能源对我国能源供给的贡献分别为51.3%、14.9%、12.9%、20.9%；到2050年分别为40.0%、12.5%、13.4%、34.1%；到2060年分别为22.3%、7.7%、12.8%、57.2%（图10-18）。若按发电煤耗法，到2060年四者贡献比例分别为13%、4.5%、7.5%、75%（图10-19）。

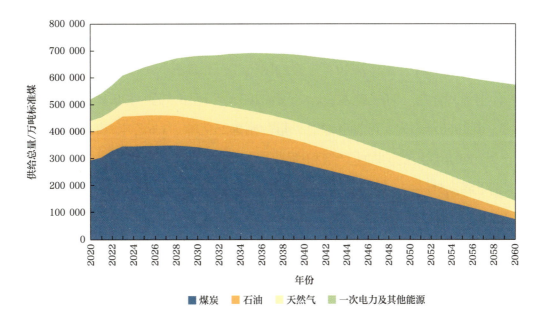

图10-19　CCUS更大规模布局情景下一次能源供给总量及品种构成（发电煤耗法）

从供给来源地来看，我国能源总体自给率将呈现不断升高的态势，预计到2040年升高至81%左右，较2035年提高2个百分点左右，其中煤炭、石油、天然气、一次电力及其他能源的自给率分别为93.8%、35.7%、54.3%、100.0%；到2050年升高至87%左右，其中煤炭、石油、天然气、一次电力及其他能源的自给率分别为94.8%、51.5%、64.3%、100.0%；到2060年升高至96%左右，其中煤炭、石油、天然气、一次电力及其他能源的自给率分别为95.6%、80.3%、84.7%、100.0%（图10-20）。

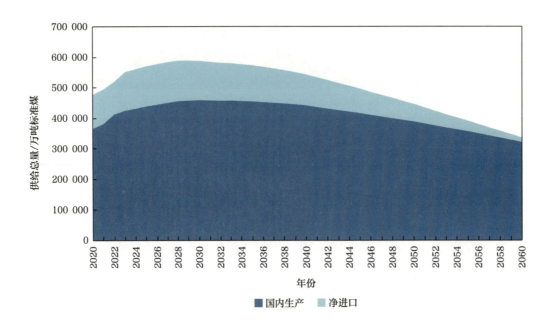

图10-20　CCUS更大规模布局情景下一次能源供给总量及来源地（电热当量法）

2. 煤炭供给展望

从供给来源地来看，预计2040年煤炭的国内生产量（按原煤计）和净进口量（按商品煤计）分别为39亿吨、3.0亿吨左右，分别较2035年降低5.3亿吨和0.7亿吨，进口煤比例为7%左右；到2050年国内生产量和净进口量分别为25亿吨、1.6亿吨左右，进口煤比例为6%左右；到2060年煤炭的国内生产量和净进口量分别为10亿—11亿吨、0.4亿—0.6亿吨，进口煤比例下降到5%左右（图10-21）。

从国内生产来看，在该情景下，综合考虑我国煤炭产能的自然衰减和未来煤炭需求的变化趋势，在2035年前我国需要提前在晋陕蒙新等重点区域新开工建设9亿吨/年的煤炭产能，保持"十四五"时期累计开工2.5亿吨/年、"十五五"时期累计开工3.5亿吨/年、"十六五"时期累计开工3亿吨/年的开工节奏，以满足煤炭保供需求，并配合适当煤炭进口共同保证2030—2050年煤炭的充足供给。

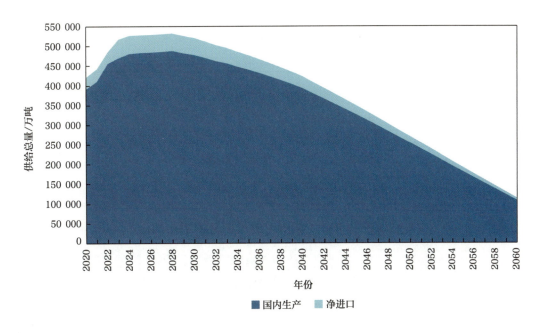

图10-21　CCUS更大规模布局情景下煤炭供给结构（国内原煤+进口商品煤）

3. 油气供给展望

（1）石油供给。预计到2035年、2040年、2050年、2060年石油产量分别为2.0亿吨、2.0亿吨、2.0亿吨、1.5亿吨，对外依存度分别为69%、64%、49%、20%（图10-22）。

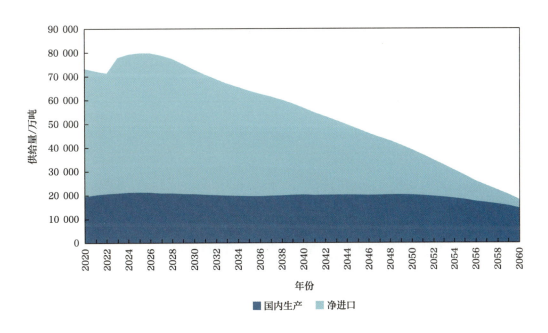

图10-22　CCUS更大规模布局情景下原油供给量及结构

（2）天然气供给。在该情景下，预计到2035年、2040年、2050年、2060年天然气产量分别为2900亿立方米、3000亿立方米、3100亿立方米、2900亿立方米左右，对外依存度分别为48%、46%、35%、15%（图10-23）。

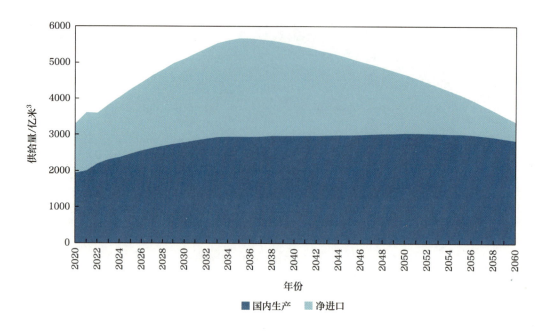

图10-23 CCUS更大规模布局情景下天然气供给结构

4. 电力电量供给展望

电量供给。在该情景下，预计我国总发电量在2035年、2040年、2050年、2055年、2060年分别达到14.8万亿千瓦·时、15.9万亿千瓦·时、16.9万亿千瓦·时、17.1万亿千瓦·时、17.0万亿千瓦·时左右（图10-24）。

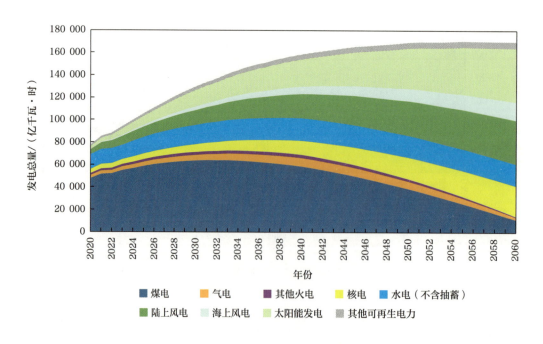

图10-24 CCUS更大规模布局情景下发电总量及构成

关于发电量结构，预计2035年、2040年、2050年、2060年非化石电源发电占全国总发电量的比例将分别提高到51%、57%、72%、92%，风电和太阳能发电是增量的绝对主体；煤电发电量占比将呈快速下降趋势，到2035年、2040年、2050年、2060年将逐渐下降到43%、37%、23%、7%左右；气电发电量占比呈现先上升后下降趋势，到2035年、2040年、2050年、2060年分别为4.2%、5%、4%、1%左右。到2060年化石能源发电主要发挥调峰和应急备用功能，煤电装机中基荷电源占比降至10%左右，综合平均发电小时数降至1000小时左右（图10-25）。

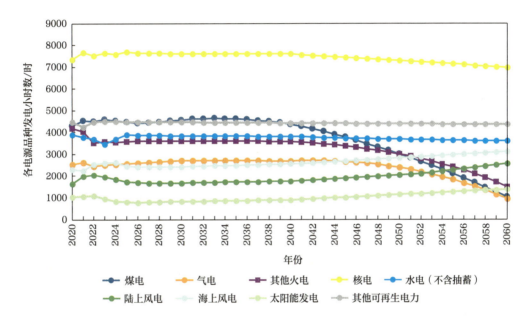

图10-25 CCUS更大规模布局情景下各电源品种发电小时数

电力装机。2035年以后，我国电力装机总量仍将不断攀升。预计到2035年我国电力装机为59亿千瓦左右，到2040年我国电力总装机将达到67亿千瓦左右，到2050年电力总装机将达到76亿千瓦左右，到2060年电力总装机将达到80亿千瓦左右。装机结构方面，2035年我国非化石电源装机占比约72%，预计到2040年达到75%左右，风、光发电合计装机将达到42亿千瓦左右，煤电装机降至13.4亿千瓦左右；到2050年，非化石电源装机占比将达到78%左右，风、光发电合计装机将达到50亿千瓦左右，煤电装机降至12.9亿千瓦左右；到2060年，非化石电源装机占比将达到82%左右，风、光发电合计装机将达到55亿千瓦左右，煤电装机降至11亿千瓦左右（图10-26）。

电力供给。在该情景下，预计到2035年、2040年、2050年、2060年我国储能（含抽水蓄能、电化学储能、其他储能）的装机将分别达到5.6亿千瓦、8.6亿千瓦、11.8亿千瓦、12.4亿千瓦（图10-27）；关于储能装机结构，电化学储能占比将不断走高，抽水蓄能占比将不断受到挤压，其他形式的新型储能在2035年后也将获得快速发展，到2060年三者比例分别为28%、64%、8%（图10-28）。根据发电电源和储能的装机情况，并结合不同发电电源种类和不同储能方式在负荷高峰时段各自的出力系数，仿真预测到2035年、2040年、2050年、2060年我国各类发电电源和储能最大出力合计分别达到24.5亿千瓦、29亿千瓦、32亿千瓦、33亿千瓦左右，均超过同期全社会最大用电负荷10%以上，在总体上可以保证用电高峰时段的电力供应安全（图10-29）。

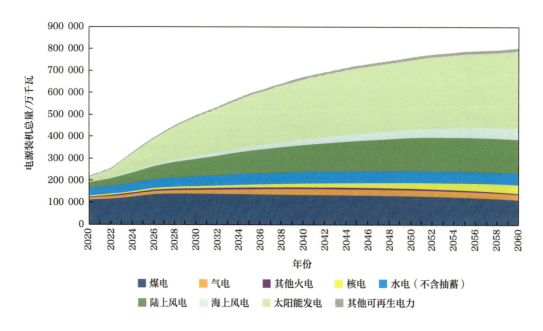

图10-26　CCUS更大规模布局情景下电源装机总量及构成

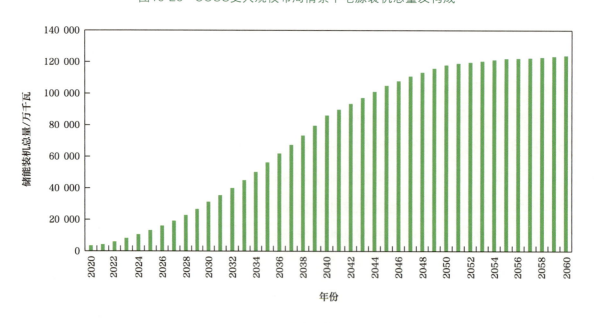

图10-27　CCUS更大规模布局情景下储能装机总量

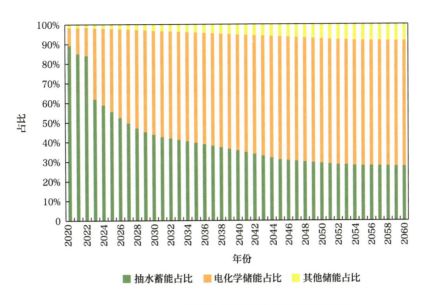

图10-28　CCUS更大规模布局情景下储能装机结构

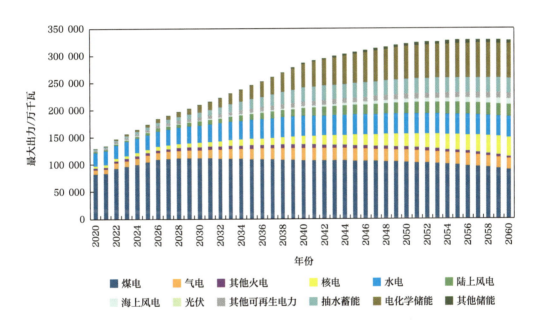

图10-29　CCUS更大规模布局情景下负荷晚高峰时段各电源和储能最大出力

十一、三种情景下我国能源投资中长期展望

（一）能源行业投资现状

能源投资是指以货币形式表现的在能源工业领域建造和购置固定资产的工作量及与此有关的费用的总称。

1. 能源投资总量

"十四五"以来，能源投资增速加快，近年来复合增长率为11.1%（图11-1），较同期能源生产总量增速高4.4个百分点以上，显著带动我国能源供应能力稳步增强。

图11-1　近年来我国能源投资增速

资料来源：《中国能源统计年鉴》

究其原因，一是国家重大工程项目建设的牵引效果显著。自2021年以来，我国在沙漠、戈壁、荒漠地区加快规划建设大型风电光伏基地项目和特高压外送通道，其中第一批基地项目已全部开工，第二批基地项目已陆续开工。沙戈荒大型风电光伏基地项目的建设不仅涉及风电、光伏和特高压外送通道建设，还包括配套的储能等其他设施建设，实际的投资带动作用会更高。

二是兼顾能源保供和转型带动化石能源清洁化发展。为发挥煤炭主体能源作用，我国在2022年新增煤炭产能3亿吨/年，同步推进煤炭清洁高效利用，全面推动煤电"三改联动"。根据《中国电力发展报告2023》，"十四五"前两年，煤电"三改联动"改造规模合计超过4.85亿千瓦，完成"十四五"目标的约81%。

三是储能等新兴产业发力明显。2022年全国抽水蓄能核准项目总规模6890万千瓦，超过了"十三五"期间总核准规模，总投资超过4500亿元。截至2023年底，全国已建成投运新型储能项目累计装机规模达3139万千瓦/6687万千瓦时，全年新增装机规模约2260万千瓦/4870万千瓦时，近10倍于"十三五"末装机规模。从投资规模来看，"十四五"前三年新增新型储能装机直接推动经济投资超1000亿元，带动产业链上下游进一步拓展，成为我国经济发展"新动能"。

四是金融支持力度不断加大。截至2023年末，我国绿色信贷余额约30.1亿元，同比增长36.5%，高于各项贷款增速26.4个百分点，其中，清洁能源产业余额7.87万亿元，同比增长38.5%，电力、热力、燃气及水生产和供应业绿色贷款余额7.32万亿元，同比增长30.3%。除绿色金融体系不断完善外，还专门设立能源保供专项贷款、煤炭清洁高效利用专项再贷款等保障能源稳定供应，支持产业链、供应链稳定。2023年发放能源保供专项贷款超1000亿元，煤炭清洁高效利用专项再贷款累计支持29个大型现代化煤矿建设，总产能约1.15亿吨/年，支持94个煤电项目建设，总装机近1亿千瓦。

2. 能源投资结构

煤炭开采和洗选业近年来复合增长率约17.6%，较"十三五"时期提高19.6个百分点，其主要原因是煤炭优质产能加快释放。煤炭行业进入产业结构调整阶段后，由粗放式开采向高效、安全、绿色开采转变，核准项目和新增产能有所下降。2021年9月习近平总书记在陕西榆林考察时强调，"煤炭作为我国主体能源，要按照绿色低碳的发展方向，对标实现碳达峰、碳中和目标任务，立足国情、控制总量、兜住底线，有序减量替代，推进煤炭消费转型升级"[1]，明确了我国能源安全和转型的战略基点。煤炭开采和洗选业投资开始回温，特别是2021年国家增产保供政策实施后，煤炭优质产能加快释放。2022年全国释放煤炭先进产能约3亿吨/年，投资总量增长24.4%，增速为5个细分行业之首。

电力、热力生产和供应业复合增长率约13.3%，较"十三五"时期增长11.1个百分点，其主要原因是新型电力系统的构建速度显著加快。电力、热力生产和供应业属于高耗能行业，是能源绿色低碳转型的重中之重，在能源工业投资中占比常年超过60%（图11-2）。为不断推进我国电力工业建设，稳步提高电力供应能力，该行业投资总量持续上升。"十三五"期间，受我国大力防范化解煤电产能过剩风险影响，行业投资总量出现短暂下滑。"十四五"以来，我国加速推进新型电力系统建设，新能源装机规模大幅提升、煤电"三改联动"提速、新建项目建设进度加快，行业投资进入新一轮上升期。2022年该行业投资同比增长24.3%，电源完成投资增长22.8%，其中非化石能源发电投资占电源投资比重达到87.7%。

---

[1]　《习近平在陕西榆林考察时强调 解放思想改革创新再接再厉 谱写陕西高质量发展新篇章》，http://www.mem.gov.cn/jjz/ywgz/202109/t20210923_398944.shtml，2024年6月3日。

图11-2 近年来我国能源投资结构

资料来源:《中国能源统计年鉴》

石油和天然气开采业复合增长率约9.7%,较"十三五"时期增长17.1个百分点。我国油气需求持续增加拉动投资总量整体上升,但受资源禀赋制约,该行业投资总量增长幅度有限,给我国能源安全带来挑战。为此国家能源局提出油气增储上产"七年行动计划",实施五年来,国内持续加大勘探开发力度,高效建成多个深层大油田,原油2亿吨长期稳产的基本盘进一步夯实。2023年国内原油产量达2.09亿吨,连续六年保持增长,天然气产量达2300亿立方米,连续七年增产超百亿立方米,油气勘探开发投资约3900亿元,同比增加10%,新增石油探明地质储量约13亿吨,新增天然气探明地质储量近1万亿立方米。

石油、煤炭及其他燃料加工业复合增长率约-1.8%,增速较"十三五"时期明显降低。一方面,受行业产能总体过剩挑战和"双碳"战略推进的影响,石化行业加大产能退出,大力关停整改不达标生产企业。另一方面,房地产、基建等下游产业景气度下降,石化、炼焦产品需求持续疲软,导致企业投资进度放缓。"十四五"以来,原油加工量复合年均增长率约为3.3%,较"十三五"期间下降1.7个百分点,粗钢产量复合年均增长率约为-1.5%,较"十三五"期间下降7.2个百分点。

燃气生产和供应业复合增长率约2.1%,增速较"十三五"时期略有下降。在我国燃气需求总量不断增加的持续拉动下,为保障城镇和工业等用气的稳定供应,该行业投资总量持续提高。该行业投资可以带动燃气管网基础设施建设,提高城镇化和工业化发展水平,促进燃气的终端消费。

（二）能源行业投资发展趋势展望

展望未来，为满足我国人民日益增长的能源需求，能源投资水平需要不断发展壮大以提高能源生产能力。但随着我国能源转型步伐加快，能源投资的重心将更多地集中在清洁能源领域。另外，从统计范围分析，考虑储能、氢能和CCUS等新兴产业发展规模的不断壮大，其对能源投资总量的拉动效应将越发明显。

1.能源投资总量中长期发展趋势

能源投资总量不断发展壮大，增速逐渐放缓。展望期内，能源领域不断出现的新业态、新模式将持续激发投资活动，以2035年我国基本实现社会主义现代化为节点，此前非化石能源和化石能源同时发力，能源投资总量快速增长，预计到2035年投资规模将达到5.8万亿元。2035年以后，非化石能源仍保持快速发展态势，电力、热力生产和供应业的投资规模将抵消化石能源投资的持续下降，能源投资总量增速放缓或呈现略降态势，能源领域高度清洁化、电气化的投资特征进一步凸显，预计到2040年、2050年、2060年将分别达到6.1万亿、6.5万亿、6.1万亿元左右（图11-3）。初步测算，从2020年到2060年实现碳中和目标，我国能源投资总量累计约为220万亿元，投资空间很大。

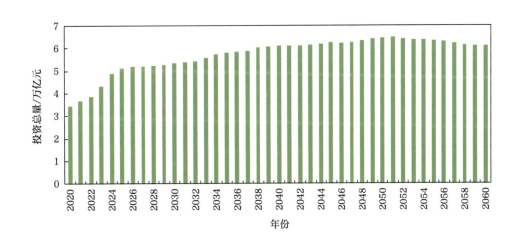

图11-3 我国能源投资总量发展趋势

2.各细分能源行业投资展望

1）煤炭开采和洗选业

煤炭开采和洗选业投资近中期进入峰值平台期，中远期持续下降。我国富煤、贫油、少气的资源禀赋决定了一段时间内煤炭仍将作为主体能源发挥压舱石和稳定器的作用。近中期，多种因素将共同推动该行业投资总量整体上升：一是需要持续稳定生产以满足下游不断增长的用煤需求；二是产业结构升级促使煤炭产业进一步向资源丰富、开采条件好的西部迁移；三是煤矿产能储备建设发力，制度要求力争到2030年形成3亿吨/年的可调度产能储备。此外，在我国实现中国式现代化的进程中，煤矿安全生产、土地复垦与生态修复、智能化建设等相关要求将推动该行业投资成本增长。预计"十四五""十五五"期间，该行业年度投资将达峰并维持在5000亿元以上的较高水平。2035年后，非化石能源逐步对化石能源形成规模替代，下游用煤需求不断加速收缩，煤炭开采和洗选业投资将持续下降，预计2040年降至4300亿元左右，2050年降至2600亿元左右，到2060年进一步降至800亿元左右（图11-4）。

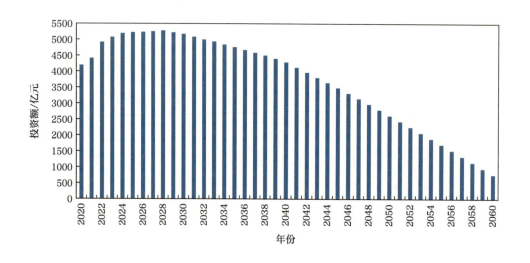

图11-4　我国煤炭开采和洗选业投资发展趋势

2）石油和天然气开采业

石油和天然气开采业投资近中期持续上升。基于国家战略安全考虑，近中期内我国将持续大力推动油气增储上产，国内石油产量维持在2亿吨以上水平，天然气产量持续提升。我国超过70%的石油消费量需要依赖进口，受国际局势变乱交织、中美关系错综复杂等诸多因素影响，石油进口量或于近中期开始下降，倒逼煤化工、电动汽车等在各自领域开启产业替代。随着各项技术趋于成熟、规模化发展加速，国内石油开采投资将在"十五五"期间开启震荡下降趋势，2050年后下降速度加快。天然气是实现"双碳"目标的重要过渡能源，未来在发电供热和终端消费等方面将保持增长，叠加勘探地质条件更加复杂、开采难度逐步增加等因素，其开采成本将持续提升。预计石油和天然气开采业投资将在"十五五"期间进入峰值平台期，投资规模维持在3600亿—3800亿元，

2050年前后开始平稳下降，到2055年降至3200亿元左右，到2060年降至2400亿元左右（图11-5）。

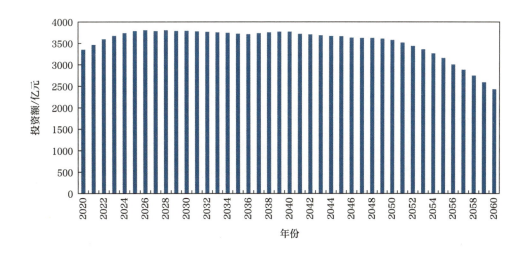

图11-5 我国石油和天然气开采业投资发展趋势

3）石油、煤炭及其他燃料加工业

石油、煤炭及其他燃料加工业投资先升后降。精炼石油产品制造业投资需求减弱。碳达峰行动方案提出"到2025年国内原油一次加工能力控制在10亿吨以内"，随着"十三五"期间开建的千吨、百万吨级炼化项目陆续投产，我国总炼油能力已于2022年达到9.2亿吨，未来产业发展将以优化升级为主。煤炭加工业中长期保持增长势头。短期内，房地产结构性改革和政府化债成效显现导致炼焦需求有所回升。近中期，煤制油、煤化工产业高端化、多元化、低碳化发展加速，以填补石油产品和石油化工的空缺。中远期，我国全面建成社会主义现代化强国后，受炼焦、化工品等消费需求持续下降的影响，该行业投资将开始走低。总体来看，2024—2035年石油、煤炭及其他燃料加工业投资将保持在3700亿—4100亿元，到2050年降至2400亿元左右，到2060年降至1100亿元左右（图11-6）。

4）燃气生产和供应业

燃气生产和供应业投资近中期持续上升，中远期平稳下降。2035年前，燃气生产和供应业投资规模保持增长态势，主要原因为燃气需求持续增长、管网设施建设不断完善。此外，生物质制气、可再生能源供热等技术及基础设施的发展和推广或进一步推动该行业投资总量提升。这一阶段，燃气生产和供应业投资将提高到5000亿元左右。2035年后，我国基本建成广覆盖、多层次的燃气管网系统，燃气生产和供应业投资空间减少，到2060年投资总量降低至2600亿元左右（图11-7）。

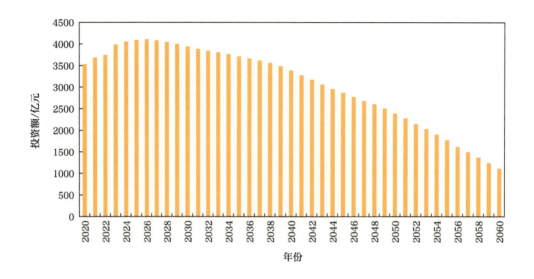

图11-6 我国石油、煤炭及其他燃料加工业投资发展趋势

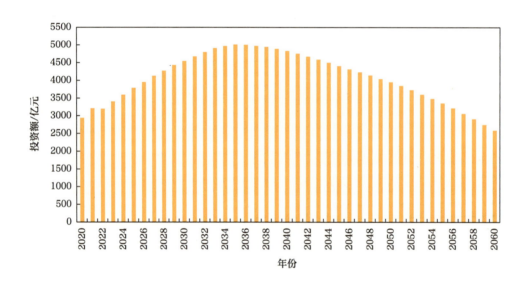

图11-7 我国燃气生产和供应业投资发展趋势

5）电力、热力生产和供应业

电力、热力生产和供应业（含储能、氢能、CCUS）投资持续提升，对化石能源形成规模替代。新型电力系统建设是一项长期的、持续性的重大工程，既需要供应端、需求端、电网的共同努力，更涉及电力技术的不断创新升级，这一过程的实施需要巨大的资金支持。近中期，投资将重点集中在供应端，主要体现在非化石能源装机规模持续扩张、沙戈荒大型风电光伏基地项目加快建成投产、煤电"三改联动"不断加速等。2035

146

年以后，我国非化石能源装机总量达到一定规模，初步具备承担电力主力供应的能力，届时电源投资保持增长态势但增速放缓，电网作为能源大规模优化配置的重要载体将成为投资增长的重点推动器。储能投资不断增长，以实现保障电力系统安全方面的规模化应用。热力生产和供应业投资水平持续提升，集中供热能力不断加强。此外，氢能在工业、交通等终端部门的消费水平将不断提高，CCUS技术的应用场景得到进一步拓展、行业覆盖面扩大，相关战略性新兴产业投资规模加速增长。综上，电力、热力生产和供应业投资总量持续增加，预计到2035年增长至4万亿元，2050—2060年保持在5.2万亿—5.4万亿元（图11-8）。

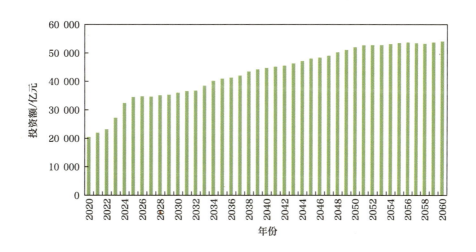

图11-8　我国电力、热力生产和供应业投资发展趋势

十二、未来可能重塑能源系统的重大能源技术

（一）能源生产供给领域技术

1. 可控核聚变技术

1）技术介绍

可控核聚变是可控的、能够持续进行的核聚变反应。相比裂变能源而言，聚变能源不产生长寿命和高放射性的核废料，是一种更加理想的清洁能源。然而在地球上没有恒星内部极端引力环境，实现并长时间维持核聚变反应面临技术和工程上的巨大挑战。

目前最有可能实现可控核聚变的技术路线是惯性约束核聚变和磁约束核聚变。惯性约束核聚变也称激光约束核聚变，将大功率激光射入黑腔转化为强烈的X射线，均匀照射到中心装填有氘氚聚变燃料的球形靶丸，在靶丸表面形成高温高压等离子体，利用反冲击力驱动燃料向心聚爆。磁约束核聚变利用磁场约束等离子态的氘氚燃料，在低密度下运行尽量长的时间实现核聚变能量增益。

2）应用前景与潜力

从原理和构想来看，可控核聚变发电具有运行稳定、可靠、具备负荷跟踪能力的特点，同时燃料储备量丰富、放射污染少，是理想的基荷电源。除了发电以外，聚变产生的热能还可以满足民用和工业用热需求，为我国经济社会低碳转型发展提供更加多元化的解决方案。

自20世纪50年代以来，可控核聚变研究已取得巨大进步，近年来呈现出进一步加速发展的趋势。在磁约束核聚变方面，2023年4月，我国"东方超环"全超导托卡马克核聚变实验装置（Experimental Advanced Superconducting Tokamak，EAST）成功实现稳态高约束模式等离子体运行403秒，创下运行时间世界纪录；同年8月，我国新一代人造太阳"中国环流三号"首次实现100万安培等离子体电流下的高约束模式运行，向高性能聚变等离子体运行迈出重要一步。在惯性约束聚变方面，美国劳伦斯·利弗莫尔国家实验室（Lawrence Livermore National Laboratory，LLNL）的国家点火装置（National Ignition Facility，NIF）于2022年12月实现了聚变功率增益（Q值）大于1的突破，达到约1.5，聚变点火的可行性从科学实验层面得到了证实。人们将继续探索持续稳定、更高能量增益的聚变方案，寻求在应用层面上实现聚变发电。从目前来看，要建成商业核聚变电站，实现真正意义上的聚变能源应用仍需数十年的努力。

3）可能对能源系统产生的影响

可控核聚变是能够给全球能源行业带来颠覆性影响的一项技术，其潜在优势使其成为最理想的终极能源形式之一。聚变燃料氘在海洋中蕴含量巨大，可控核聚变一旦实现商业化应用，人类或将实现"能源自由"，化石能源将基本不再具有燃料属性，全球"碳中和"的目标将会确保实现。

2. 核电小堆技术

1）技术介绍

按照国际原子能机构的定义，小型堆是指电功率30万千瓦以下的反应堆。由于规模较小，可以采用模块化建造的模式，反应堆主设备在工厂生产和预装，运输到现场后可直接进行安装调试，极大地缩短工期，提高经济性。2021年，全球首个陆上商用模块化小型核反应堆——海南昌江"玲龙一号"小型模块化先进压水堆开工建设，预计2026年建成投运，目前其一体化压力容器已吊装就位，标志着我国在模块式小型堆建造上走在了世界前列。

2）应用前景与潜力

与大型压水堆相比，模块化小型堆技术具有小型化、模块化、一体化、非能动的特点，安全性高，建造周期短，部署灵活。模块化小型堆可以作为清洁的分布式能源，更小的功率和体积适配更多的应用场景，不仅可以布置在陆地上，还可以布置在海上平台、偏远岛礁等位置，实现供热供电、热电联产，实现压水堆技术的多领域、多场景、多需求应用。

3）可能对能源系统产生的影响

模块化小型堆负荷稳定，具备良好的调节能力，同时可以实现热电联产，是理想的分布式能源。此外，在同等发电功率下，模块化小型堆占地面积远远小于风电和光伏。因此，模块化小型堆在位置偏远、缺少风光资源、用地紧张等的地区具有良好的适配性，可为当地提供优质综合能源，对我国区域均衡发展具有重要意义。

3. 先进太阳能技术

1）技术介绍

光伏发电是我国最主要的太阳能利用形式，晶体硅电池具有产业化效率高、成本低的特点，已实现大规模应用，未来光伏发电技术在转换效率提升、成本下降方面仍然具有很大潜力。一些新型光伏电池技术，如多种电池融合的叠层技术，可突破晶体硅单结电池理论光电转换效率极限（29.4%），有望成为提升电池光电转换效率的重要途径。2023年，我国光伏企业自主研发的晶硅-钙钛矿叠层太阳能电池以33.9%的光电转换效率刷新了该领域世界纪录。

除发电外，太阳能也具有制氢的应用潜力。太阳能制氢目前主要有光电制氢、光解水制氢、光热制氢三条技术路线，其中光电制氢已有应用，但成本和寿命等问题亟待解决，光解水制氢和光热制氢仍处于实验探索阶段。

2）应用前景与潜力

光伏发电技术：光伏发电技术是可再生能源发电中技术进步最快、成本下降最显著的技术之一，近十年来成本下降了90%以上，我国光伏发电已进入平价上网阶段。新型层叠电池现已突破晶体硅单结电池理论光电转换效率极限，发展潜力巨大，未来光伏发电产业有望进一步降本增效；未来若薄膜光伏电池随着技术发展实现与晶体硅电池同等的竞争力，光伏发电的应用场景将进一步扩大。

太阳能制氢技术：太阳能－氢能转化是绿氢工业化生产的重要发展方向，目前仍然有很多关键技术需要攻克。随着我国光伏发电装机规模的快速增加和光电制氢技术不断进步，"光伏+氢"这一技术路线有望成为商业制氢的首选。

3）可能对能源系统产生的影响

我国太阳能资源丰富，随着先进太阳能光伏、太阳能制氢技术的发展，太阳能有望成为我国最主要的能源来源，提供的绿电、绿氢可大幅减少我国对化石能源的依赖，形成对"碳中和"目标的有力支撑。

4. 漂浮式海上风电技术

1）技术介绍

海上风电向深远海发展是必然趋势。漂浮式海上风电能够克服海床地质条件问题，是目前海上风电向深海、远洋扩展的理想的技术路线。自2009年挪威开发的全球首台兆瓦级漂浮式海上风电样机安装以来，葡萄牙、日本、英国、法国、西班牙、韩国、挪威、中国等国先后投运了漂浮式海上风电项目，已发展出驳船式、半潜式、单立柱式、张力腿式等多种技术路线。截至2023年底，全球漂浮式风电机累计装机量为2.36万千瓦。目前全球投入运营的漂浮式风电项目以示范性项目为主，商业化运营的项目较少。

2）应用前景与潜力

近海开发资源有限、生态约束强、其他经济活动需求大、场址较为分散，相较于近海风电，深远海域风资源条件更优、限制性因素更少，因此海上风电向深远海发展是必然趋势。近年来我国漂浮式海上风电技术发展迅速，2021年"三峡引领号"5.5兆瓦海上浮动式风电系统装备并网发电，2022—2023年"扶摇号"6.2兆瓦、"海油观澜号"7.25兆瓦远海浮式风电系统装备已相继并网发电，更大规模的漂浮式海上风电平台正在积极研发中。我国已具备较强的深海风电开发能力，未来漂浮式海上风电通过规模化发展降本增效，将有巨大的发展空间。

3）可能对能源系统产生的影响

相关研究显示，我国深远海风能资源可开发量是近海的3—4倍。截至2023年底，我国海上风电累计并网装机容量超过3700万千瓦，持续保持世界第一，近海风电资源开发利用已趋近饱和，漂浮式海上风电技术将对推动风电向深远海发展起到关键作用，对我国加快构建清洁低碳能源体系，形成全球竞争力的风电产业链和供应链具有积极意义。

5. 深层地热能发电技术

1）技术介绍

地热能是一种分布广泛、清洁低碳、稳定连续的可再生能源，我国拥有极为丰富的地热资源。根据储存位置不同，地热能可以分为浅层地热能、中深层地热能和超深层地热能等。目前中深层地热能开发利用深度已接近4000米，更深层地热能的开发利用有待突破，重点是干热岩的开发与发电技术。

干热岩热一般采用井网压裂的方式构建大型裂缝型地热储能系统来提取，通过注水井将高压水注入干热岩层，注入水充分吸收地层热量后，经生产井将高温水和蒸汽采出，实现干热岩热量开发。目前我国干热岩发电技术正处于探索研究阶段，由于勘查选址、高效钻完井工艺、储层改造、高效发电等领域技术的限制，干热岩的规模化、商业化开发利用仍需要较长时间的技术和经验积累。

2）应用前景与潜力

总体来看，我国地热能规模化开发利用的发展潜力巨大。首先，我国地热资源丰富。2009—2011年，国土资源部对我国地热能资源进行了评价，认为全国沉积盆地地热资源储量折合标准煤约8500亿吨，可开采资源量约合标准煤2560亿吨，中国大陆3000—10 000米深处干热岩资源量约合标准煤860万亿吨。充分利用地热能，可为能源的安全稳定供应提供重要支撑。其次，地热能可与其他可再生能源协同发展，打造"地热能+"多能互补模式，在该模式中地热能将发挥基荷电源、调节电源、供热、供冷等多种作用。

3）可能对能源系统产生的影响

随着未来地热能发电技术的逐步成熟，地热能有望成为重要能源构成部分。我国适合建设地热能电站的地区，主要集中在东部和西南部地区，这些地区受限于用地和光照资源的不足，不适合大型集中式太阳能发电基地的建设，地热能可成为当地清洁能源的重要来源；在地热能富集地区，城镇化建设可与地热能开发同步发展，与太阳能、风能相互补充，为城镇提供清洁的综合能源。

6. 煤炭清洁高效利用技术

1）煤制清洁燃料

（1）技术介绍。煤制油是以煤为原料，通过化学加工手段将煤粉转化成清洁高效的液体燃料的一项技术，被视为一种替代传统石油资源的重要途径。

（2）应用前景与潜力。目前煤液化制油的技术手段主要包括煤直接液化和间接液化两大技术路线。直接液化又称加氢液化，煤在氢气和催化剂作用下，通过加氢裂化转变为液体燃料；间接液化是以煤为原料，先气化制成合成气，然后通过催化剂作用将合成气转化成烃类燃料、醇类燃料。我国煤制油技术走在世界前列，在鄂尔多斯、宁东、陕北、准东、伊犁等地形成了现代煤化工基地。这些现代煤化工基地都建设在煤炭资源地，上下游产业延伸发展，部分实现与石化、电力等产业多联产发展，向园区化、基地化、大型化方向发展，产业集聚优势得到了充分发挥。

（3）可能对能源系统产生的影响。我国能源资源具有富煤、贫油、少气的特点，在油气资源缺乏和需求稳步提升的情况下，我国石油、天然气的对外依存度在不断提高，能源安全问题越发严峻。若未来煤制油、煤化工技术进一步降低成本、能耗和碳排放，我国丰富的煤炭资源将成为我国油气供给的重要组成部分，大大降低我国对石油、天然气的对外依存度，在保障能源安全方面发挥重要战略作用。

2）煤制高端化学品

（1）技术介绍。在现代煤化工产业中，煤制化学品是以煤为原料生产烯烃、芳烃、含氧化合物等基础化工原料及化学品的一项技术。煤炭所含的元素和化学物质种类繁多，其在化学结构和物理性质方面都与石油、天然气等常见化工原料存在明显差异，这为其在化工领域中的广泛应用提供了空间，尤其是在高端化学品制造方面具有巨大潜力。

（2）应用前景与潜力。我国在煤制高端化学品方面已取得一系列成果。2016年，68万吨/年煤基新材料项目在新疆投产。该项目以煤为原料，生产聚合级乙烯和丙烯，最终生产聚乙烯、聚丙烯树脂等聚烯烃产品。聚烯烃产品大多具有较高的拉伸强度和抗冲击强度，广泛应用在包装工业、电气和设备制造、家用电器和汽车工业等领域。2022年，世界首套煤制聚乙醇酸（polyglycolide，PGA）可降解材料示范项目在榆林实现工业化生产，产能5万吨/年。聚乙醇酸可降解材料具有全生物降解、高生物相容性、高机械性能及高阻隔性能等诸多优点，是较为理想的一次性塑料制品替代品。2023年，鄂尔多斯千吨级费托合成α-烯烃分离提纯示范装置开车成功并打通全流程，生产出合格的高纯度单碳α-烯烃产品。α-烯烃是制约我国POE（polyolefin elastomer，聚烯烃弹性体）、高端聚烯烃和高端润滑油产业的关键原料。煤制α-烯烃的突破将有力促进国内高端塑料、POE、全合成润滑油等下游新材料和精细化学品行业的快速发展。

（3）可能对能源系统产生的影响。在"双碳"背景下，未来煤炭资源的原料属性将不断加强，煤制化学品将成为煤炭的重要利用方式。煤制化学品产业正朝向高端化、多元化、低碳化发展，有望在高端聚烯烃、工程塑料、可降解材料、尼龙新材料、橡胶及弹性体、精细化学品等诸多领域取得新的突破。煤制化学品技术的发展，一方面有利于降低我国原油对外依存度，另一方面可以发挥煤化工独特优势，与传统石化产业互为补充，促进有机化工及精细化工产业健康发展，为服务民生需求和攻关"卡脖子"技术提供新的路径。

3）地下煤气化

（1）技术介绍。煤炭原位（地下）气化（underground coal gasification，UCG），是通过受控燃烧反应，将煤原位转化为氢气、一氧化碳、甲烷等有价值的合成气的一项技术。与需要开挖煤层的传统采矿不同，煤炭地下气化在地表以下作业，省略了复杂的地下掘进采煤设备，减少了煤矿工人下井作业可能导致的安全问题，可以从传统采矿方法难以接近或不经济的深层煤炭资源中提取能源。

（2）应用前景与潜力。地下煤气开采具有多种优势。一是它利用了由于地质复杂性或与采矿相关的安全问题而尚未开发的煤炭储量。二是煤炭地下气化通过捕获和利用传统采矿过程中会释放到大气中的甲烷来减少温室气体排放。三是其地下运营最大限度地减少了土地干扰并减少了地表影响。

（3）可能对能源系统产生的影响。当前，我国陆上埋深1000—3000米的煤炭资源量达3.77万亿吨，其中相当比例的储量存在开发难度，展望未来，地下煤气化技术可能为安全、高效、低碳开发煤炭资源提供一项重要的解决方案。

（二）能源系统支撑领域技术

1. 氢能

1）技术介绍

氢能作为一种清洁高效的二次能源，可通过一次能源、二次能源及工业领域等多种途径获取，广泛应用于工业、建筑、交通、电力等行业。氢能是新型能源体系的重要组成部分，是用能终端实现绿色低碳转型的重要载体。2022年，《氢能产业发展中长期规划（2021—2035年）》发布，将氢能正式纳入我国能源战略体系，氢能"1+N"政策体系陆续出台，明确氢能产业是战略性新兴产业的重点方向，是构建绿色低碳产业体系、打造产业转型升级的新增长点。

氢能产业链复杂绵长，主要包括制备、储存、运输、加注、应用五个环节（图12-1）。

当前，全球低碳发展进程加速，作为清洁、高效的能源形式，氢能在制取、储运和燃料电池等技术方面日益成熟，产业链在技术上不存在障碍，技术不断迭代升级，产业发展进入导入期，已在交通、化工、冶炼、建筑、电力等方面有了不同规模的应用。

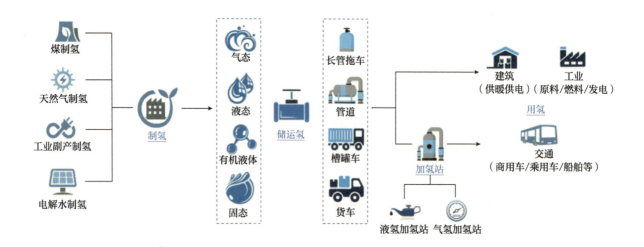

图12-1　氢能全产业链示意图

2）应用前景与潜力

制氢阶段，可再生能源电解水制氢可实现真正的零碳排放制氢，是氢能产业最具潜力的技术。电解水制氢技术包括碱性电解槽（alkaline electrolyzers，ALK）、质子交换膜（proton exchange membrane，PEM）、固体氧化物电解池（solid oxide electrolysis cell，SOEC）和阴离子交换膜（anion exchange membrane，AEM）四大类，其中ALK技术是目前最成熟的电解水制氢技术，投资成本低、寿命长、单槽制氢规模大，我国的ALK技术已达到国际领先水平，实现商业化生产和应用。此外，光化学制氢、热化学制氢、太阳能光催化分解水制氢等新型技术也有望规模化应用。

储氢阶段，高压储氢、液氢、固态储氢、有机液态储氢、甲醇-氢和氨-氢等技术加速发展，随着各类储氢技术的成熟，最终会形成多种氢储路径并行的局面。

运氢阶段，气态储运（长管拖车、管道）、液氢储运、氢载体储运和固态储运等技术多点开花，用户根据运输距离和运输规模，选择最经济的储运氢技术。

加氢阶段，加氢站将朝着集油、气、氢、电一站补给的综合能源服务站方向发展，高工氢电产业研究所《中国加氢站数据库》显示，截至2023年底，国内加氢站累计建成数量突破400座，达到416座，加氢站数量位居世界第一。预计到2025年，我国加氢站的建设目标至少1000座，到2035年加氢站的建设目标至少5000座。

用氢阶段，氢能应用的重点在于扩大规模，降低成本，拓展应用场景，构建商业模式，逐渐成为交通、工业、建筑和电力等难脱碳行业实现碳中和的重要解决方案。在交通领域，基于燃料电池将氢能转换成电能，用于商用车、乘用车、公交车、重卡、叉车等交通工具。主流的燃料电池包括碱性燃料电池、质子交换膜燃料电池、阴离子交换膜燃料电池、甲醇燃料电池、磷酸燃料电池、熔融碳酸盐燃料电池、固体氧化物燃料电池等，将成为燃料电池发展的主要方向；在工业领域，包括氢冶金、氢能耦合石油化工、氢能耦合煤化工等，化工原料是绿氢最主要的利用途径；在建筑领域，包括天然气管网掺氢、分布式热电联供等；在电力领域，包括备用电源、热电联供、固定电站、氢储能等，利用氢燃料燃气轮机可以构建"电-氢-电/热"互补系统，通过发电端实现电/热多能互补的途径，电能利用率可达75%。

3）可能对能源系统产生的影响

国际氢能委员会预测，到2050年，氢能在终端能源消费中占比有望达到18%，将减少60亿吨二氧化碳排放，成为全球未来能源重要的组成部分。随着氢能全产业链的快速发展，我国能源结构将面临重塑。

在供给侧，促进能源供给方式更加低碳、多样。氢能作为燃料，替代传统化石能源，降低能源供给碳排放；通过电解水制氢技术及氢气与其他能源品种之间的转化，可提高可再生能源的消纳、提供长时间储能、优化区域物质流和能量流，进而建立多能互补的能源发展新模式。

在需求侧，促进终端能源消费更加清洁、高效，特别是推动高碳排放领域大规模脱碳、降碳。在钢铁产业，氢能取代煤炭和煤粉，成为炼钢的还原剂，传统长流程炼铁工艺向短流程氢冶金还原铁转型；不仅可以用于合成氨，替代煤气化制氢，还可用于聚烯烃产品生产，替代煤气化后的水煤气变换过程，以减少变换过程的二氧化碳排放。

2. 新型储能

1）技术介绍

新型储能是指除抽水蓄能以外的新型储能技术，包括新型锂离子电池、液流电池、飞轮、压缩空气、氢（氨）储能、热（冷）储能等。新型储能具有建设周期短、环境影响小、选址要求低、调节能力快等优势，已成为建设新型电力系统、推动能源领域碳达峰和碳中和的关键支撑之一。截至2023年底，全国已投运新型储能项目装机规模达3139万千瓦/6687万千瓦·时，平均储能时长约2.1小时，较2022年底增长260%以上。

新型储能可在新型电力系统"源网荷"侧的建设中提供重要支撑。在电源侧，容量型电化学储能、机械储能和热储能，以及适用于进行跨季节性储能的氢储能技术等，可以实现对新能源发电的并网与支撑外送；在电网侧，功率型电化学储能与电磁储能等，可以保障电网安全运行水平与供电能力；在负荷侧，电化学储能、电磁储能与相变储能等，能巩固支撑分布式供电可靠性及用户灵活调用。

新型储能种类繁多，优缺点各有不同。以超级电容和超导电磁储能为代表的电磁储能技术具有响应速度快、功率密度高、能量循环效率高等优点，但存在的主要问题是容量较小、放电持续时间短、成本高等。飞轮储能具备响应速度快、功率密度高、能量循环效率高等优点，但其能量密度较低。电化学储能的优势在于其功率和容量可以根据应用需求灵活配置，且响应速度较快，不受外界条件的影响和限制。压缩空气储能是目前可大规模存储和长时间放电且技术较为成熟的储能技术之一，例如，压缩空气地质储能可将高压压缩空气注入并储存到地质储能库（如地下岩石硐室、盐穴、含水层等）中，当用电高峰时将高压压缩空气释放出来，推动汽轮机膨胀做功发电，但在一定程度上受到地理、地质等条件的制约。氢能作为一种清洁高效、生产灵活的能源，可以有效推动电网、交通网和热网等多种能源网络的"互联"，提升综合能源利用率，但作为储能设备以电能–氢能–电能的转换方式与电网耦合，存在循环效率低、经济性差等问题，有待技术持续进步并取得重大突破。

2）应用前景与潜力

随着新能源持续发展，新能源发电带来的波动性将使得新型储能的需求日益提升。一方面，新型储能可以解决风光出力随机性和波动性带来的频率稳定难题，提供调频服务从而提高电网的可靠性；另一方面，能够通过削峰填谷解决风光出力高峰与负荷高峰错配问题。预计到2025年，实现新型储能从商业化初期向规模化发展转变。到2030年，实现新型储能全面市场化发展。

为满足新型电力系统对大规模、多时间尺度功率–能量平衡的全面需求，需要综合运用多种新型储能技术，以获得最佳经济效益。响应速度快、功率密度高的功率型储能技术（如电磁储能、部分电化学储能）适用于参与系统短时间尺度的调节，可用于提供虚拟惯量、快速调频、抑制电网低频振荡、改善短期电压稳定性等；容量大、放电持续时间长的能量型储能技术（如重力储能、压缩空气储能）适用于系统中长时间尺度的调节，可用于参与系统调频、削峰填谷、系统备用等。

3）可能对能源系统产生的影响

新型储能是新能源规模化发展的重要配套基础设施，将弥补风电、光电接入电力系统带来的灵活性调节能力缺口，可广泛应用于电源侧、发电侧和用户侧，加快建设高比例可再生能源的新型电力系统。此外，新型储能可以用在交通、通信、居民消费等终端用能行业，在峰谷电价套利、提高分布式光伏发电利用率和保证电网安全运行等方面发挥重要作用，深刻改变传统能源供给结构，提升终端电气化率及能源自给率，降低化石能源消费比重。

3. CCUS技术

1）技术介绍

CCUS是指将二氧化碳从工业、能源生产等排放源或空气中捕集分离，并输送到适宜的场地加以利用或封存，最终实现二氧化碳减排的过程，包括捕集、输送、利用及封存多个环节，是全球范围内实现化石能源碳减排目标的重要途径。截至2023年7月，全球各阶段商业项目之和达392个，年总捕集规模达到3.61亿吨，新增项目198个，与上年同期相比增长了102%。国际能源署认为要实现全球在2070年达到碳中和，到2060年CCUS技术贡献的减排量需要达到16.8%，而如果将碳中和目标提前到2050年，则CCUS减排量需要再增加50%。

CCUS主要的二氧化碳排放源包括发电厂、钢铁厂、化工厂、水泥厂等，主要的捕集方式包括燃烧前捕集、燃烧后捕集以及富氧燃烧捕集，主要的利用方式包括化学利用、地质利用和生物利用。除了传统的CCUS技术外，多种新形式的CCUS技术正在开发，比较典型的是生物质能碳捕集与封存（bio-energy with carbon capture and storage，BECCS）和直接空气碳捕集与封存（direct air carbon capture and storage，DACCS）。BECCS指通过"生物质利用+CCUS"的技术组合，将生物质燃烧或转化过程中产生的二氧化碳进行捕集、利用或封存的过程，可实现从生物质原料产生到利用全过程的负排放。DACCS指直接从大气中捕集二氧化碳并进行封存的技术。越来越多的国家在长期气候政策中选择CCUS技术作为化石能源碳减排手段，并通过BECCS和DACCS来进行碳移除。

2）应用前景与潜力

我国CCUS技术各环节与国际先进水平整体相当，部分技术已经具备商业化应用潜力，但捕集、运输、封存环节的个别关键技术及商业化集成水平有所滞后。科学技术部社会发展科技司和中国21世纪议程管理中心共同组织编写的《中国碳捕集利用与封存技术发展路线图（2019版）》明确了中国发展CCUS的愿景：构建低成本、低能耗、安全可靠的CCUS技术体系和产业集群，为化石能源低碳化利用提供技术选择，为应对气候变化提供技术保障，为社会经济可持续发展提供技术支撑。未来，CCUS技术将逐渐成为化石能源低碳可持续发展的"增程器"，能源电力系统转型的"稳定器"和"调节器"，实现"双碳"目标减排成本代价的"控制器"。

3）可能对能源系统产生的影响

CCUS是未来化石能源实现低碳利用的重要选择，是保障新能源高占比情况下电力系统灵活性的主要手段，也是钢铁、水泥、有色、化工等高碳排放行业可行的脱碳方案。CCUS的大规模应用，将决定碳中和背景下，我国化石能源在一次能源供给、煤电在电力供给中的兜底占比，为中国提供了"化石能源+CCUS"的碳中和发展路径。同时，CCUS可帮助实现上、中、下游产业链的清洁固碳，有效拓展清洁能源的应用空间，推动我国工业体系高质量发展。

（三）能源终端消费领域技术

1. 氢冶金

1）技术介绍

钢铁是能源消耗总量高、碳排放量大的行业，2023年我国钢铁产量超13.6亿吨，碳排放约占全国碳排放的15%。低碳冶炼是钢铁行业实现"双碳"目标的关键所在，而氢冶金是钢铁生产实现无化石冶炼，达到零碳排放的重要技术。氢冶金是利用氢气替代部分或全部的煤或焦炭作为还原剂，将铁素资源从矿石中还原出来，产物是水，不排放二氧化碳。2023年8月25日，工业和信息化部、国家发展改革委、财政部、自然资源部、生态环境部、商务部和海关总署七部委联合印发《钢铁行业稳增长工作方案》，提出加大对氢冶金、低碳冶金等低碳共性技术中试验证、产业化攻关的支持力度，对符合条件的低碳前沿技术产业化示范项目研究给予产能置换政策支持。

目前，主流的研究和应用方向包括富氢还原高炉技术、氢气气基直接还原竖炉技术、富氢熔融还原技术等。富氢还原高炉技术即通过喷吹天然气、焦炉煤气等富氢气体参与炼铁过程。该工艺基于传统高炉，焦炭的骨架作用无法被完全替代，因此氢气喷吹量存在极限值，一般认为富氢还原高炉技术的碳减排范围处于10%—20%，减排效果不够明显。未来需要提高氢气利用率，降低燃料比，以达到更好的经济效益与环保效益。

氢气气基直接还原竖炉技术是在低于铁矿石熔点的温度下，将富氢还原性气体通入竖炉内，把铁矿石（或球团）还原成金属铁的方法。相较于富氢还原高炉工艺，氢气气基直接还原竖炉工艺二氧化碳排放量可减少50%以上。目前，气基竖炉还原技术生产的铁约占直接还原铁总产量的80%，是钢铁产业和冶金行业绿色发展的主要方向。

富氢熔融还原技术是在传统煤基熔融还原技术基础上的创新，将氢冶金与熔融还原相结合，通过喷吹富氢气体替代煤炭，降低碳排放量。该技术可以使用传统高炉流程用铁矿粉，无须焦化、烧结等高污染工序，大幅度降低污染物排放。未来，如果高比例富氢或全氢的熔融还原技术开发成熟并实现规模化应用，可以减少发展氢气气基直接还原竖炉技术所面临的优质铁矿石资源匮乏的限制。

2）应用前景与潜力

随着大规模电解水制氢等绿氢技术逐步成熟，氢气成本进一步降低，氢冶金将有力促进冶金行业实现碳减排，推动冶金行业实现绿色低碳发展。预计在2030年前可建成富氢竖炉直接还原铁生产示范装置，之后逐步推广应用。到2050年，氢冶金技术实现对现有煤基生产技术的主体替代。

在"以氢代碳"的过程中，解决氢冶金技术工艺、降低制氢成本是钢铁行业实现低碳发展和能源变革的重要方向。未来，我国将开展富氢还原高炉技术、氢气气基直接还原竖炉技术、富氢熔融还原技术等示范工程建设，探索经济可行的工艺路线，并从技术和政策层面加快氢冶金能力发展。技术层面，需要大力开展耐高温高安全性材料的研发，加强反应器结构设计和工艺控制技术、炉料特征变化的理论研究，提高氢气防爆防泄漏技术水平，深入分析和制定氢冶金工艺能达到的最大产出边界条件及参数，进一步提升反应速率和利用效率。政策层面，积极探索相关配套机制，如碳税及氢气价格补贴，按阶段引导并推进冶金行业氢利用的产业化和市场化。随着各项技术的成熟和配套政策的完善，我国氢冶金将形成以富氢还原高炉技术、氢气气基直接还原竖炉技术、富氢熔融还原技术为主要技术路线，各项示范项目应用持续推进，氢冶金技术研究和实践应用融合发展的新局面。

3）可能对能源系统产生的影响

在"双碳"背景下，以氢还原替代碳还原的冶金工艺，可从根本上解决现有冶金工艺的能源结构和高排放问题，加速钢铁和有色金属冶金实现超低碳或无碳排放。预计至2035年，富氢还原高炉技术可减少碳排放20%，氢气气基直接还原竖炉技术可减少碳排放50%；至2050年，富氢还原高炉技术可减少碳排放50%，氢气气基直接还原竖炉技术可减少碳排放90%。与此同时，生产工艺的革新将带来供能结构变化，冶金行业对煤炭的需求持续降低，绿氢将逐步替代煤炭成为最主要的原料和燃料，安全、低廉、高效的绿氢供应链亟待形成。

2. 交通电氢化

1）技术介绍

交通运输是国民经济中基础性、先导性、战略性的产业，同时也是能源消费和温室气体排放的重点领域，二氧化碳排放约占我国二氧化碳排放总量的10%。交通运输业绿色低碳发展的关键是推动电、氢等新能源装备完成对传统燃油设备的替代。因此，加快交通运输装备的电氢化转型是实现我国交通运输业可持续发展的必由之路。交通运输装备电氢化发展的典型技术包括纯电动汽车技术、氢燃料电池汽车技术、氢燃料电池列车技术、磁悬浮列车技术、电动船舶技术、氢动力飞机技术等。

纯电动汽车是完全由可充电蓄电池提供动力的汽车，截至2023年底，纯电动汽车保有量1552万辆，占新能源汽车保有量的76.04%，是新能源汽车发展的主要方向，具有无直接排放、能量转换效率高等优势。氢燃料电池汽车是将氢气的化学能转换成电能作为动力的汽车，行驶中排放物只有水，可实现零碳排放。我国氢燃料电池汽车已从技术开发阶段进入商业化导入期，具备整车的研发及制造能力，截至2023年底，我国氢燃料电池汽车保有量超过1.8万辆，同比增长60%左右。氢燃料电池列车以氢燃料电池提供主体电能，以蓄电池或超级电容作为辅助动力源，能量转换效率是传统内燃机组的1.7倍，目前我国氢燃料电池列车技术尚处于起步阶段。磁悬浮列车通过电磁力实现列车与轨道之间的无接触悬浮和导向，利用直线电机产生的电磁力牵引列车运行。电动船舶是指电池动力替代燃油驱动的船舶，主要分两种：以蓄电池提供动力和以氢燃料电池提供动力。电动船舶技术在全球范围内仍处于初级发展阶段。氢动力飞机是以氢为能量载体的飞机，主要分两种：以氢燃料电池提供动力和氢直接燃烧为发动机提供动力。氢动力飞机技术在世界范围内仍处于起步阶段，但已得到航空业的高度重视，2020年英国氢动力飞机开发商ZeroAvia完成了全球首架商业规模的氢燃料电池飞机试飞。

2）应用前景与潜力

就公路交通而言，由于电动化发展较早且更为安全，预计家用汽车、载客汽车、乘用车等城市道路交通工具将以电动化为主，氢能化为辅；重卡、叉车等特殊作业交通工具将呈现电、氢技术路线共同发展的局面。随着蓄电池系统、充电技术、能源管理系统的快速发展，纯电动汽车产业规模将持续扩大。根据《新能源汽车产业发展规划（2021—2035年）》，预计到2025年，纯电动乘用车新车平均电耗降至12（千瓦·时）/百公里，到

2035年纯电动汽车成为新销售车辆主流。氢燃料电池汽车仍处于小规模示范应用阶段，根据《氢能产业发展中长期规划（2021—2035年）》，预计2035年前将有序拓展氢燃料电池等新能源客、货汽车市场应用空间，逐步建立燃料电池电动汽车与锂电池纯电动汽车的互补发展模式。

就铁路交通而言，预计电动化与氢能化协同发展。中国的高铁是电动化列车的典型代表，列车通过高铁顶端弓网系统进行供电，接触网的长度与轨道铁轨相当，基础建设成本较高。氢能列车无须架设电线，氢燃料电池的能量转化效率也高于内燃机，具有加注速度快、效率高、无污染的特点。随着氢能产业链的日渐完善，电动化与氢能化协同发力，将促进铁路交通高质量发展。

就航空交通而言，氢能化将成为绿色发展的主流方向。飞机的正常行驶需要高密度能量支撑，现有储能无法提供足够的能量输出。欧盟发布《氢能航空》研究报告，预计2028—2035年为中远程航线开发氢能概念机和原型机，包括新的革命性飞机设计以及用于大规模燃料供应和快速加注的新技术。英国发布《国家氢能战略》，预计2028—2030年实现氢能在航空方面应用；美国发布《氢能计划发展规划》，提出未来十年重点研究燃料电池和燃气轮机等氢能转化技术。

3）可能对能源系统产生的影响

交通行业属于能源高度依赖性行业，且能源主体是以石油为主导的化石能源，低碳发展困难巨大。推动以电能和氢能为核心的用能模式发展，是实现交通行业绿色高质量发展的重要途径。在此背景下，电力供给结构将向可再生能源加速发展，清洁、安全、高效、灵活的绿电绿氢将取代化石能源成为交通行业主体能源。此外，交通基础设施将发生深刻变革，电氢能源供给网络加快发展，更加适应电氢化下能源供需匹配，如加油站变为充电站或加氢站等。

（四）能源模式创新领域技术

1. 多能互补

1）技术介绍

多能互补是在信息技术和智能调度技术支持下，按照不同资源条件和用能对象，采取多种能源互相补充，构成丰富的供能结构体系，提升能源系统的综合利用效率的用能方式，可以缓解能源供需矛盾，合理保护和利用自然资源，同时获得较好的环境效益。

国家发展和改革委员会、国家能源局2021年印发的《关于推进电力源网荷储一体化和多能互补发展的指导意见》中指出，源网荷储一体化和多能互补发展是电力行业坚持系统观念的内在要求，是实现电力系统高质量发展的客观需要，是提升可再生能源开发消纳水平和非化石能源消费比重的必然选择，对于促进我国能源转型和经济社会发展具有重要意义。

2）应用前景与潜力

从宏观角度看，多能互补将在构建以新能源为主体的新型电力系统过程中发挥重要作用，通过多种能源的互补出力和源网荷储的协调互动，在提高系统运行可靠性和经济性的同时支撑大规模新能源并网消纳。从微观角度看，多能互补供能模式可以为居民区、企业乃至产业园区提供灵活性解决方案，提高清洁能源利用率，实现不同品位能源综合利用，满足用户各种用能需求，取得最合理的能源利用效果与效益，在民用和工业领域均有巨大的发展空间。

3）可能对能源系统产生的影响

未来可再生能源的高比例、大规模利用将会对现有能源体系产生巨大冲击。随着风、光能源更大规模发展，仅靠单项技术的进步将难以完全解决风、光发电并网消纳问题，需从能源系统整体角度加以考虑。未来能源系统必将是多种能源系统的融合，以风、光资源作为发电和供能的主力资源，以核电、水电和其他非化石能源作为互补的"稳定电源"，以火电作为应急电源或者调节电源的新型能源系统，如何实现多种能源的灵活互动将成为保障未来能源体系稳定运行的关键问题。

2. 新能源汽车与电网融合互动（V2G）技术

1）技术介绍

V2G全称为vehicle-to-grid，意为车辆到电网。其核心思想是实现电动车和电网的双向互动，利用大量电动汽车中的动力电池等储能作为电网和可再生能源的缓冲，当电网负荷过高时，电动汽车将电池自身存储的电能反向销售给电网；而当电网负荷过低时，电动汽车就会存储电网多余的发电量。在此过程中，电动汽车作为一个动态储能资源，发挥对电网的调节作用。

目前V2G技术在我国已有一定示范应用，但商业化应用仍受充电桩改造、智能电网建设、电力市场等多个环节的制约。其中，智能电网是解决某一时刻产生大规模电量供求变化问题，实现车网协同控制及管理的关键技术。

2）应用前景与潜力

V2G可以发展成一种新的商业模式，将大量新能源汽车的动力电池整合形成一个虚拟电厂，起到消纳新能源电力和提高电力系统稳定性的作用。我国新能源电力跨越式发展，新能源汽车保有量迅速增加，V2G技术的应用潜力日益受到重视。2024年1月，国家发展和改革委员会、国家能源局、工业和信息化部及国家市场监督管理总局联合印发《关于加强新能源汽车与电网融合互动的实施意见》。该意见明确，车网互动主要包括智能有序充电、双向充放电等形式，可参与削峰填谷、虚拟电厂、聚合交易等应用场景。

3）可能对能源系统产生的影响

我国新能源汽车已进入加速发展阶段，若V2G技术得以普及，未来大规模新能源汽车通过充换电设备与供电网络相连，将成为数量庞大、灵活可调的负荷和储能设施，在新能源电力消纳和电网调节方面发挥关键作用，成为新型电力系统的重要组成部分。

第四篇

煤炭产业专篇

十三、煤炭产业发展现状

21世纪以来，我国煤炭产业担当能源支柱和基础产业重任，聚焦改革发展任务，有力支撑经济社会快速发展。其间，伴随供需环境变化，煤炭产业经历"产业扩张—产能过剩—供给侧结构性改革—增产保供"的周期性变迁，持续加强产业结构调整和布局优化，推动行业整合和科技赋能，促进消费升级和市场稳定，进入高质量发展新阶段。

（一）煤炭消费高位增长，用煤结构持续优化

煤炭消费总体保持上升趋势。2000年以后，我国煤炭消费变化大致可分成四个阶段：①2001—2013年快速增长阶段，国民经济高速发展拉动煤炭消费快速增长，煤炭消费量由12.6亿吨上升至42.4亿吨，年均增长10.6%；②2014—2016年小幅回落阶段，经济增速放缓带动煤炭消费逐步回落至38.9亿吨；③2017—2020年缓慢回升阶段，新常态下经济转型升级和高质量发展推动煤炭消费回升，由39.1亿吨逐步回升至40.5亿吨；④2021—2023年高位增长阶段，煤炭在支撑国民经济发展和民生保障中的兜底作用进一步凸显。按相关机构公布的数据和消费增速测算，2023年全国煤炭消费约47.7亿吨（图13-1），创历史新高。

图13-1　全国煤炭消费变化趋势

资料来源：国家能源集团技术经济研究院整理

煤炭消费增量逐步向西转移。能源化工基地建设带动西部地区煤炭消费稳步增长，能源结构加快调整和生态环境约束加大背景下东部地区煤炭消费增速趋缓，全国煤炭消费增量逐步向西部地区转移。2005—2023年，晋陕蒙宁甘新6省区原煤消费由5.0亿吨升至14.4亿吨，占全国比重由20.1%升至30.3%（图13-2）；原煤消费增量9.4亿吨，占全国增量的41.4%。

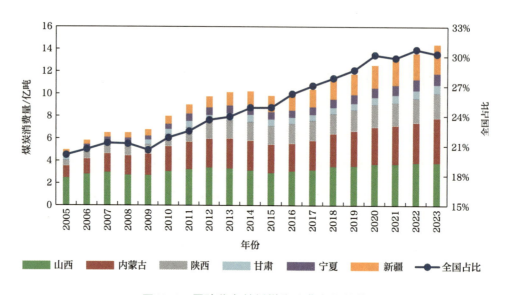

图13-2　晋陕蒙宁甘新煤炭消费变化趋势

资料来源：国家能源集团技术经济研究院整理

煤炭消费结构持续优化。2005—2012年，我国工业化进程加快推进，电力、钢铁、建材和化工四大耗煤行业煤炭消费持续增长，但占全国煤炭消费比重长期保持在80%左右。2013年《大气污染防治行动计划》颁布实施以来，散煤治理力度显著加大，煤炭消费向四大耗煤行业加快集中；终端能源电气化率稳步提升，工业和民用电较快增长，煤电兜底作用增强，综合拉动电煤消费快速增长。2005—2023年，四大行业煤炭消费量由19.5亿吨增加到43.1亿吨，占全国比重由78.5%上升至90.4%；电力行业煤炭消费占比由45.3%上升至57.7%（图13-3），煤炭消费增长结构性驱动特征明显。原料用能不纳入能源消费总量控制政策的实施，还将推动煤炭由燃料进一步向燃料和原料并重转变。

（二）产业结构加快调整，保供能力显著增强

煤炭资源勘查保障有力。我国高度重视能源资源保障，持续加大煤炭资源勘查力度、提高勘探精度，为煤炭资源接续和产业优化布局提供资源保障。"十一五"期间，

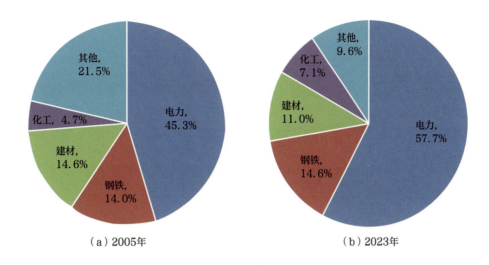

（a）2005年　　　　　　　　　（b）2023年

图13-3　2005年和2023年全国煤炭消费结构对比

资料来源：国家能源集团技术经济研究院整理

本图数据经过四舍五入，存在比例合计不等于100%的情况

以大型煤炭基地为重点开展煤炭资源勘查；"十二五"期间，重点开展东部（含东北）、中部地区深部资源勘查和西部地区规划矿区勘探；"十三五"期间，聚焦提升资源勘查开发规模化、集约化程度，推进煤层气勘查开发。截至2019年底，全国查明保有煤炭资源储量1.74万亿吨（图13-4），其中2006—2019年累计新增查明保有煤炭资源储量5788亿吨。根据自然资源部《2023年中国自然资源公报》，2022年底我国煤炭证实储量与可信储量为2070.1亿吨。

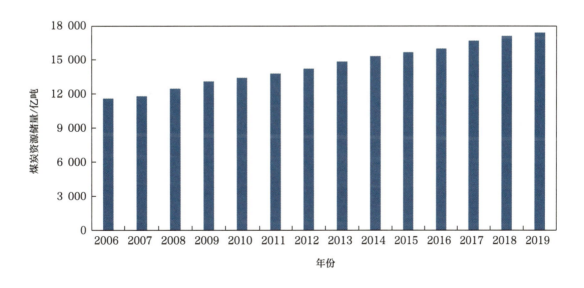

图13-4　我国查明保有煤炭资源储量变化

资料来源：自然资源部

煤炭产业生产力水平稳步提升。2000年以来，我国煤炭开发经历产能加速扩张、严重过剩、有序退出和优化布局四个阶段，通过"上大压小""产能置换"等政策举措，促进先进产能有序释放和落后产能淘汰退出，推动煤炭生产结构优化升级。现阶段大型现代化煤矿已成为我国煤炭生产主体。2000—2023年，我国煤矿数量由3.7万处减少到4300处左右，平均单矿产能由3万吨/年提高到120万吨/年以上，2023年年产120万吨以上的大型煤矿产量占全国的85%以上，建成千万吨级煤矿81处，核定产能13.3亿吨/年，年产30万吨以下小型煤矿产能占全国的比重下降至1%以下。

煤炭供应保障能力显著增强。"十四五"以来，面对能源供需持续紧张局面，煤炭增产保供持续加码，2021—2023年，累计核增煤炭产能约6亿吨/年，煤炭有效产能快速提升；据有关机构统计，截至2023年底，我国生产和试生产煤矿核定生产能力超过49亿吨/年。2023年煤炭产量47.1亿吨，同比增长3.4%（图13-5），创历史新高，日均产量1290万吨，能源保供基础得到有效夯实。

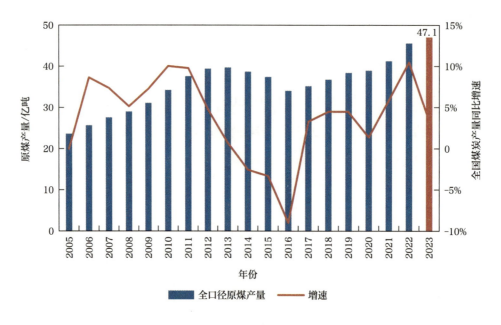

图13-5 我国煤炭产量变化趋势

资料来源：国家统计局

（三）产业组织继续优化，产业集中度稳步上升

煤炭企业重组整合提速。21世纪以来，在市场化改革和产业政策指导下，我国煤炭产业以大基地建设、大企业培育为引领，开启了一轮煤企整合和壮大之路，山西焦煤集团、宁夏煤业集团、陕西煤业化工集团率先以联合组建方式成立，四川、重庆、黑龙

江、河北、河南、吉林、山东等地相继组建区域性煤炭企业集团。2017年，国家发展和改革委员会等12部委联合印发《关于进一步推进煤炭企业兼并重组转型升级的意见》（发改运行〔2017〕2118号），同年神华集团与中国国电集团合并重组为国家能源集团，煤企正式迈入新一轮战略性重组；此后，中煤能源吸收国投、保利和中铁等企业的煤矿板块，山东能源与兖矿集团联合重组成立新山东能源集团，山西省战略重组成立晋能控股集团和新山西焦煤集团，甘肃、贵州、辽宁等地分别完成煤炭企业专业化重组整合。

煤炭产业集中度稳步上升。经历两轮战略性重组和专业化整合，我国煤炭行业形成"1142+8"的大型煤炭企业集团格局，即1家6亿吨级、1家4亿吨级、4家2亿吨级、2家1亿吨级和8家5000万吨级的煤炭企业。煤炭产业集中度大幅提升，2021年煤炭产业集中度CR4（前四家企业产量占全行业比例）、CR8（前八家企业产量占全行业比例）分别达到36%和50%，较2000年分别提高24个百分点和33个百分点，较2015年分别提高11个百分点和14个百分点，5000万吨级以上企业煤炭产量占全国煤炭产量的比重达到61%；2022年煤炭产业集中度CR4小幅回落到34%，CR8回落到48%；2023年煤炭产业集中度CR4、CR8与上年基本持平，大型企业持续发挥煤炭保供主力军作用（图13-6）。

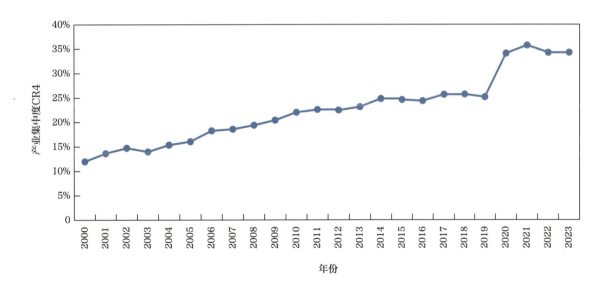

图13-6 2000—2023年我国煤炭产业集中度变化情况

资料来源：国家能源集团技术经济研究院整理

（四）开发布局加速西移，跨区调运规模再增长

传统煤炭产区资源濒临枯竭。2000年之前，我国煤炭开发以中部、东部和东北部地

区为主，经大规模长时间开发，传统煤炭产区资源逐步枯竭，开发潜力明显不足。东北部地区多数矿区开采历史较长，储采比已不足25年，且煤层埋藏深度较大，开采条件恶化，开发潜力极为有限。东部地区浅部资源逐渐枯竭，深部开采高地温、高地压、高岩溶水及高瓦斯等问题加剧，安全生产压力大。华南和西南含煤区煤层分布不稳定，以小型煤盆地为主，影响了大型现代化矿井建设。中部开发强度大，浅部资源可开采量逐步缩减，接续资源多在深部，当前技术条件下，进一步开发潜力不大。

煤炭开发加快由东向西梯级转移。我国煤炭开发经历了以东部、中部为主到中部、西部主导的时空演化。"十五"到"十一五"期间，西部大开发战略推动神东、陕北、黄陇、晋北、晋中、晋东、蒙东、宁东等8个大型煤炭基地建设，晋陕蒙宁由资源储备区转为煤炭调出区；"十二五"期间，"控制东部、稳定中部、发展西部"的总体布局按下了西部地区煤炭开发的加速键，晋陕蒙宁逐步成为我国煤炭主产区；"十三五"以来，煤炭生产布局调整为"压缩东部、限制中部和东北、优化西部"，东部、中部和东北部等地区落后产能加速退出，晋陕蒙优质产能进一步释放；"十四五"以来，山西、蒙西、蒙东、陕北、新疆五大煤炭供应保障基地建设步伐加快，新疆从战略大后方迈入保供前沿，煤炭开发加快由东向西的梯级转移。2005—2023年，晋陕蒙新地区煤炭产量由11.8亿吨增长至37.9亿吨，占全国的比重由46.2%提升至81.3%（图13-7）。

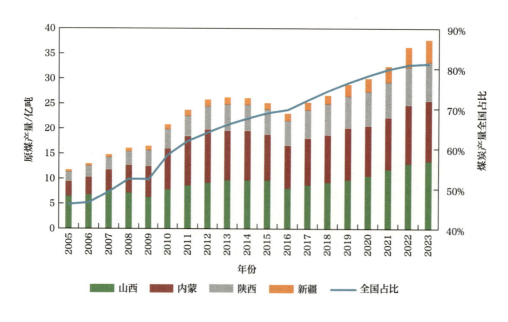

图13-7　晋陕蒙新地区煤炭产量及全国占比

资料来源：国家能源集团技术经济研究院整理

跨区大范围调运规模逐步扩大。资源富集区和煤炭主要消费地逆向分布的特征，决定了我国"北煤南运、西煤东调"的调运格局。晋陕蒙作为我国煤炭主产区，肩负着保障全国煤炭稳定供应的重要责任，是我国煤炭的最主要调出地区。随着煤炭开发重心进一步西移，煤炭生产和消费逆向分布特征愈加显著，煤炭跨区域大范围调运规模逐步增加，疆煤外运量显著增长。2012—2023年，晋陕蒙新地区煤炭净调出量由14.4亿吨提升至20.9亿吨，占全国煤炭省区间净调出量的比重由93.3%增长至99.5%（图13-8）。疆煤外运量在过去较长时间低于2000万吨，近年来快速增长，2020年、2021年先后达到2863万吨、4387万吨，2022年快速增长到8677万吨，2023年达到1.1亿吨。

图13-8 晋陕蒙新煤炭净调出量及全国占比

资料来源：国家能源集团技术经济研究院整理

（五）科技创新加速赋能，高质量发展卓有成效

高效智能煤矿建设助力煤炭安全保供。"十四五"以来，煤炭开采重大基础理论和关键核心技术攻关取得突破，世界首套10米超大采高智能综采成套装备下井，深部矿井热害治理取得新进展，极薄煤层液压支架研制成功，特大型煤矿的技术面貌和效率处于世界领先水平。煤矿数字化智能化建设纵深推进，5G通信、人工智能、井下机器人等技术在煤矿逐步开展应用，露天煤矿无人驾驶矿用卡车、120吨级充电重卡投入运行。截至2023年底，全国建成智能化煤矿758处，同比增长32.5%；智能化采掘工作面1651处，同比增长62.0%。安全高效煤矿成为行业标杆，为煤矿安全增产提供保障。截至2023年

底，全国建成安全高效煤矿1146处，安全高效煤矿原煤产量占全国的比重超过70%，平均产能273万吨/年，月平均综合单产16.56万吨，原煤工效16.77吨/工，主要生产指标显著高于全国平均水平；安全高效煤矿百万吨死亡率0.000 69，达到世界领先水平。

绿色开采技术有力支撑绿色矿区发展。矿井水保护利用方面，针对西部干旱、半干旱区水资源保护问题，开发出分布式煤矿地下水库技术，利用煤矿井下采空区存储和利用矿井水资源，构建了煤矿地下水库理论框架和技术体系。低损害开采方面，提出了遗留煤柱群链式失稳的关键柱理论，研发了遗煤开采可行性定量判定方法和遗煤开采岩层控制关键技术，指导优质遗煤高效回收；提出了"切顶短臂梁"理论，研发了无煤柱自成巷110工法和N00工法，实现了采（盘）区内无煤柱留设和无巷道掘进；发明了柔模支护无煤柱开采技术及其配套装备，开发了柔模支护充填开采技术和柔模充填支架，提出了柔模混凝土锚碹联合支护方法；提出了煤炭资源"采选充+X"绿色化开采技术构想，形成了煤炭"采选充+X"（控、留、抽、防、保）协同生产模式；开发了露天矿区绿色开发系列关键技术。2012—2023年，大型煤炭企业原煤生产综合能耗由17.1千克标准煤/吨下降到9千克标准煤/吨，综合电耗由28.4（千瓦·时）/吨下降到23（千瓦·时）/吨，原煤入洗率、矿井水综合利用率、煤矸石综合利用处置率、土地复垦率分别达到69.0%、74.6%、73.6%、57.9%。

（六）煤炭市场趋向平稳，结构性特征日益凸显

煤炭市场重归平稳运行态势。2016年以来，我国煤炭市场经历了"平稳运行—剧烈波动—趋向平稳"三个阶段。2016—2020年，供给侧结构性改革背景下，煤炭中长期合同制度和"基准价+浮动价"定价机制有效发挥，煤炭市场价格围绕长协价格窄幅波动，整体平稳运行；2017年起我国煤炭市场进入中长期合同时代，2017—2020年秦皇岛港5500大卡①动力煤平仓价均值为613元/吨，年度长协价均值为570元/吨。2021—2022年，在全球化石能源危机、极端天气频发以及俄乌冲突等多种因素影响下，煤炭价格出现剧烈波动，2021年秦皇岛港5500大卡动力煤平仓价最高达到2600元/吨，最低582元/吨，均值为1015元/吨；2022年秦皇岛港5500大卡动力煤平仓价最高1717元/吨，最低793元/吨，均值为1289元/吨。2023年，原煤产量稳步增长，煤炭进口量大幅提升，煤炭需求有序增长，各环节煤炭库存总体高位运行，煤炭市场呈震荡回落及趋稳走势，秦皇岛港5500大卡动力煤平仓价最高1225元/吨，最低765元/吨，均值为978元/吨。与此同时，

---

① 1大卡=4186.8焦。

中长期合同持续发挥煤炭稳价作用，2021—2023年煤炭年度长协均价分别为648元/吨、722元/吨、714元/吨（图13-9）。2023年，具有代表性的环渤海动力煤价格指数（中长协贡献率约为90%）全年在715—735元/吨窄幅波动，年均价格为727元/吨，与全年剧烈波动的纽卡斯尔动力煤价格指数形成鲜明对比（图13-10）。

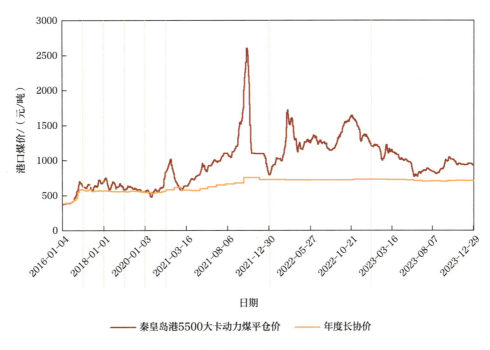

图13-9　港口煤炭市场价格变化情况

资料来源：国家能源集团技术经济研究院整理

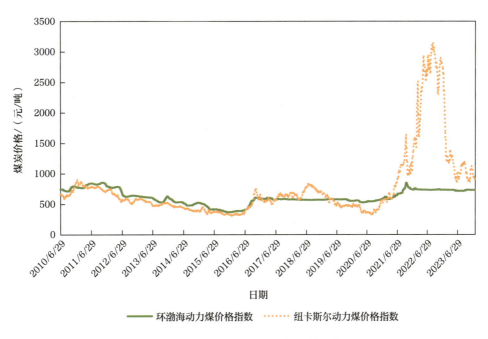

图13-10　国内外煤炭价格指数比较

资料来源：CCTD中国煤炭市场网，其中，纽卡斯尔动力煤价格指数用当日汇率折算

煤炭市场结构性特征日益凸显。①消费端呈"电煤和非电煤结构性特征"。电煤成为近年支撑煤炭消费增长的第一驱动力，2023年，受全社会用电增长、电力负荷尖峰化加剧、水电出力持续性不足影响，煤电顶峰保供和系统调节作用凸显，电煤消费超预期增长，全年煤电发电量同比增长5.7%，总体推动电煤消费同比增长11.5%。②供应链呈"产地和港口结构性特征"。主产区煤炭就地消纳能力显著提升，与此同时高比例长协资源锁定，进一步压缩主产区市场煤资源供应量，使得产地煤炭市场供需两端影响力持续增强，倒逼以港口为主导的煤炭市场加速向产地、港口相互影响的两极市场转变，2023年夏季以来产地和港口煤价长期倒挂，主产区市场煤发运量持续萎缩对港口煤价形成有效支撑，造成港口市场"淡季不淡"。③贸易端呈"国内与进口结构性特征"。2023年，全球能源供需格局重塑趋稳，国际能源价格总体回落，叠加我国零关税优惠政策延续，进口煤重拾价格优势，东南沿海等主要进口煤消费地区采购需求充分释放，全年全国煤炭进口达到4.74亿吨，对平衡我国煤炭价格特别是局部地区煤炭市场价格产生重要影响。④交易端呈"长协和市场煤结构性特征"。高比例长协煤保障和进口煤补充下，电煤参与市场煤交易活跃度下降，非电煤成为主导市场煤"淡旺季"行情的主力，叠加上下游煤炭库存高筑，2023年煤炭市场"旺季不旺、淡季不淡"特征尤为显著。

十四、煤炭产业近中期发展趋势

（一）2024年煤炭供需形势分析

我国煤炭市场主要受发展环境、煤炭供应、下游驱动、气候及其他不确定性等因素影响，呈现不同的变化趋势。2024年，在稳增长、扩内需、优结构等组合拳和发展新质生产力推动下，国民经济有望延续回升向好态势，2024年国务院政府工作报告提出全年经济增长5%左右的预期目标。能源绿色低碳转型快速推进，要求煤炭持续发挥能源安全"压舱石"作用。预计国内煤炭生产以"稳"为主，增量空间趋小，但在保供条件下仍有1亿吨或以上的增长潜力，进口煤维持在4.5亿吨左右高位水平；煤炭消费继续增长，消费总量为49亿吨左右，同比增长2%左右。总体看，通过供应端优化调节，预计全年煤炭供需能够达到基本平衡。同时，也需要防范在不利国际环境、气候条件等因素影响下，出现区域性、时段性、结构性煤炭供需失衡的风险。

1. 发展环境

清洁能源加速布局推动能源绿色低碳转型快速推进。我国提出碳达峰和碳中和目标之后，能源行业低碳化发展进程加快推进。2023年，我国可再生能源发电装机规模历史性超过火电，天然气、水电、核电、风电、太阳能发电等清洁能源消费量占能源消费总量的比重为26.4%，同比上升0.4个百分点。2024年，我国清洁能源发展目标持续推进。2024年全国能源工作会议部署全年全国风电光伏新增装机2亿千瓦左右，核电新增装机500万千瓦左右的清洁能源发展任务；2024年国务院政府工作报告提出"加强大型风电光伏基地和外送通道建设，推动分布式能源开发利用""发展新型储能"[①]。随着清洁能源快速发展，能源结构调整有望继续保持加速趋势，而清洁能源出力持续提升，能够部分缓解煤炭行业能源保供压力。

煤炭作为我国主体能源地位短期内难以改变。随着能源绿色低碳转型推进，我国煤炭消费占能源消费总量比重逐步回落，但能源资源禀赋特征和持续上升的能源消费需求，决定了煤炭作为我国主体能源的"压舱石"地位短期不会改变。2023年，煤炭消费占能源消费比重为55.3%，仍是我国能源消费的最主要品种。随着终端电气化的深入推广、"AI+"兴起和经济结构的持续调整，全社会用电量仍将保持高速增长，考虑到风电、光伏快速发展下电力供应间歇和不稳定特性，煤电顶峰保供和系统调节压力将继续增大；同时，世界局部冲突导致高油价下现代煤化工行业良好发展前景有望形成非电用煤新的增长点。总体来看，2024年我国煤炭消费保持增长，煤炭作为我国主体能源仍将是国家能源安全的兜底保障。

煤炭稳产保供和安全生产协同推进。能源供需形势要求煤炭行业持续推进稳产保供。在需求端，经济持续回升向好将拉动能源消费进一步增长，绿色转型背景下煤炭消费增速回落但总量仍处上升阶段；2024年国务院政府工作报告要求"发挥煤炭、煤电兜底作用，确保经济社会发展用能需求"[①]。在供给端，一方面，"十四五"以来煤炭生产保供能力逐步提升，2023年全国煤炭产量47.1亿吨，但随着煤矿产能核增潜力缩小，现有煤矿生产增量空间所剩不多；另一方面，《煤矿安全生产条例》的实施，以及高强度常态化安全生产监察和环保督察给煤炭产能释放带来不确定性。2024年我国煤炭供需形势较为复杂，推动煤炭稳产保供对保障能源稳定供应至关重要。

2. 煤炭供应

2024年，前期两轮大规模产能核增后，煤矿产能进一步核增潜力有限，加之新建煤矿批量投产尚需时日、高强度安全监管常态化，全国煤炭产量增长空间较小，预计全年

---

① 《政府工作报告——2024年3月5日在第十四届全国人民代表大会第二次会议上》，https://www.gov.cn/yaowen/liebiao/202403/content_6939153.htm，2024年6月1日。

产量为47亿—48.5亿吨，同时也将根据需求变化进行合理调节；进口煤有望继续维持4.5亿吨左右高位水平，全年煤炭供应保障度较高。

1）煤炭产量增长潜力趋弱

随着产能大规模核增接近尾声，新建煤矿批量投产还需2—3年时间，我国煤炭产业进入供应增量的"收缩期"。预计在主要产煤省区生产规划由"增"转"稳"的形势下，2024年我国煤炭优质产能持续释放空间不大，再考虑在产煤矿产能自然衰减，以及《煤矿安全生产条例》安全强监管对煤炭生产形成一定的挤出效应，预计全国煤炭产量增速趋缓，全年产量为47亿—48.5亿吨，并将根据需求变化进行合理调节。

从晋陕蒙新主产区看，①山西煤炭稳产难度较大。山西在连续两年每年增产1亿吨的基础上，2023年再实现0.5亿吨增产，达到13.57亿吨。2024年山西省政府工作报告提出，在确保安全生产的前提下，依法合规释放煤炭先进产能，全力稳定煤炭产量。考虑山西省在产煤矿已呈"透支"状态，预计2024年"稳产保供"目标实现难度较大，存在较大幅度负增长的可能性。②内蒙古着力保障煤炭稳定供应。内蒙古因煤炭资源条件优势，成为近两年我国煤炭产能核增的主阵地，2023年煤炭产量达12.2亿吨，完成9.45亿吨保供煤任务，煤炭保供量及外送量居全国第一。根据《2024年内蒙古自治区国民经济和社会发展计划》，2024年内蒙古聚焦高水平建设国家重要能源和战略资源基地，加快建设新型能源体系，保持煤炭产能总体稳定，加快煤矿智能化改造，加大油气资源勘探开发和增储上产力度，力争煤炭产量稳定在12亿吨左右、原油产量达到300万吨以上、天然气产量稳定在310亿立方米左右。考虑到煤炭资源开发潜力和大型现代化煤矿占比，预计内蒙古具备一定增产保供基础。③陕西煤炭产量预计小幅提升。2023年，巴拉素等10处煤矿建成投产，新增煤炭产能3145万吨/年，全年煤炭产量7.6亿吨，同比增长2.3%。2024年陕西省政府工作报告提出，坚持稳煤、扩油、增气并举，夯实能源基本盘，煤炭、原油、天然气产量7.8亿吨、2470万吨、350亿立方米以上，稳步扩大电力外送规模，新增新能源装机1000万千瓦以上，能源工业增加值增长5%。④新疆具备煤炭增产潜力，但高度依赖行业景气度和外运能力。新疆得益于良好的煤炭资源条件和能源产业快速发展，是本轮我国煤炭产能核增的重点地区。2023年，新疆新增煤炭产能6257万吨/年，全区原煤产量达到4.6亿吨，同比增长10.7%。2024年新疆维吾尔自治区政府工作报告提出，加快发展煤炭煤电煤化工产业集群，进一步释放煤炭优质产能，加大准东、哈密、吐鲁番、淮南等地煤炭勘探开发，推动一批支撑性煤电项目建设，开工建设一批煤制烯烃、煤制气项目，推动煤炭分级分质清洁高效利用，力争原煤产量达到5亿吨，着力打造国家大型煤炭供应保障基地和煤制油气战略基地。

从其他省（区）来看，贵州计划建成投产35处煤矿，原煤产量达到1.65亿吨以上，较2023年增产3400万吨，但面临安全生产压力大的问题。宁夏计划推动6处新煤矿开工，尽快实现全区煤炭产能超过1.4亿吨/年。甘肃争取核准建设12处煤矿，新增煤炭产能3540万吨/年。山东计划煤炭产量稳定在8500万吨，较2023年下降约200万吨。

2）煤炭进口维持较高水平

2023年，进口煤价格优势等因素推动下我国进口煤炭4.74亿吨，同比增长61.8%，创历史新高。预计2024年煤炭进口变化不大，仍维持在4.5亿吨左右较高水平。影响煤炭进口的几大因素如下。一是煤炭供需形势仍需要进口煤发挥调节补充作用。2023年，进口煤占我国煤炭消费比重提升至10%，同比增长3个百分点。2024年国内煤炭需求增长和煤炭增产乏力预期下，仍需进口煤补充国内煤炭供需缺口；特别是用煤高峰期东南沿海、东北地区可能出现供煤紧张局面，进口煤能够对我国煤炭市场形成有效的结构性补充。二是主要来源国对我国煤炭出口形势总体保持稳定。印度尼西亚2024年煤炭产量目标7.1亿吨，高于2023年6.95亿吨的产量目标，但较2023年实际产量7.75亿吨有所下降；考虑到2024年DMO（domestic market obligation，国内市场义务）预计达到2.2亿吨，比2023年设定目标高24.3%，即使在2024年印度尼西亚煤炭产量超预期情况下，印度尼西亚煤炭出口增量空间也有限。俄罗斯受地缘关系影响，煤炭贸易向东基调保持不变，但考虑到运输瓶颈和加征关税政策的影响，2024年俄罗斯煤炭对华出口量可能下降。基础设施条件改善和蒙古国出口增量目标，或将支撑我国对蒙古国煤炭进口维持增长。中澳关系延续常态化，澳煤优质煤炭资源或将推动我国澳煤进口保持增长趋势。三是进口关税政策调整或将影响煤炭进口来源结构。《中华人民共和国进出口税则（2024）》未对煤炭进口零关税进行延期，即自2024年1月1日起，恢复煤炭进口关税。恢复关税造成俄罗斯和蒙古国的进口煤炭成本增加，特别是将对两国炼焦煤的进口量产生一定影响。四是气候因素或将影响主要煤炭出口国供应能力。美国国家海洋和大气管理局预测，2024年6—8月，拉尼娜事件发生的概率将攀升至62%。拉尼娜事件引发降水增加，可能对印度尼西亚、澳大利亚等地区煤炭出口造成影响。总体来看，2024年我国煤炭进口量有望维持高位水平，2024年第一季度，我国煤炭进口量为1.16亿吨，同比增长13.9%，预计全年进口规模有望维持在4.5亿吨左右高位水平。

3. 煤炭需求

2024年在经济"质的有效提升"和"量的合理增长"拉动下，煤炭消费仍将增长，但极端天气气候等异常因素对煤炭需求的带动效应趋弱，下游需求结构性分化并更多依靠内生增长驱动，煤炭消费增速有所收窄，预计全年煤炭消费同比增长2%左右。其中，煤电继续发挥保电力稳定的重要作用，煤炭消费同比增长3.2%—5.3%，达到28.4亿—28.9亿吨；钢铁行业下游驱动减弱，煤炭消费预计下降1%左右，降至6.9亿吨左右；建材行业在房地产拖累和基建趋缓共同作用下，煤炭消费下降2%左右，消费量降至5.13亿吨左右；煤化工在高端化、多元化、低碳化发展推动下，煤炭消费保持较高增速，预计同比增长7.3%左右，达到3.65亿吨左右；其他行业耗煤基本稳定在4.5亿吨左右。

1）煤电保电力稳定作用凸显，电煤消费仍将增长

现阶段煤电仍将是我国发电增量的重要组成部分。2016—2023年我国煤电发电增量在全部发电增量中的占比平均为42.2%，其间占比较高的年份为2017年、2018年、2021年和2023年，占比均在50%及以上，全社会用电量增速分别达到6.6%、8.5%、10.3%和6.7%。可见，尽管新能源装机规模快速增长，但因其具有一定的不稳定性，在当前技术条件下较难支撑用电需求的快速增长，特别是在水电出力不足的情况下，需要煤电发挥重要的保供顶峰作用。随着煤电项目的恢复性建设和投产，煤电仍将是现阶段全社会用电量增长较快情况下的发电主力和贡献发电增量的主体。预计在经济回暖、新质生产力激发新动能等因素推动下，2024年我国发电量同比增长6%—7.2%，增加约5600亿—6700亿千瓦·时，其中考虑风电和光伏贡献2700亿—2900亿千瓦·时左右，加上水电明显好转、核电和燃气发电等贡献的电量增量，煤电仍将贡献1500亿—2800亿千瓦·时发电增量，预计将增加电力耗煤4500万—8400万吨标准煤，折实物量0.67亿—1.25亿吨，加上供热耗煤增量2000万吨左右，电力耗煤总量将达到28.4亿—28.9亿吨，同比增长3.2%—5.3%（图14-1）。

2）钢铁行业下游驱动减弱，耗煤预计小幅下降

2024年我国钢铁行业在下游驱动减弱的情况下，预计需求小幅下降。从行业政策看，2023年8月，工业和信息化部、国家发展和改革委员会、财政部等7部门联合印发《钢铁行业稳增长工作方案》，明确2023—2024年钢铁行业稳增长的主要目标，其中，2024年，行业发展环境、产业结构进一步优化，高端化、智能化、绿色化水平不断提升，工业增加值增长4%以上。2023年12月，国务院印发《空气质量持续改善行动计划》，提出"严禁新增钢铁产能""有序引导高炉—转炉长流程炼钢转型为电炉短流程炼钢""到2025年，短流程炼钢产量占比达15%"等。从下游需求看，房地产领域，伴随住房信贷、税收、房企融资、保障房建设等方面的房地产利好政策实施，地产行业有

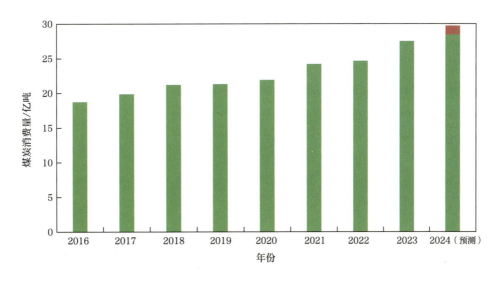

图14-1　我国电力行业煤炭消费及预测

资料来源：国家能源集团技术经济研究院整理

望触底企稳，获得边际改善，其中保障房建设、城中村改造、"平急两用"公共基础设施建设等"三大工程"加速落地，将对稳定建筑用钢发挥重要作用。基建和制造领域，超长期特别国债推动重大项目建设，将助力制造业投资保持较稳定增速，在钢铁消费中继续发力，其中，人工智能、数字化基础设施、新能源等新基建将成为基建领域发展的重要支撑点，高端装备制造、大规模设备更新将在推动制造业转型升级中发挥积极作用，但多个高风险债务省市基建项目降温，将从整体上对钢铁需求形成重大影响。总体来看，新需求快速发展、传统需求稳中趋降背景下，2024年钢铁需求和生产预计总体偏弱，行业耗煤预计同比降幅约1%，降至6.9亿吨左右（图14-2）。

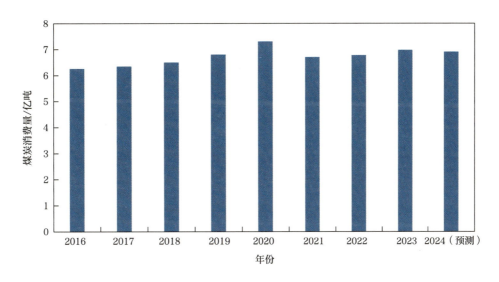

图14-2　我国钢铁行业煤炭消费及预测

资料来源：国家能源集团技术经济研究院整理

3）建材行业受基建影响，耗煤量预计有所下降

2024年地产触底企稳，但基建拉动效应减弱，建材产品需求预计降幅扩大。从行业政策看，2024年1月，生态环境部印发《关于推进实施水泥行业超低排放的意见》，提出"鼓励企业在超低排放改造时统筹开展减污降碳和清洁生产改造，积极探索污染物和温室气体协同控制工艺技术，到2025年，完成8.5亿吨/年水泥熟料产能清洁生产改造。推动原料替代，在保障水泥产品质量前提下，提高废渣资源替代石灰石比重；提高矿渣、粉煤灰工业废物掺加比例，降低熟料系数"。从下游需求看，房地产对水泥需求的下拉作用将有所缓和，但多地非民生基建项目停摆导致基建对建材需求的拉动效应趋弱，预计2024年建材行业耗煤下降2%，行业耗煤量在5.13亿吨左右（图14-3）。

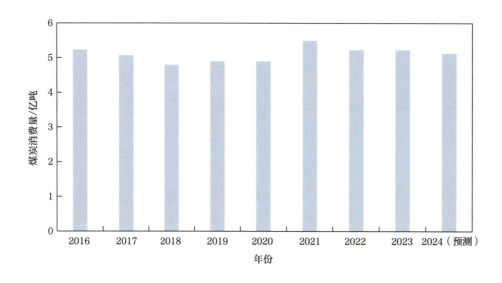

图14-3　我国建材行业煤炭消费及预测

资料来源：国家能源集团技术经济研究院整理

4）化工行业受利润修复和新产能投产影响，行业耗煤继续增长

近年来，我国现代煤化工技术取得新突破，煤制油、煤制烯烃等一批煤炭清洁转化项目逐步投产，煤化工产业实现规模化增长，化工用煤保持较快增速，并推动煤炭由燃料向燃料和原料并重转变。截至2023年底，我国建成煤制油产能1138万吨/年、煤制气产能67亿米³/年、煤（甲醇）制烯烃产能1865万吨/年、煤制乙二醇产能1155万吨/年，基本形成完整的现代煤化工技术和产业体系。2024年，产品需求和产能投放周期延续支撑煤化工行业用煤继续增长。2023年6月，《国家发展改革委等部门关于推动现代煤化工产业健康发展的通知》提出，为深入贯彻落实党的二十大精神，按照习近平总书记关于现

代煤化工产业发展的重要指示要求，结合《现代煤化工产业创新发展布局方案》实施情况以及产业发展面临的能源安全、生态环保、水资源承载能力等形势任务，进一步强化煤炭主体能源地位，按照严控增量、强化指导、优化升级、安全绿色的总体要求，加强煤炭清洁高效利用，推动现代煤化工产业（不含煤制油、煤制气等煤制燃料）高端化、多元化、低碳化发展。2023年8月发布的《煤炭行业社会责任蓝皮书（2023）》指出，煤化工产业潜力巨大，要提高煤炭作为化工原料的综合利用效能，促进煤化工产业高端化、多元化、低碳化发展，加强科技创新，加快关键核心技术攻关。2024年，在需求和利润支撑下，尿素、甲醇等开工率将维持在较高水平，加之部分新型煤化工项目投产，对煤炭的需求支撑较为强劲，预计化工行业煤炭消费同比增速将达到7%左右，全年煤炭消费3.65亿吨左右（图14-4）。

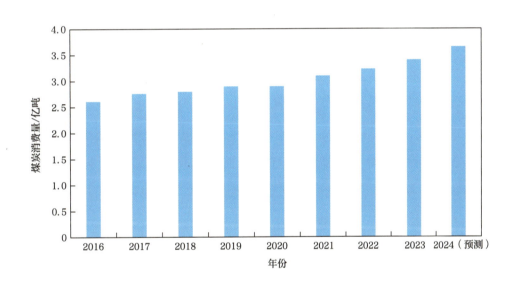

图14-4　我国化工行业煤炭消费及预测

资料来源：国家能源集团技术经济研究院整理

5）其他行业耗煤呈减量趋势

其他行业耗煤主要包括生活，采掘业，交通运输仓储和邮政业，农林牧渔水利业，批发、零售业，住宿、餐饮业以及其他行业用煤。根据北京大学能源研究院等机构研究，目前重点区域清洁取暖改造已基本完成，热源清洁低碳化技术路线已初步形成，但粮食烘干、大棚温控以及极端天气下生活用煤等仍需要消耗散煤。随着散煤治理重心向民用转移、治理范围向非重点区域延伸，难度正在逐步加大，减量空间逐渐缩小。预计2024年其他行业耗煤有望呈减量趋势，煤炭消费总量在4.5亿吨左右，较2023年下降1.8%。

综上所述，2024年我国煤炭消费有望保持增长，煤炭进口维持相对高位，原煤生产受产能刚性趋强、安监趋严等因素影响增长趋缓，但在保供条件下仍有增产1亿吨及以上的潜力。总体来看，通过供应端及库存环节的优化，2024年我国煤炭供需能够达到基本平衡，并继续在复杂严峻的国际环境中发挥稳定能源供应基本盘的重要作用，在全球煤炭市场发挥更为重要的影响力。

（二）"十四五"煤炭生产布局及调运分析

"十四五"时期是我国能源低碳转型的重要窗口期，也是国内外能源供需格局深度调整期。这一时期，煤炭作为我国主体能源的地位和作用不会改变，预计煤炭生产和消费将继续增长，且均继续呈西移趋势，跨区调运规模保持增长。

煤炭消费持续增长，电煤消费占比提升，西部消费增量明显。"十四五"时期，我国煤炭消费仍将增长，预计2025年煤炭消费达到49.5亿吨（国产原煤+进口商品煤）左右。其中，顶峰保供和系统调节需求驱动电煤消费持续增长，煤电仍将是我国发电增量的重要来源，预计2025年电煤消费较2020年增量超过6亿吨。化工耗煤是第二大增长点，预计较2020年增量有望达到8500万吨。钢铁和建材行业耗煤处于峰值平台期，其他耗煤保持降势。从区域看，西部地区煤炭消费将进一步提速，占比将由36%上升至38%，中部地区保持在25%，东部地区则由39%下降至37%。

煤炭先进产能继续释放，新增产能向西部主产区集中。综合考虑国内煤炭产销情况和进口煤因素，截至2023年底全国现有煤矿难以满足我国煤炭消费峰值平台期的煤炭需求，存在8亿吨/年左右的产能缺口。考虑煤矿建设周期，为保障全国煤炭供需平衡，2035年前还需新建8亿吨/年煤炭产能。2024年国家发展和改革委员会、国家能源局提出，以大型现代化露天煤矿和安全保障程度高的井工煤矿为实施重点，在新建和在建煤矿项目中优选一批产能储备煤矿，到2030年力争形成3亿吨/年左右的可调度产能储备。按煤矿储备产能规模占设计产能比重20%—30%测算，3亿吨/年产能储备需要10亿—15亿吨/年的新建和在建煤矿产能作为支撑，因此，从这个角度看，在考虑现阶段在建煤矿产能基础上，仍需新建一批先进煤炭产能。我国现有规划煤矿产能主要集中在晋陕蒙新地区，其他区域规划煤矿资源条件相对较差，新增煤炭产能将重点布局于晋陕蒙新地区。考虑"十四五"新建一批煤炭产能情况下，预计2020—2025年，我国东部地区煤炭产量占比将由7%降至5%，中部地区由34%降至32%，西部地区则由59%升至63%。

生产西移快于消费西移，跨区调运规模保持增长。"十四五"期间，我国煤炭生产西移快于消费西移，"北煤南运、西煤东调"需求增长，跨区净调运规模预计将由2023年的21.0亿吨增加至23.5亿吨。具体来看，①"十四五"期间，晋陕蒙新煤炭生产和消费量均保持增长，预计产量占全国比重由78%上升至82%，消费量占全国比重由33%上升至36%，净调出量保持增长。②其他地区均为净调入量增长地区，东南沿海、华中、鲁苏皖地区产量下降且消费保持增长，东北三省、宁甘青、西南地区生产增量不及消费增量，京津冀地区生产降幅大于消费降幅。

（三）"十五五"煤炭生产布局和调运分析

煤炭转化利用过程是我国最主要的二氧化碳排放源，推动煤炭消费尽快达峰是我国实现碳达峰目标的关键。"十五五"时期我国煤炭消费将在峰值平台运行，消费西移快于生产西移，跨区调运规模将有所下降。

煤炭消费总量出现峰值，电力化工用煤继续增长，消费重心进一步西移。"十五五"时期，发电供热和化工用煤仍将保持增长，钢铁和建材用煤稳步下降，预计煤炭消费在2027年进入峰值平台期，2027—2029年在峰值平台上的波动范围为50.5亿—52亿吨（国产原煤+进口商品煤），波动幅度在1.5亿吨以内（折合1亿吨标准煤），到2030年煤炭消费将回落至50亿吨左右。从区域看，受益于煤基能源产业发展，西部地区煤炭消费将持续增长，能源消费转型推动东部、中部地区煤炭消费总体回落；预计到2030年，西部地区煤炭消费占比将上升至41%，东部、中部地区分别降至35%、24%。

煤炭优质产能持续释放，生产进一步西移。根据阶段性煤炭供需平衡需要，"十五五"时期仍需建设一批先进煤炭产能，新增产能仍将主要集中于晋陕蒙新地区，继续推动煤炭生产西移。预计到2030年，西部地区煤炭产量占比将继续增长至69%，东部、中部地区分别降至3%、28%。

消费西移快于生产西移，跨区调运规模稳中趋降。"十五五"期间，我国煤炭消费西移步伐将快于生产西移，跨区净调运规模预计降至22.2亿吨左右（图14-5和图14-6）。具体来看，①晋陕蒙新煤炭生产消费量保持增长，预计产量占比由82%升至85%，消费量占比由36%升至40%，净调出量有所下降。②净调入量增长地区，东北三省、宁甘青地区生产增量不及消费增量。③净调入量下降地区，京津冀、东南沿海、华中、鲁苏皖、西南地区消费降幅大于产量降幅。

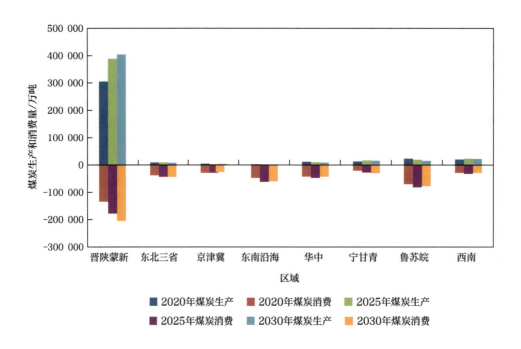

图14-5　2020—2030年我国分区域煤炭生产和消费趋势

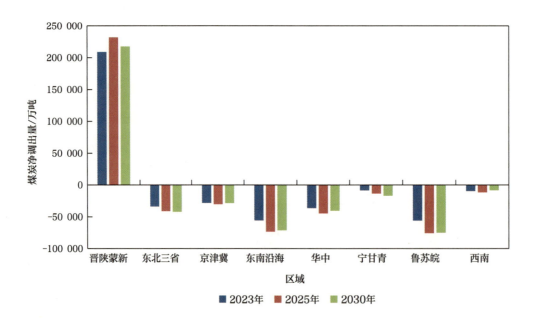

图14-6　2020—2030年我国分区域煤炭净调出趋势

（四）2035年前煤炭生产布局和调运分析

中共中央、国务院印发《扩大内需战略规划纲要（2022—2035年）》，提出强化能源资源安全保障、增强国内生产供应能力等具体要求。2031—2035年，煤炭仍将为我国保障能源自给水平发挥重大作用，煤炭消费在能源消费中仍占据主体地位，但将逐渐向显著下降阶段过渡，煤炭生产西移趋势也愈加明显，跨区调运规模逐渐下降。

煤炭消费高位缓降，电力用煤逐步达峰，消费重心继续西移。这一阶段，全国煤炭消费总体仍将保持在47亿吨以上高位水平，但逐步进入稳中趋降阶段；发电供热用煤仍处于峰值平台，钢铁和建材用煤持续下降，化工用煤继续增长。从区域煤炭消费看，东部、中部地区保持降势，西部地区稳中有升，预计到2035年，西部地区煤炭消费占比将增长至45%，东部、中部地区分别降至32%、23%。

煤炭产能总体趋降，生产进一步西移。根据阶段性煤炭供需平衡需要，"十六五"还需新建一批先进煤炭产能，其间退出产能4亿—5亿吨/年，煤炭产能稳中趋降。随着产业布局继续西移，预计到2035年，西部地区煤炭产量占比将增长至72%，东部、中部地区分别降至3%、25%（表14-1）。鉴于未来能源发展的不确定性，"十六五"期间可视形势变化对煤炭产能安排进行适时调整。

表14-1 我国煤炭生产区域变化预测

占比	2020年	2025年	2030年	2035年
东部地区产量占比	7%	5%	3%	3%
中部地区产量占比	34%	32%	28%	25%
西部地区产量占比	59%	63%	69%	72%

消费西移加快，跨区调运规模继续下降。"十六五"期间，我国煤炭消费西移步伐进一步加快（表14-2），跨区净调运规模预计将降至19.0亿吨左右（图14-7和图14-8）。具体来看，①晋陕蒙新四省区，蒙新产量增长，晋陕产量下降，晋陕消费略降，蒙新消费增长，预计四省区产量占全国比重由85%上升至88%，消费量占全国比重由40%上升至45%，净调出量继续下降。②净调入量增长地区，宁甘青和西南地区产量降幅大于消费降幅。③净调入量下降地区，东北三省、京津冀、华中、鲁苏皖、东南沿海地区消费降幅均大于产量降幅。

表14-2 我国煤炭消费区域变化预测

占比	2020年	2025年	2030年	2035年
东部地区消费量占比	39%	37%	35%	32%
中部地区消费量占比	25%	25%	24%	23%
西部地区消费量占比	36%	38%	41%	45%

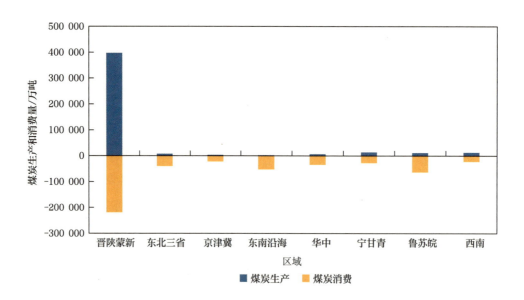

图14-7　2035年我国分区域煤炭生产和消费情况

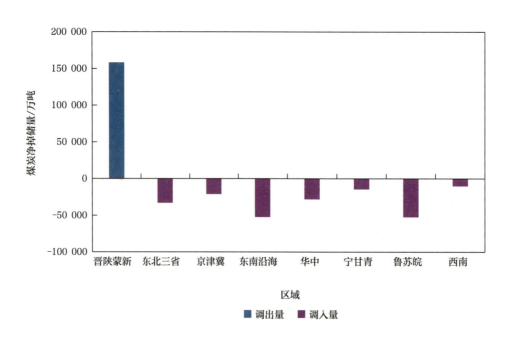

图14-8　2035年我国分区域煤炭净调出情况

十五、煤炭行业中长期发展展望

（一）煤炭消费减量过程中生产加速向西集中

2035年后，伴随能源绿色低碳转型推进，我国煤炭消费逐渐转入下降阶段，产能裕度提升下产能利用率趋降，"以需定产"特征越来越显著。总的来看，2035年之后，我国煤炭生产和消费西移步伐加速，跨区域调运需求趋于回落，"新疆煤炭主送西北西南、晋蒙煤炭主送华北及沿海、陕西煤炭主送'两湖一江'、蒙东煤炭主送东北三省"的煤炭跨区调运格局将进一步深化和优化。

到2040年，我国煤炭占一次能源的比重将降至40%左右，在能源体系中的主体作用逐步下降。预计山东、安徽、河南等中、东部主要产煤省煤炭产量将在2040年前加速下滑，江苏、福建、湖南、江西等省份将完全退出煤炭生产，届时，煤炭生产进一步西移。预计晋陕蒙新煤炭产能占比将由2035年的88%上升到2040年的89.7%，宁甘青地区由3.1%降至3.0%，鲁苏皖由2.9%降至2.2%，西南地区由2.8%降至2.4%，东北三省由1.7%降至1.6%，华中四省由1.5%降至1.1%，京津冀保持在0.3%左右，东南沿海退出煤炭生产（图15-1）。

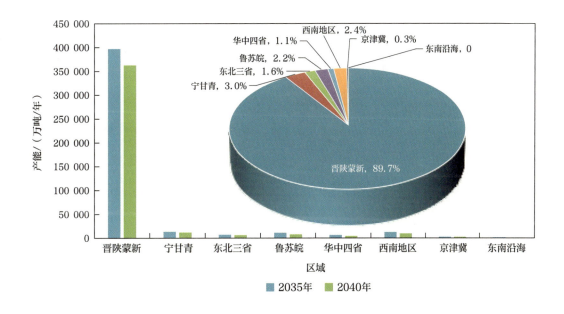

图15-1　2035年、2040年煤炭产能分布及2040年区域占比

本图数据经过四舍五入，存在比例合计不等于100%的情况

到2050年，我国能源低碳转型将取得显著成效，预计煤炭占一次能源消费比重将降至30%以下。继东部部分地区在2040年前逐步退出煤炭生产后，四川、青海等预计也将在2050年前陆续退出煤炭生产。与此同时，煤炭生产进一步向西部主产区集中，预计晋陕蒙新煤炭产能占比将上升到92%，宁甘青降至2.9%，鲁苏皖降至1.7%，西南地区降至1.5%，东北三省降至1.4%，华中四省降至0.7%，京津冀降至0.2%（图15-2）。该阶段煤矿产能利用率将大幅降低，开采条件差、技术难度高、经营效益低的煤矿面临的退出和转型压力加剧。

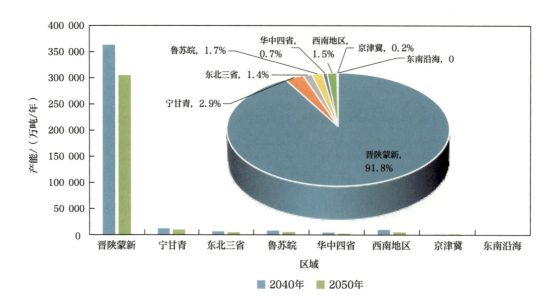

图15-2　2040年、2050年煤炭产能分布及2050年区域占比

本图数据经过四舍五入，存在比例合计不等于100%的情况

　　到2060年，我国将如期实现碳中和目标，在届时的能源体系中，煤炭将主要承担应急保供和灵活调节功能。届时，我国煤炭生产将主要集中在西部主产区。预计晋陕蒙新煤炭产能占比将上升到94%，宁甘青降至2.7%，鲁苏皖降至1.1%，西南地区降至0.7%，东北三省降至1.2%，华中四省降至0.5%，京津冀降至0.1%（图15-3）。该阶段煤炭需求进一步下降，部分地区煤矿能力利用率进一步下降，煤矿退出的压力持续加大。2022—2060年煤炭分区域产能变化趋势如图15-4所示。

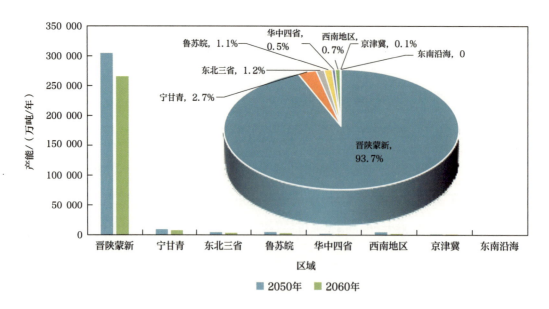

图15-3　2050年、2060年煤炭产能分布及2060年区域占比

本图数据经过四舍五入，存在比例合计不等于100%的情况

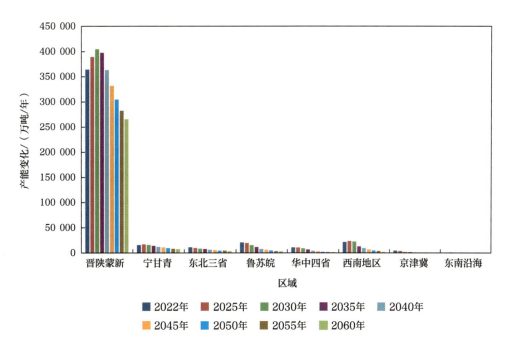

图15-4　2022—2060年煤炭分区域产能变化趋势

（二）新质生产力赋能推动煤炭产业提质升级

1. 煤炭产业结构持续优化

1）产业集中度持续提升

提升产业集中度对我国煤炭产业健康稳定运行有积极作用，有助于企业做大做强、提升竞争力、改善市场秩序，更好保障能源安全。从中长期来看，政策推动、市场导向、产业需求多维推动下，我国煤炭产业集中度将进一步提升。一是市场导向与政府支持相结合有效推动煤企整合。伴随全国能源统一大市场建设，煤炭行业将坚持以市场为导向、企业为行为主体、资本运作为主要手段，实现煤企整合的动力由政府、政策推动为主向市场力量为主、企业自主实施、政府提供保障转变。二是行业整合突破所有制、区域和产业界限。伴随煤电联营、煤炭与新能源优化组合等新型产业发展模式形成，加之混合所有制改革覆盖贯穿，煤企之间或与相关产业企业之间实施限制表决权的相互持股等形式日益丰富，全国范围组建形成区域性乃至跨区域大型煤炭和能源企业的格局有望进一步深化。三是产业集中度取得系统性全面性提升。煤炭行业实现"规模提升"与"数量压减"的同步发展，既通过强强联合、以大并小的方式壮大头部企业，又通过淘汰弱小落后、中小企业重组整合来进一步提高产业发展质量。

2）产能产品结构持续优化

一是供给侧结构性改革推动煤炭产能持续优化。从中长期看，煤炭开发重点集中在建设生产智能、绿色开发、安全高效、数字管理、精益组织、专业服务的煤矿，核增资源储量丰富、开采技术条件好的煤矿，退出资源枯竭的煤矿。生产煤矿智能化改造加快推进，优质产能有序释放；新建煤矿将全部达到绿色智能化标准；通过科学划定深井、灾害严重矿井、不同地区中小煤矿等退出标准，统筹资源枯竭煤矿和落后产能等退出，煤矿产能结构将得到持续优化，大型煤矿产能占比显著提升。二是煤炭原料功能属性进一步增强。随着煤电定位向基础性、调节性电源转变，以及煤炭产品实现燃料和原料功能并重的转变，不同品种煤炭商品价值和应用价值得到充分体现；煤炭生产企业将主动适应市场，按照市场需求动态调整煤炭产品品种，生产适销对路、价值最优的产品，提升高附加值特种煤比例，提质增强价值创造力；针对直接液化用煤等优质煤种、稀缺煤种，保护性开采和专煤专用的力度将得到有效提升。

3）多种联营发展格局持续拓展

实施以煤炭和煤电为核心、产业链融合为主要方式的更加多元的联营发展，是中长期煤炭、煤电行业转型发展的重要方向。中长期看，煤炭、煤电等行业联营发展主要包括以下方面。一是煤电联营和一体化发展进一步深化。系统谋划不同层次、不同尺度、不同方式的煤电联营，重点推动省内省间煤电联营和企业间的煤电联营，推动煤、电企业围绕电煤购销开展更长时间尺度的供需合作，突出以产权为纽带的战略性重组、专业化整合和相互持股，将助推实现更高质量的煤电一体化发展。二是围绕产业链构建更加多元的联营发展模式。立足产业链互补，因地制宜实施煤、电、路、港、化等关联产业联营，推动煤炭与新能源优化组合，鼓励大型煤炭企业与电力、新能源等相关产业企业以资源品种、区域布局和产业链优化为核心，通过重组整合发展大型综合能源集团，将有效促进产业融合发展与产业链的取长补短，提升产业控制、安全支撑和综合竞争能力。

2. 安全智能高效开发格局加速形成

中长期看，我国煤炭产业高质量发展将进入新阶段，呈现开发重心向西部和深部转移、安全和生态约束加大，以及需求先增后稳长期趋降、成本和市场竞争逐步加剧的总体趋势。煤炭产业需筑牢安全发展基础，推动工艺技术创新，全面建设智能煤矿，开拓煤炭产业高质量发展的新局面。

1）安全生产水平全面提升

通过体制建设、科技创新、数字化转型，全面推动煤炭行业安全生产水平提升。一是加强安全治理体系建设。形成行之有效的安全治理体系，增强基础保障能力；落实安全风险分级管控机制，有效管控冲击地压、水、瓦斯、边坡等重大灾害风险，着力推进重大灾害和隐患治理，有效管控安全风险，提高应急救援能力；落实隐患排查预防机制，强化采空区、瓦斯富集区、导水裂隙带等隐蔽致灾因素普查和采掘接续专项监察；全面推动煤矿实现依法合规生产，提高安全治理和防范能力。二是加强重大灾害防控科技创新。加强深部矿井多灾种一体化智能防控、煤矿冲击地压发生机理、大采深矿井煤层底板岩溶发育规律、复杂地质条件下顶板水害形成机理、复杂条件下采掘设备群的协同控制、露天矿滑坡灾害精准化预警以及职业危害接触限值与致病机制等理论研究，加强冲击地压智能预警与共性关键因素防控、隐蔽致灾地质因素瞬变电磁精细探测、深部开采耦合重大灾害防治、重大灾害自动监测预警等核心技术攻关。三是加强数字基础设施建设。煤矿全过程实现智能化运行，井下移动通信网络实现无盲区全覆盖，地面工业园区5G网络全覆盖，固定岗位实现无人值守，危险岗位实施机器人替代，生产过程无人或少人；持续推进煤矿"一优三减"，推进机械化换人、自动化减人、智能化少人；突破一批关键技术和重大装备，提高安全高效生产效率。

2）技术装备水平全面提升

通过基础理论研究、技术装备研发、产业示范应用，全面推动煤炭产业技术装备水平再上新台阶。一是提升关键技术攻关能力。重点突破面向矿井复杂环境的自适应感知、矿山多源异构数据融合及信息动态关联、复杂条件下采掘设备群的协同控制等煤炭开采技术；攻克采掘工作面地质异常体高精度超前探查、煤矿复杂地质构造槽波地震探测等地质保障技术，以及复杂地层大断面斜井盾构机掘进等大型现代化煤矿建矿技术。二是全力推进生产装备高端化。井工矿重点提升采掘装备，露天矿重点升级电铲、卡车，研发应用高可靠性、高安全性、高智能型的煤矿各类装备。三是推广先进采煤工艺技术。积极推广无煤柱回采工艺，实施井工矿柔模混凝土沿空留巷开采、小煤柱沿空掘巷，减少掘进巷道数量，减少设备、人力、电力等投入。推广先进适用的高效采煤技术，重点推广掘支运一体化全断面岩巷掘进、直角拐弯大功率重型刮板输送机、矿用新能源防爆无轨胶轮辅助运输等先进适用技术。研发应用特厚煤层一次采全高智能化综采成套装备技术，提高煤炭资源回收率。

3）智能矿山建设全面推进

以标准引领、信息支撑和技术创新，推动智能矿山建设开创新局面。一是以标准体系为引领，精准谋划智能煤矿建设。建立健全智能煤矿建设、评价、验收规范，完善评价指标，构建分类分级建设标准体系，指导不同条件的煤矿智能化建设。二是以信息技术为基石，夯实煤矿智能建设基础。全面实施煤矿5G、工业互联网、物联网等新型基础设施改造、升级、建设；研发应用高端智能一体管控平台，实现煤炭开采远程操作、智能联动；建设煤矿云计算数据中心，实现生产运营与大数据深度融合。三是以关键技术为抓手，推动关键环节实现智能。着力突破井工矿采煤面精准地质探测、惯导精准定位、自动超前支护、掘进面智能截割、支护及同步作业等关键技术；加快攻克露天矿无人驾驶、智能铲装、远程操控等关键技术；推动煤矿机器人研发应用、基础设施感知能力提升。

3. 节能降碳生态友好型矿区建设步伐加快

建设生态文明是中华民族永续发展的千年大计，一以贯之地建设绿色矿山是煤炭产业深入践行生态文明思想的重要举措。未来一段时期，我国生态文明建设将进入以降碳为重点战略方向的关键时期，煤炭开发作为甲烷的重要排放源，绿色矿山建设任重道远。

1）加快能源节约型矿区建设

一是健全节能减排管理机制。通过明确各煤炭企业节能减排工作任务，建立健全煤矿能耗统计制度，完善能耗在线监测系统，制定年度、月度能耗指标并加强考核，落实相关责任，全面提升煤炭产业节能减排管理水平。二是突破井工矿系统节能改造新技术。全面推广智能节电、节水、节油技术，实施高耗能设备技术改造；通过智能运输系统改造，实现节能降耗和主运输系统无人值守；因矿制宜在掘进工作面应用长距离胶带运输技术，减少胶带运输机等投入，提高运煤效率，节省电力消耗。三是攻克露天矿节能新技术。突破电磁调压、电磁平衡、抑制浪涌、瞬间高压、谐波消除、稳压及智能励磁调压等技术；全面推广矿卡节油技术和燃油添加剂应用，实现矿用节油率显著提升。四是应用选煤厂节能新技术。全面完成洗选驱动电机节能升级改造，实施智能选矸项目，推动智能化、无人化选矸；推广开发智能煤流启停技术，减少带式运输机空载运行时间；节能改造生产车间照明，大幅提高照明能效。

2）加快低碳零碳矿区建设

一是全面实施煤炭生产及辅助环节新能源车替代。在煤炭生产及辅助环节中，推广、应用和示范电动车辆、纯电自卸矿卡、氢能重卡等新能源车辆，开展井下运输车辆新能源汽车替代，推动新能源防爆车辆替代柴油类防爆车，实施生产辅助用车电代油计划。探索混合动力、纯电矿用卡车应用；研发地面车辆氢能改造，采购用于运输的氢燃料电池重卡，配套建设制氢加氢设备。二是推动矿区电能替代及"绿电"使用。探索实施矿区除车辆使用外其他生产及辅助环节电能替代，推动采煤工作面空压机等设备电能驱动代替柴油驱动，以及矿区纯电锅炉、生物质锅炉代替燃煤锅炉等。因地制宜开展抽采瓦斯发电以及风电光伏等"绿电"对矿区外购电力的补充替代。三是因地制宜实施集中供热和绿色供热。积极推进矿区热源清洁化替代，实施矿区集中供热改造，就近引入集中式热源替换燃煤锅炉供热，因地制宜推广新型热管回收矿井乏风余热、天然气锅炉用于风井等用热量较大的分散场所采暖，有效利用矸石电厂热源，实现矿区绿色化供热供暖。

3）加快现代生态文明矿区建设

一是形成煤炭清洁绿色发展新模式。建立生态环境保护管理和监督检查机制以及负面清单制度，推进黑色煤炭绿色开采，科学编制和落实环境质量底线、资源利用上线、生态环保红线和环境准入清单，形成绿色清洁开发标准和生态恢复治理规范。二是打造绿色开采新工艺新技术。积极推进开拓开采方法技术革新，加强生态环境低扰动绿色开采技术研发应用；推广应用无煤柱开采、充填开采、保水开采、精采细采工艺；推广应用纯水液压支架、煤矸石井下回填、地下水库等成熟技术。探索智能连采连充工艺、端帮采煤、废水零排、固废高效充填、井下煤泥复用等技术，以及煤矿塌陷区治理、提升、重构新技术。

（三）减碳进程中煤炭产业转型模式趋向多元

1. 单一开发向综合开发转型，逐步构建多元化、立体化开发模式

资源节约是我国基本国策。煤炭形成过程复杂，在特殊地质和地球化学条件影响下可富集战略性矿产，且在丰度上能和传统矿床类型相当，在规模上可形成大型、超大型乃至异常超大型矿床。我国煤炭资源富含大量共伴生矿产资源，其中不乏关键金属矿产资源，煤与煤系关键金属矿产的主要组合类型有煤–锂、煤–锗、煤–镓、煤–铀，以及煤–铌–锆–镓–稀土等。尽管我国煤系共伴生资源储量大、种类多，但长期以来煤系共伴生资源开发种类单一、效率不高，导致资源严重浪费并带来生态环境问题。与此同时，

能源低碳转型步伐加快，推动清洁能源关键矿产需求大幅增长，而我国诸多关键矿产高度依赖进口，在关键矿产地缘局限性日益突出的背景下，亟须加强清洁能源关键矿产供应链安全。构建煤炭矿区多元化立体化开发模式，加强煤系共伴生资源综合开发利用，有助于增强低碳转型进程中清洁能源关键矿产的自主供应能力，是未来能源资源加工利用的重大需求。

中长期看，煤炭产业将聚焦共伴生资源优势向集群经济优势转变，逐步形成与区域经济一体化、系统化、协调化的立体多元矿区开发模式（图15-5）。一是在矿区资源开发层面，探索矿集区和矿种联合开发利用模式，建立多矿集区、多矿种协同勘查开发体系，实施煤炭与共伴生资源综合勘查、系统规划、一体化设计、协调开采，逐步替代单矿种或多矿种重复勘查开发的传统模式，提高多种矿产资源综合回收率，提升资源开发集约化效益，促进矿区高质量发展。二是在矿区资源利用层面，结合煤炭及共伴生资源的协同开发，推进煤炭原位转化、就地转化，煤炭与共伴生资源综合利用，提升高附加值产品输出，促进煤矿区资源一体化开发利用。三是在矿区与区域经济一体化发展层面，将立足区域资源禀赋、区位优势、产业布局，发挥煤炭产业基础带动作用和煤基能源产业链条辐射能力，规划布局与既有产业互补的新型主导产业集群，构建经济新增长极，推进煤炭开发利用与区域经济一体化发展，并按照因地制宜、因矿施策的原则，利用退出煤矿建设湿地公园、生态公园、工业旅游和工业遗址，构建废弃煤矿+旅游产品开发模式、废弃煤矿+旅游产业融合开发模式、废弃煤矿+旅游区域协同开发模式。

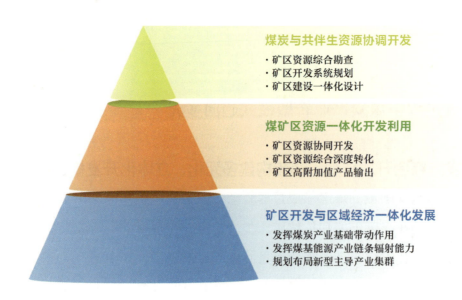

图15-5　立体化、多元化现代矿区模式

2. 单向发展向协同发展转型，逐步构建煤基多能互补开发模式

党的二十大报告提出，"加快规划建设新型能源体系"[①]。习近平总书记在四川考察时强调"要科学规划建设新型能源体系，促进水风光氢天然气等多能互补发展"[②]，为新时代能源产业转型升级和推进能源体系高质量发展指明了方向，提供了根本遵循。立足我国以煤为主的能源资源禀赋，新型能源体系建设既要加大煤炭清洁高效利用保障国家能源安全，又要着力推动煤炭和新能源深度融合发展，构建煤基多能互补开发模式，实现单向发展向协同发展转型。

从中长期看，煤基多能互补开发模式（图15-6）将立足煤矿开发全生命周期各个阶段，最大限度促进煤炭与其他能源互补开发和利用。该发展模式重视煤炭资源勘探、多类能源统筹开发和对废弃矿井的利用。建矿阶段综合风光资源一体规划开发；开发阶段通过化学转化、电力、热力等多种方式实现煤基能源技术新要素（煤炭开发、原位转化、清洁煤电、现代煤化工）与新能源新业态要素（地上风光、地热、微电网等）深度耦合；采后利用采空区布局抽水蓄能、重力储能、压缩空气储能等工程，系统构建以煤为基，油气化电氢储多能互补的现代矿区，实现缓解油气能源危机、推广低碳能源、减轻地质破坏、减少环境污染、促进清洁利用、延长矿区生命周期、降低用电成本、降低碳排放等，从本质上改变煤炭"高碳能源"的特质。

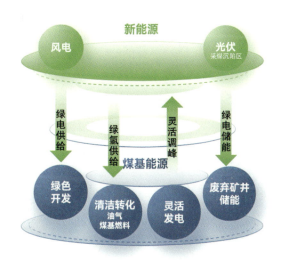

图15-6　全生命周期煤基多能互补矿区模式

①　《高举中国特色社会主义伟大旗帜 为全面建设社会主义现代化国家而团结奋斗——在中国共产党第二十次全国代表大会上的报告》，https://www.gov.cn/xinwen/2022-10/25/content_5721685.htm，2024 年 6 月 1 日。

②　《习近平在四川考察时强调 推动新时代治蜀兴川再上新台阶 奋力谱写中国式现代化四川新篇章 返京途中在陕西汉中考察》，https://www.gov.cn/yaowen/liebiao/202307/content_6895414.htm，2024 年 6 月 1 日。

煤基多能互补开发模式将通过多种形式得以实现。一是煤炭与新能源融合发展。以矿区多元能源系统构建推动煤炭与新能源优化组合，依托矿区排土场、沉陷区等土地资源以及资金、人员等优势，大力发展光伏、风电、光热、地热以及瓦斯发电等，发挥煤电灵活性调峰作用，提高矿区及周边可再生能源消费比重，减少弃风、弃光等，促进可再生能源发电更多实现就地就近消纳，打造"风光火储一体化""源网荷储一体化"开发模式。二是矿区光伏+农牧渔一体化发展。在煤矿区因地制宜布局建设集中式光伏发电项目基础上，根据地理环境特性，按照"宜农则农、宜牧则牧、宜渔则渔"的原则，培育农业、牧业、渔业并开展生态治理工程，打造矿区光伏+农牧渔一体化模式，促进闲置土地资源综合利用。三是基于废弃矿井的新型综合储能发展。废弃煤矿的井下巨大采空区具有发展储能的得天独厚优势，利用采空区布局建设储能，通过削峰填谷可有效缓解煤矿区新能源发电的间歇性、波动性问题，是构建地面–井下一体化的煤油气化电氢储多能互补开发模式的重要方式，主要形式有重力储能、抽水蓄能等。

3. 高碳资源向低碳资源转型，逐步构建一体化碳循环开发模式

"双碳"目标下，我国经济社会发展面临着碳排放的刚性约束，实现绿色低碳转型迫在眉睫。煤炭作为我国的主体能源和主要碳排放源，肩负着保障国家能源安全和实现碳中和目标的双重重任。煤基产业碳排放总量高，推动煤矿区构建一体化碳循环开发模式，实现煤炭由高碳资源向低碳资源转型，是保障能源安全兼顾碳中和可实现的路径。

从中长期看，一体化碳循环矿区开发模式，将变革煤炭开发"采炭"、煤炭利用"排碳"的单向碳足迹，打造"采""排""捕""输""用""固""储"全生命碳足迹的一体化碳循环矿区（图15-7）。一体化碳循环矿区发展模式聚焦煤炭智能开采推动"低碳"、高效利用助力"减碳"、新能源耦合转化驱动"替碳"、碳基材料生产形成"用碳"、矿区生态修复发挥"储碳"、矿区管道和一体化通道实现"输碳"、CCS（carbon capture and storage，碳捕集与封存）形成"捕碳"和"固碳"八个维度，打造煤炭开发、利用、转化、碳捕集、碳运输、碳封存的封闭碳循环一体化产业链，全面推动煤炭清洁高效利用技术革命。

一体化碳循环矿区开发模式将通过多种形式得以实现。一是CCUS规模化示范向产业化布局演进。建设百万吨级CCUS全链条集成示范工程，并积极探索万吨级规模的化工与生物利用中试，加大开展工业规模级驱水封存示范。围绕鄂尔多斯盆地、准噶尔盆地等煤基产业基础和CCUS源汇匹配条件好的区域，实施CCUS产业化、商业化推广应用和区域一体化布局。并以CCUS技术为链接，推动煤基能源与新能源优化组合，建成以

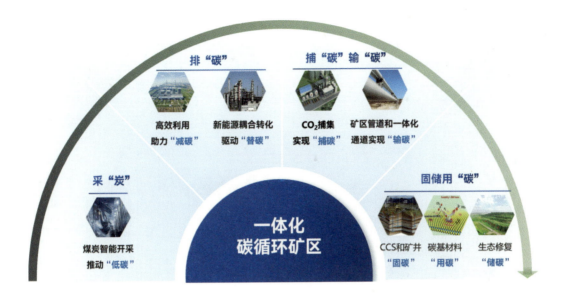

图15-7　一体化碳循环矿区模式

区域规模化CCUS为枢纽的多能优化互补、产业深度耦合、低成本规模化碳减排的新型能源化工基地。二是提升矿区生态碳汇。碳中和目标下，矿区将充分发挥土地资源优势，通过土壤重构、植被重建等技术手段，建设生态碳汇林、生态经济林等，利用煤矿区植被和土壤的固碳作用，提升矿区生态碳汇能力。三是探索煤矿开采扰动空间碳封存。煤炭资源开采过程中形成了大面积含有垮落带、裂隙带等的地下采空区，若能充分发挥煤矿采空区的特点，科学论证开采扰动空间CO_2高效封存的地质条件，开展适宜于CO_2封存的煤矿开采区地质选址，建设封存工程项目，即可实现"煤炭从哪儿来，煤炭利用产生的固废和CO_2回到哪儿去"的可持续发展目标，具有广阔的应用前景。

第五篇

煤电产业专篇

十六、煤电产业发展现状

"双碳"目标背景下，我国新能源倍增式发展。中国电力企业联合会（简称中电联）预计，2024年新能源发电累计装机规模将首次超过煤电装机，2024年底预计达到13亿千瓦左右，占总装机比重上升至40%左右。新能源大比例集群并网、高渗透分散接入屡创新高，煤电产业既要全面支撑构建清洁低碳、安全充裕、经济高效、供需协同、灵活智能的新型电力系统，又要充分发挥存量资产价值和能源电力兜底保障作用。近年来我国煤电行业取得了长足发展，煤电节能与污染物排放控制、资源综合利用已经达到了世界先进水平，部分领域甚至已经达到了世界领先水平。煤电充分发挥了电力热力供应保障、支撑大电网安全运行、服务新能源快速发展、促进区域经济发展和人民生活水平不断提升等重要作用。

（一）发电量和装机持续增长，兜底保供作用越发凸显

装机容量有序增长，占比持续下降。截至2023年底，全国火电装机容量13.9亿千瓦，较2013年增长5.3亿千瓦，年均增速4.9%（图16-1）。其中，煤电占全国电源总装机比重持续下降，由2013年的63.4%降至2023年的39.9%，装机占比首次跌破40%；气电装机占比稳中有升，由2013年的3.5%增至2023年的4.4%。煤电装机容量稳步增长，2013—2023年煤电装机年均增速约3.9%。气电因为在清洁、高效、低碳、灵活性等方面均具有显著优势，越来越受各方关注，装机容量快速增长，2013—2023年气电装机年均增速超过11.0%。

发电量持续增长，占比稳中有降。2023年全国火电发电量61 019亿千瓦·时，较2013年增长18 548亿千瓦·时，年均增速3.7%（图16-2）。其中，煤电发电量占全国总发电量比重持续下降，2023年煤电发电量占全国总发电量的57.9%，较2013年下降15.7个百分点。随着新能源发电量的快速增长，全国煤电平均利用小时数由高点的6000小时左右下降至4500小时左右，下降幅度达到25%（图16-3）。受气电调节型电源发展定位、气源和气价不确定性因素的综合影响，全国气电利用小时数长期处于低位区间，2013—2023年保持在2300—2700小时；气电发电量占比稳中有升，从2013年的2.1%提高至2023年的3.2%。

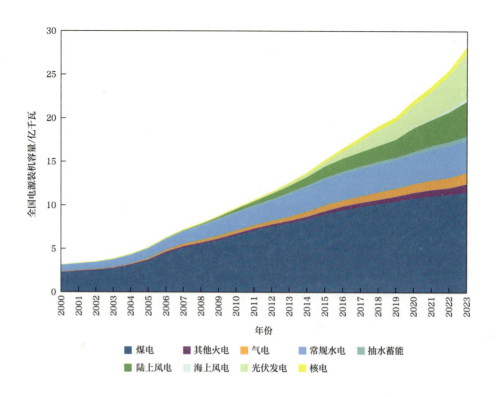

图16-1　全国电源装机结构变化趋势（2000—2023年）

资料来源：中电联，埃信华迈（IHS Markit）

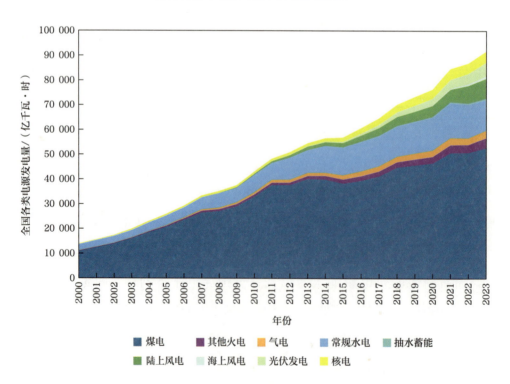

图16-2　全国发电量结构变化趋势（2000—2023年）

资料来源：中电联，埃信华迈

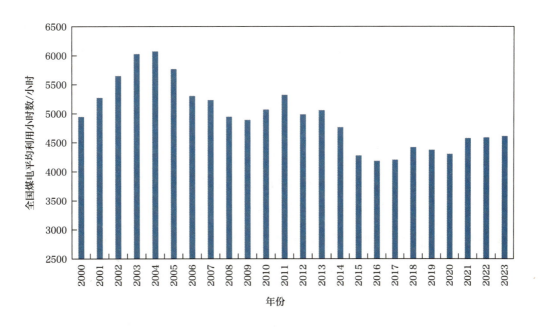

图16-3　全国煤电平均利用小时数变化趋势（2000—2023年）

资料来源：中电联，埃信华迈

供热煤电装机占比持续提升。近年来，为解决我国城市和工业园区供热结构不合理、热电供需矛盾突出、热源能效低、污染重等问题，我国加快推动热电联产机组发展和存量煤电机组供热改造，供热煤电装机规模和占比持续提升。2022年全国供热煤电装机规模5.92亿千瓦，装机占比由2015年的41.5%提升至2022年的52.7%（图16-4）。

图16-4　全国供热煤电机组装机及占比

资料来源：中电联

兜底保供作用越发凸显。据中电联发布的统计数据，受夏季高温枯水、冬季寒潮冰冻等多重因素的影响，2023年全国最大用电负荷达到13.4亿千瓦，30个省级电网负荷创历史新高；叠加装机容量占比36%的风电、光伏等新能源大规模集群并网、高渗透分散接入等因素推动，全国最大用电负荷峰谷差率约25%，负荷峰谷差调峰需求约占总需求的2/3。

受风电、光伏等新能源发展较快的影响，叠加特高压大通道和配套支撑性煤电建设进度滞后，近两年部分地区弃风弃光问题依然严峻。青海、西藏、新疆、内蒙古等新能源装机占比较大的地区均出现过因调峰资源不足被迫弃风、弃光的情形。据全国新能源消纳监测预警中心的统计数据，2023年全国弃风率为2.7%，弃光率为2.0%，其中，蒙西、青海和甘肃弃风率分别为6.8%、5.8%和5.0%，青海、西藏弃光率分别高达8.6%和22.0%。同常规水电、抽水蓄能、气电和化学储能等灵活性调节资源相比，煤电目前是我国最经济、最稳定、最可靠的灵活性调节电源。2023年全国日调度发电量三创历史新高，最高达到301.71亿千瓦·时，较2022年峰值高出15.11亿千瓦·时；全国最高用电负荷两创历史新高，最高达到13.39亿千瓦，较2022年峰值高出4950万千瓦。煤电以不足40%的装机占比，满足了全国近60%的用电需求，承担了全国超70%的顶峰任务，充分发挥了兜底保障我国电力系统安全稳定的"顶梁柱"作用。2023年全国1—12月发电量统计见图16-5。

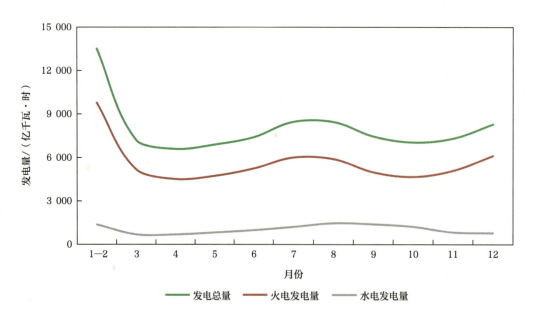

图16-5　2023年全国1—12月发电量统计

资料来源：中电联

热力供应保障作用显著。根据《2022年城市建设统计年鉴》发布的数据，截至2022年底，全国共有166个地级及以上行政区中心城区已开通集中供暖，供热管线总长493 417公里，合计供热面积111.25亿平方米，其中北方地区清洁采暖面积超84.0亿平方米。2022年全国热水供热能力600 194兆瓦，热水供热总量361 226万吉焦。其中，热电联产供热能力310 271兆瓦，锅炉房供热能力216 857兆瓦；热电联产供热总量207 305万吉焦，锅炉房供热总量121 275万吉焦，热电联产满足全国近60%的集中供暖。2022年全国蒸汽供热能力125 543吨/小时，蒸汽供热总量67 113万吉焦。其中，热电联产供热能力114 317吨/小时，锅炉房供热能力8606吨/小时；热电联产供热总量62 158万吉焦，锅炉房供热总量4450万吉焦，热电联产满足全国超90%的蒸汽供热。

（二）装机结构持续优化，清洁高效生产水平不断提升

供电煤耗持续下降。全国煤电淘汰落后产能成效显著，机组结构持续优化，超临界、超超临界机组比例明显提高，供电煤耗持续保持世界先进水平。截至2023年底，全国100万千瓦等级煤电机组194台，装机约1.97亿千瓦，装机占比16.7%；60万千瓦等级煤电机组704台，装机约4.48亿千瓦，装机占比38.0%。2023年，超（超）临界煤电机组约1050台，装机容量约6.57亿千瓦，装机占比55.6%。2023年，全国火电平均供电煤耗降至302.0克/（千瓦·时），较2013年约降低19克/（千瓦·时）（图16-6）。

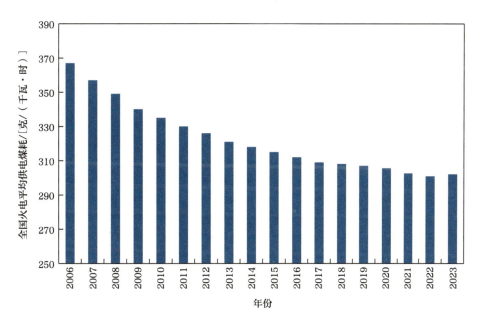

图16-6　全国火电平均供电煤耗

资料来源：中电联

平均厂用电率稳步下降。近年来，随着我国燃煤发电技术不断提升，自动化水平不断提高，煤电平均厂用电率稳步下降。2022年全国火电平均厂用电率低至5.78%（图16-7），较2012年降低0.3个百分点。

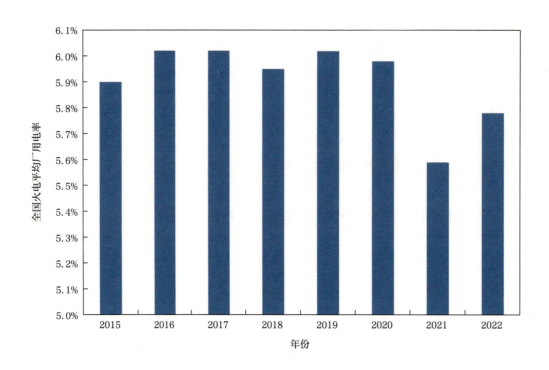

图16-7　全国火电平均厂用电率

资料来源：中电联

绿色低碳转型成效显著。"十三五"以来，我国电力行业碳排放占能源活动碳排放的40%左右，增速稳中有降。"十三五"期间，全国电力碳排放总量持续增长。2020年我国能源活动碳排放结构中，电力行业、工业行业、交通和其他行业碳排放占比分别为44%、40%、16%，其中电力碳排放总量约43.1亿吨。2021年我国电力碳排放总量约46.9亿吨，2022年约47.9亿吨，2023年约49.6亿吨。可以看到，我国电力碳排放总量增速由2017年的8.9%下降到2023年的3.7%（图16-8）。

单位火电发电量碳排放快速下降。"十三五"期间，煤电淘汰落后产能成效显著，累计关停落后煤电机组超过3000万千瓦，节能改造"提速扩围"，煤电机组节能改造规模累计超过8亿千瓦。2021—2022年，煤电机组节能改造规模累计超过1.52亿千瓦。2022年全国单位火电发电量碳排放为824克/（千瓦·时）（图16-9），比2005年降低21.0%。

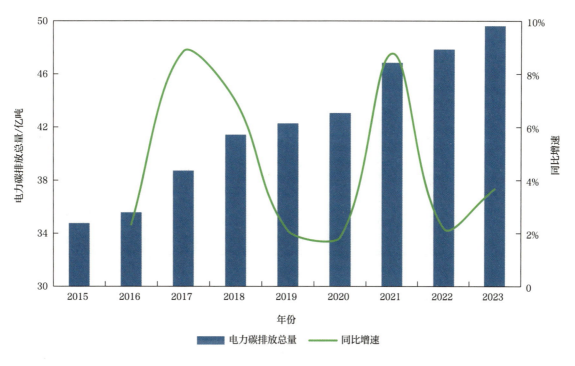

图16-8　全国电力碳排放情况

资料来源：IEA（International Energy Agency，国际能源署）

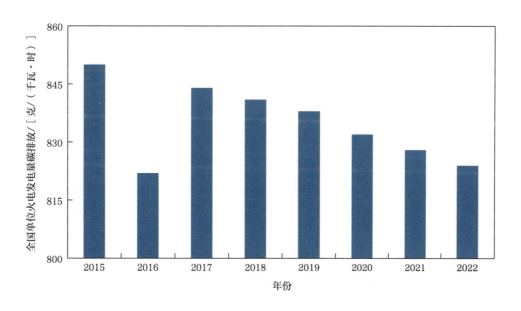

图16-9　全国单位火电发电量碳排放变化趋势

单位发电量耗水量持续下降。近年来，随着火电结构持续优化和节水技术的推广，单位发电量耗水量持续下降。2022年全国火电单位发电量耗水量为1.17千克/（千瓦·时），较2015年降低0.23千克/（千瓦·时）（图16-10）。

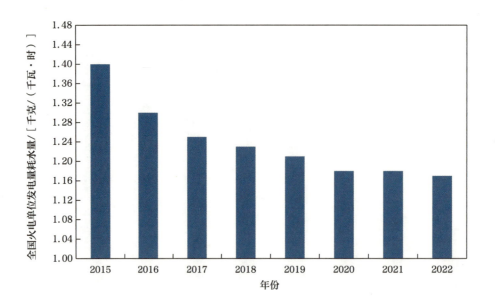

图16-10　全国火电单位发电量耗水量

资料来源：中电联

　　节能减排成效显著，主要污染物排放大幅下降。2022年全国火电烟尘排放总量为9.9万吨，较2015年降低75.25%，单位火电烟尘排放量为0.017克/（千瓦·时），较2015年降低0.073克/（千瓦·时）（图16-11）。

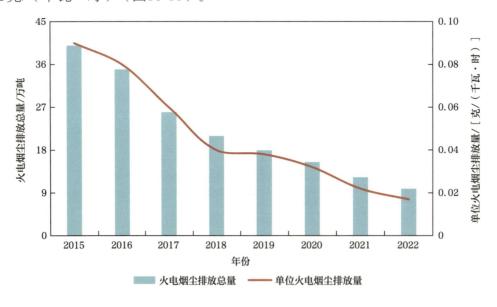

图16-11　全国火电烟尘排放量

资料来源：中电联

　　2022年全国火电二氧化硫排放总量为47.6万吨，较2015年降低76.20%，单位火电二氧化硫排放量为0.083克/（千瓦·时），较2015年降低0.387克/（千瓦·时）（图16-12）。

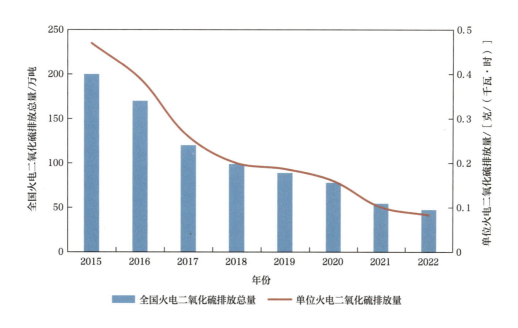

图16-12　全国火电二氧化硫排放量

资料来源：中电联

2022年全国火电氮氧化物排放总量为76.2万吨，较2015年降低57.47%，单位火电氮氧化物排放量为0.13克/（千瓦·时），较2015年降低0.30克/（千瓦·时）（图16-13）。

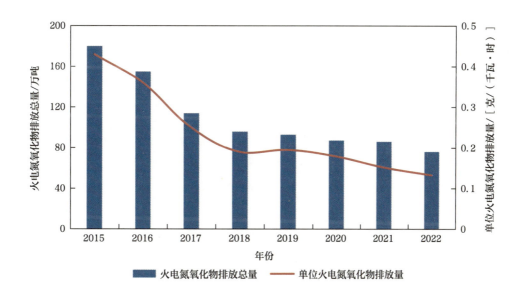

图16-13　全国火电氮氧化物排放量

资料来源：中电联

2022年全国单位火电发电量废水排放量为50克/（千瓦·时），较2015年降低20克/（千瓦·时）（图16-14）。

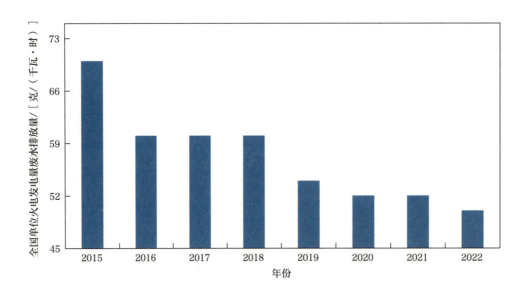

图16-14　全国单位火电发电量废水排放量

资料来源：中电联

　　固废产量快速增长，综合利用量稳步提升。资源化是当前火电厂固体废物综合利用的重要方式，2022年全国火电厂粉煤灰生产量为6.43亿吨、利用量为4.35亿吨，较2015年分别增加1.43亿吨、0.85亿吨。近年来，受房地产市场疲软、疫情等多方面因素的影响，粉煤灰综合利用率略有下降，已由2015年的70%降低至2022年的68%（图16-15）。

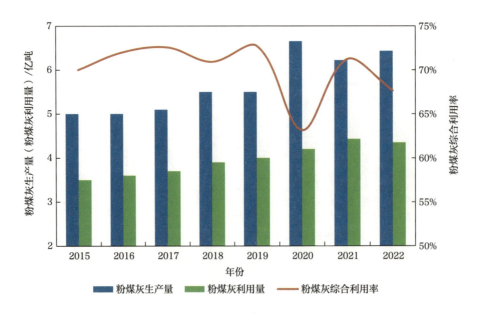

图16-15　全国火电厂粉煤灰生产与利用情况

资料来源：中电联

2022年全国火电厂脱硫石膏生产量为9490万吨、利用量为6650万吨，较2015年分别增加2335万吨、1400万吨。近年来，受基础设施建设增速放缓、疫情等多方面因素的影响，脱硫石膏综合利用率略有下降，已由2015年的73%降低至2022年的70%（图16-16）。

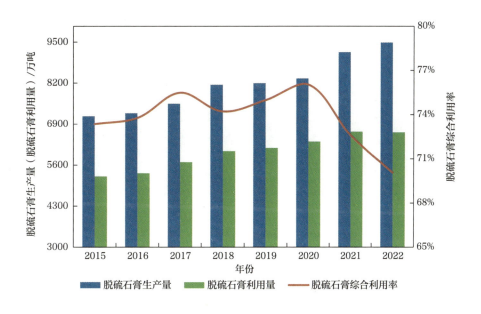

图16-16　全国火电厂脱硫石膏生产与利用情况

资料来源：中电联

（三）机组服役年限整体较短，可靠性水平稳步提升

机组服役年限整体较短。根据美国能源信息署的统计数据，2002—2021年，美国共计退役100吉瓦的煤电机组，退役机组平均服役时间为52年。美国现役煤电机组平均服役时间为45年。欧洲国家服役30年以上机组占比最大，部分国家服役30—60年的煤电机组占比甚至达到90%以上。我国现役煤电机组平均服役时间约12年，其中约5.3亿千瓦的煤电机组服役时间不足10年，另有约4.3亿千瓦机组服役时间在10—20年，服役时间超过20年的机组约1亿千瓦，服役时间超过30年的容量占比不足1.1%。

机组可靠性水平稳步提升。煤电可靠性指标总体维持较高水平，非计划停运次数显著下降，运行系数稳步提升。2015—2022年，煤电机组可靠性总体维持在较高水平。2022年，运行系数为78.85%，较2015年提升7.55个百分点；等效可用系数为91.50%，同2015年基本持平；非计划停运次数为0.15次/（台·年），较2015年减少0.19次/（台·年）

（图16-17）。机组运行的可靠性与主辅机自身性能、电厂的运行维护与管理水平密切相关，其中不少服役年限长的机组运行可靠性水平优于服役年限短的机组。

图16-17　全国煤电主要运行可靠性指标

资料来源：中电联

（四）灵活性改造有序推进，支撑新能源快速发展

政策机制持续加码。2021年以来，国家相继出台了《关于推进电力源网荷储一体化和多能互补发展的指导意见》（发改能源规〔2021〕280号）、《关于开展全国煤电机组改造升级的通知》（发改运行〔2021〕1519号）、《关于促进新时代新能源高质量发展的实施方案》（国办函〔2022〕39号）、《关于加强新形势下电力系统稳定工作的指导意见》（发改能源〔2023〕1294号）等一系列政策文件，提出"十四五"期间力争完成灵活调峰改造2亿千瓦，增加系统调节能力3000万—4000万千瓦；要求完善调峰调频电源补偿机制，加大煤电机组灵活性改造，全面提升电力系统调节能力和灵活性；支持退役火电机组转应急备用和调相功能改造，不断提高机组涉网性能，满足电网安全稳定运行、电力保供和新能源消纳要求。

煤电灵活性改造加快推进。"十三五"期间，我国启动全面推进煤电灵活性提升工作，2016年通过22个、总容量约1700万千瓦的煤电灵活性改造试点项目进行了多种改造技术路线的有效探索，实现了热电机组的热电解耦、纯凝机组深度调峰等，为后续煤电灵活性提升积累了宝贵的经验。2021—2022年，已累计完成全国煤电灵活性改造1.88亿千瓦，部分30万千瓦及以上机组可实现调峰深度至20%—30%。此外，随着储能技术快速发展，多个火电厂通过煤电+储能系统联合调峰调频展示出良好的综合调节性能。

（五）煤电经营持续承压，行业纾困转型亟须加快

煤电企业经营形势严峻。近年来，受上游燃料价格持续高位运行、新能源渗透率逐年攀升等的影响，叠加供给侧结构性改革、"双控"政策等的不断深入，主要发电企业煤电经营形势严峻。为此，2021年以来，国家发展和改革委员会、国家能源局相继出台了《关于进一步深化燃煤发电上网电价市场化改革的通知》（发改价格〔2021〕1439号）、《关于进一步完善煤炭市场价格形成机制的通知》（发改价格〔2022〕303号）、《关于建立煤电容量电价机制的通知》（发改价格〔2023〕1501号）、《关于建立健全电力辅助服务市场价格机制的通知》（发改价格〔2024〕196号）等系列政策文件，明确燃煤发电电量原则上全部进入电力市场，通过市场交易在"基准价+上下浮动"范围内形成上网电价；燃煤发电市场交易价格浮动范围由现行的上浮不超过10%、下浮原则上不超过15%，扩大为上下浮动原则上均不超过20%，高耗能企业市场交易电价不受上浮20%限制，电力现货价格不受上述幅度限制；提出综合运用市场化、法治化手段，引导动力煤价格在合理区间运行，完善煤、电价格传导机制，保障能源安全稳定供应；将现行煤电单一制电价调整为两部制电价，其中容量电价水平根据转型进度等实际情况合理确定并逐步调整，充分体现煤电对电力系统的支撑调节价值，确保煤电行业持续健康运行；持续推进电力辅助服务市场建设，科学确定辅助服务市场需求，合理设置有偿辅助服务品种，规范辅助服务计价等市场规则；持续完善辅助服务价格的形成机制，推动辅助服务费用规范有序传导分担，充分调动灵活调节资源参与系统调节积极性。

2022年以来主要发电企业煤电经营继续承压。受俄乌冲突影响，国际能源价格高位波动，叠加国内煤炭消费需求反弹，2022年，5500大卡现货成交价平均为1256元/吨，同比上涨249元/吨；5500大卡综合价平均为883元/吨，同比上涨24元/吨。2022年五大发电集团全年火电业务经营总额亏损803亿元，煤电业务经营总额亏损898亿元；其他14家大型发电企业全年火电业务经营总额亏损130亿元，煤电业务经营总额亏损153亿元。2023年五大发电集团盈利307亿元，煤电行业整体实现扭亏，但仍未从根本上摆脱困境，煤电企业

亏损面仍有45%。

（六）科技创新力度持续增强，绿色低碳技术不断突破

煤电CCUS技术不断取得新突破。近年来，结合煤基产业链特点，国内企业和研究机构部署开展了一系列低碳技术研发和示范项目，煤电低碳技术不断取得新突破。国家能源集团锦界公司15万吨/年二氧化碳捕集封存全流程示范项目于2021年6月全流程贯通并顺利通过了168小时试运行，是国内首次开展改性塑料填料、超重力反应器和高效全焊接板式换热器等碳捕集技术研究和工业示范，打通了国内燃煤电厂二氧化碳规模化捕集的技术瓶颈，起到示范、引领作用。国家能源集团江苏泰州电厂围绕毗邻的泰兴经济开发区产业结构特点，实施了50万吨/年二氧化碳捕集与资源化能源化利用技术研究及示范项目，开展了二氧化碳多途径利用技术研究，全力打造了全球首个以碳循环为核心的"火电企业—工业园区"绿色循环经济体系。国家能源集团国电电力大同公司牵头实施的国内首套燃煤电厂二氧化碳化学链矿化利用示范工程，利用工业固体废弃物电石渣，将火电厂烟气中的二氧化碳无须提纯直接固化为具有经济价值的微米碳酸钙，年二氧化碳处理能力可达1000吨。

煤电零碳燃料掺烧技术进入工业示范阶段。2022年以来，煤电零碳燃料掺烧技术不断取得新进展，成功由小规模试验阶段进入工业示范阶段。烟台龙源电力技术股份有限公司首次实现40兆瓦等级燃煤锅炉氨混燃比例为35%的中试验证，工业尺度试验验证了燃煤锅炉氨煤混合燃烧技术的可行性，为我国燃煤机组实现二氧化碳减排提供了极具潜力的技术发展方向。我国火电厂首个掺氨燃烧示范重大项目——皖能铜陵发电有限公司300兆瓦火电机组氨能掺烧发电项目，实现了多工况负荷下掺氨10%—35%平稳运行，标志着我国燃煤机组大比例掺氨清洁高效燃烧技术领先国际同行，达到国际领先水平，并率先进入工业应用阶段。国家能源集团广东台山电厂在600兆瓦燃煤发电机组上成功实施高负荷工况下煤炭掺氨燃烧试验，是当前国内外完成掺氨燃烧试验验证的容量最大的机组。

（七）空间布局更加合理，有效保障重点区域电力电量需求

中东部负荷中心部署保供煤电。2022年全年，全国新增核准保供煤电容量超过1亿千瓦，新增投产煤电2620万千瓦。从地域分布看，新增核准煤电目前主要集中在广东、

江苏、安徽、江西、广西、浙江、河北、湖北、新疆、贵州等（表16-1）。2023年全年，全国新增核准保供煤电容量保持在1亿千瓦左右。新增投产煤电4700万千瓦左右。

表16-1　2022—2023年全国重点区域新增核准煤电列表

省（自治区、直辖市）	2023年 全社会用电量/（亿千瓦·时）	2023年 火电装机容量/万千瓦	2022年 新增核准煤电/万千瓦	2023年 新增核准煤电/万千瓦
广东	8 502	11 629	1 918	600
江苏	7 833	10 748	1 212	1 130
安徽	3 214	6 071	960	664
湖北	2 706	3 998	532	699
广西	2 449	2 819	794	
浙江	6 192	6 794	732	632
江西	2 026	2 994	800	200
河北	4 757	5 571	606	771
福建	3 090	3 717	198	
贵州	1 783	3 818	396	132
内蒙古	4 823	11 829	272	772
新疆	3 821	7 199	510	660
河南	4 090	7 402	732	
湖南	2 277	2 895		270
甘肃	1 645	2 525	400	
陕西	2 450	5 676	266	1 466
宁夏	1 387	3 313		464
山东	7 966	11 798		784
山西	2 885	8 011		400
云南	2 513	1 416	70	70
黑龙江	1 184	2 557		132
上海	1 849	2 557		200
青海	1 018	397		132
四川	3 711	1 845		200
重庆	1 453	1 765		210
天津	1 051	1 907	132	

资料来源：2022年、2023年新增核准煤电数据是根据相关网站信息整理

沙漠、戈壁、荒漠等新能源规模外送基地配套调峰煤电。2022年2月，国家发展和改革委员会、国家能源局印发《以沙漠、戈壁、荒漠地区为重点的大型风电光伏基地规划布局方案》，计划以库布齐、乌兰布和、腾格里、巴丹吉林沙漠为重点，以其他沙漠和戈壁地区为补充，综合考虑采煤沉陷区，到2030年规划建设风光基地总装机约4.55亿千瓦，其中库布齐、乌兰布和、腾格里、巴丹吉林沙漠基地规划装机2.84亿千瓦，采煤沉陷区规划装机0.37亿千瓦，其他沙漠和戈壁地区规划装机1.34亿千瓦。截至2023年12月底，我国直流特高压通道共有21条投入使用、5条在建、10条规划，共计配套装机16 571万千瓦，其中风电5320万千瓦，光伏5575万千瓦，储能150万千瓦、2小时时长，光热30万千瓦，卡诺电池20万千瓦，调峰煤电5476万千瓦。

十七、煤电产业近中期发展趋势

（一）煤电产业"十四五"发展趋势

"十四五"前期，煤电在支撑新能源规模并网、保障能源电力供应安全等方面发挥关键作用，同时为进一步夯实电力供给基础，2022年以来重点区域集中规划布局一批增量煤电。"十四五"后期，全国范围内将加快推进基础保障性和系统调节性煤电建设，深入实施存量综合升级改造，巩固提升安全治理水平，进一步增强电力供应保障力。

1. 装机规模

煤电规模稳定增长，结构布局持续优化。"十四五"期间，全国煤电持续发挥能源电力供应兜底保供作用。截至2023年底，全国煤电装机容量11.65亿千瓦，装机占比39.9%，煤电发电量5.38万亿千瓦·时，电量占比57.9%，新增核准煤电规模超2亿千瓦。①能源保供形势下，全国范围内一批煤电项目集中核准，据课题组不完全统计，2021—2023年全国核准煤电容量2.2亿千瓦左右，2022年和2023年核准煤电规模均突破1亿千瓦。增量煤电以大容量、高参数机组为主，其中60万千瓦级和百万千瓦级煤电装机占比接近90%，除30万千瓦级热电联产外选型均为超（超）临界机组。②截至2023年底，在建煤电规模超1.5亿千瓦。根据中国煤炭运销协会统计数据，截至2023年底全国已核准的在建和拟建煤电规模约3亿千瓦（含"十四五"以前核准容量），其中半数项目已开工建设。预计到2025年，全国煤电装机将达到13亿千瓦左右；全国气电装机将达到1.4亿—1.5亿千瓦，较2020年增加4000万—5000万千瓦。③增量煤电以安全保供和基地调节电源为主。"十四五"增量煤电主要集中在大型清洁能源外送基地和东中南部负荷中心，旨在提升区域可再生能源消纳水平、缓解局部供电紧张形势，煤电机组功能性愈发凸显。"十四五"中后期，随着各地能源保供电源项目建设投产、新增新能源规模并网、新增跨区输电通道布局及现有通道利用率提升，多数地区供需紧张状况将得到缓解。预计到2025年，江苏、浙江、新疆电力供需仍相对紧张，其余地区基本供需平衡，东三省、华中地区、甘肃、广西等地较宽松。

2. 发展环境

存量改造深入实施，"煤电+"多元发展。能源转型背景下，煤电产业既要全面支撑构建新型电力系统，又要充分发挥存量资产价值和能源电力兜底保障作用，积极适应新定位、提升新功能、拓展新模式。①煤电"三改联动"加快推进。国家发展和改革委员会、国家能源局《关于开展全国煤电机组改造升级的通知》（发改运行〔2021〕1519号）实施以来，煤电机组改造投入力度加大、进度加快。"十四五"前两年，煤电"三改联动"改造规模合计超过4.85亿千瓦，完成"十四五"预期目标约81%，其中节能降碳改造1.52亿千瓦、灵活性改造1.88亿千瓦、供热改造1.45亿千瓦。②综合能源服务加速发展。煤电企业依托机组供电供热基础和专业服务优势，结合地方禀赋及区域发展需求，在向周边城市、乡村、大型工业园供给"电、热、冷、汽、水、氢"等综合能源的同时，利用燃煤锅炉的高效燃烧，消纳周边各类生产生活固体废弃物，满足城镇民生高品质生活和企业可持续发展需求。

碳排放约束日益增强，控排减碳压力上升。"十四五"前期我国碳市场运行稳定有序后，发电企业碳排放配额将逐步收紧，推高火电生产经营成本。截至2023年底，全国碳市场线上、线下累计成交碳配额4.42亿吨，综合成交均价为56.43元/吨。全国碳市场首个履约期配额分配较为宽松，盈余接近7%，2022年履约期对各类火电机组碳排放基准值进行下调，适度收紧了碳配额发放规模，30万千瓦等级以上、30万千瓦等级及以下常规煤电机组碳排放基准值分别下调至817.7克/（千瓦·时）、872.9克/（千瓦·时），相较于首个履约期分别下降59.3克/（千瓦·时）、106.1克/（千瓦·时），配额供需转向紧平衡，其中低效小容量机组基准值降幅最大，履约难度增加，碳配额购置的覆盖面和总成本增大。尤其是在煤电机组变工况与低负荷下，各参数偏离设计工况，导致供电煤耗大幅升高，免费碳配额难以完全覆盖机组发电供热碳排放，企业新增配额购置成本，或需加大降碳技术改造投入。

煤电企业营收重构，运行要求严苛复杂。新型电力系统下，煤电机组需要承担更多的系统支撑调节功能，企业生产经营和安全管理面临诸多挑战。尤其是2024年起煤电容量电价政策的实施，是对煤电收益的结构性调整，要求其更稳定地发挥容量支撑作用，并对煤电固定成本部分进行补偿。煤电机组常态化调峰运行，出现降负荷、停备消缺、环保事件，甚至强停和非停事故可能性增大，此外空冷机组背压设计偏高、褐煤锅炉排烟温度偏高、燃用煤质偏离设计煤种等问题也会影响机组出力，容量电价是否能够全额获取存在不确定性。

（二）煤电产业"十五五""十六五"发展趋势

2035年以前，煤电仍将在全国电力系统中发挥主力电源的功能作用，"十五五""十六五"期间煤电装机规模迈入峰值平台期，重点在电量供给和电力保障两方面为电力系统提供支撑，但其主导地位逐步弱化，功能转型升级节奏加快，控排减碳力度加大。

1. 装机规模

"十五五"局部地区仍有煤电增量需求。根据中国能源系统预测优化模型预测，结合全国及地方风电、光伏、水电、核电、气电以及生物质等的规划与建设形势，全国范围内仍将需要新增1亿千瓦左右的煤电规模。①增量煤电功能性更凸显。"十五五"期间，新建煤电主要有以下三种类型：一是以沙漠、戈壁、荒漠地区为重点的大型清洁能源基地配套建设调峰支撑性煤电，重点在西北大型清洁能源基地按需配套调峰支撑性煤电，尤其是"煤电一体、原址扩建、近站近网"煤电项目；二是在中东部缺电负荷中心建设系统保障性煤电，重点在确有电力硬缺口的中东部地区按需建设基础保障性煤电，基于盘活存量资产、节约社会资源的原则，以"原址扩建、煤电联营"等建厂条件好、煤源有保障、抗风险能力强的煤电项目为主；三是在供热负荷集中、清洁供暖替代区域建设煤基热电联产，对于电力、热力供应有接续需求、不具备延寿条件的到役煤电机组，以等/减容量替代方式建设清洁高效煤电，优先发展"原址扩（拆）建、公用系统利旧、多能联供"的热电联产项目。②煤电装机进入峰值平台期。预计到2030年，全国煤电装机规模将进一步增长至14.0亿千瓦左右，装机占比降至28%，电量占比降至50%以下，随后进入为期十年左右的装机峰值平台期，电量占比持续下降。③气电装机保持连续增长。"十五五"期间，预计全国新增气电装机4000万千瓦左右，主要集中分布在气源相对充裕、电价承受能力较强、调峰需求较大的地区，如广东、山东、江浙等。

"十六五"全国煤电容量不再净增。"十六五"期间，新增电力需求基本依靠新增新能源、核电等电源满足，少数新建煤电将主要为热电机组和配套调峰电源，以等容量或减容量替代方式建设，总体上容量不净增。预计到2035年，全国煤电装机约为13.7亿千瓦，占比进一步降至23%左右；发电量保持在6.5万亿千瓦·时左右，占比约43%，依然发挥基础电力和电量供应保障作用。"十六五"时期，全国平均煤电利用小时数相比"十四五"时期稳中略降，保持在4500—4600小时。同期，气电装机保持增长态势，预计到2035年全国气电装机进一步增长至2.3亿千瓦左右。

2. 发展环境

支撑保障新能源作用显著，功能转型升级加快。中长期火电企业将向着更加灵活的调节型电源、更加高效的综合型电源、更加低碳的环保型电源、更加可靠的应急备用电源和更加智慧的数字化电源转型，适应由主转辅的角色和功能定位转变。①充分发挥调节支撑作用。煤电利用既有规模和调节成本优势，以其运行灵活性为新型电力系统的新能源规模消纳提供支撑，尤其是在以沙漠、戈壁、荒漠为代表的大型清洁能源基地，煤电与风电、光伏等多种电源多能互补，支撑清洁电力稳定外送。②持续发展"火电+"综合能源。围绕区域用能需求，具备条件的火电企业全面实现电、热、冷、气、水、固废等产品多联供，开发压缩空气、氧气、二氧化碳等新型工业用产品，提供垃圾、污泥、废弃物、生物质等掺烧处置等城市民生服务，将传统以电热为主的火电企业建设成"多联产柔性电厂""园区电厂"。③深入开展智慧化技术应用。依托前期智慧电站示范建设实践，推广智能检测、智能监测、智能诊断、智能报警、智能优化、智能控制等功能的实质性应用，促进"无人值守、少人管理"智慧电厂建设，适应"双高"电力系统运行管理要求。

低碳煤电技术进一步突破，实现规模化、产业化应用。①推动低成本CCUS技术应用。在国内煤电+CCUS技术研发与示范的基础上，加快推动碳捕集与封存技术降成本、降耗能，结合二氧化碳埋存及利用条件，布局大规模、全流程、连续运行的煤电+CCUS低碳/零碳电站。②探索新能源富集、外送困难地区绿色燃料掺烧应用。因地制宜开展煤电机组掺烧农林生物质技术、废弃物耦合燃煤电站处置技术应用；依托燃煤锅炉掺氨燃烧示范成果，开展重点区域煤电掺烧氢、氨等低碳燃料技术应用，实现与氢能等绿色低碳产业的全链条融合发展。③探索煤电与小型反应堆融合发展模式。探索集成模块化小型压水堆和小型高温堆，替代燃煤锅炉作为煤电机组的低温热源和高温热源，同时也可作为煤电机组停备电源和热源，提高热力系统循环效率的同时，提升机组调峰的安全性和灵活性。④探索煤电厂址、设备资源价值化利用。煤电机组发电机可利旧改造，将原有系统设备改造为调相-发电两种模式运行的电力单元，根据系统需要灵活选择发电机模式或调相机模式并网运行，充分发挥高负荷时期有功支撑和低负荷时期无功支撑的综合效能。

十八、煤电产业中长期发展展望

2035年以后，煤电仍将是我国电力供应的重要支撑电源，主要发挥基础保障性和系统调节性作用，电力上保障支撑，电量上有序退出，稳步有序向非化石能源让渡电量空间。系统存量煤电依托燃煤耦合生物质发电、CCUS和提质降碳燃烧等清洁低碳技术的创新突破，加快了清洁低碳转型步伐。

（一）装机容量稳步下降，有序向非化石能源让渡电量空间

2035年以后，全国煤电装机容量在峰值平台（14.0亿千瓦左右）基础上稳步下降。到2050年，全国煤电装机容量仍保持在12.3亿千瓦左右，装机容量占比约为15%，发电量占比降至22%左右；到2060年，剩余存续煤电约9亿千瓦，装机容量占比约为10%，煤电发电量降至1万亿千瓦·时以下，电量占比不足4%（图18-1）。

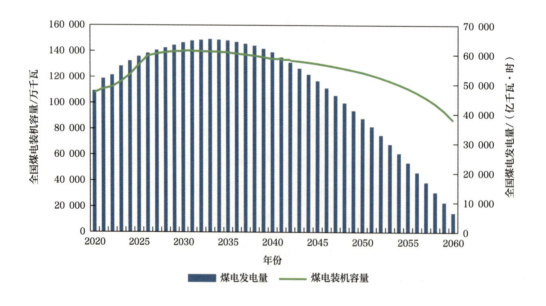

图18-1 全国煤电装机容量和发电量中长期变化趋势预测

全国气电装机容量预计2040年前后达到峰值，约2.6亿千瓦，气电发电量同期达峰，达峰后气电装机容量保持、发电量快速下降。到2060年，全国气电装机容量为2.3亿千瓦左右，发电量占比不足1%（图18-2）。

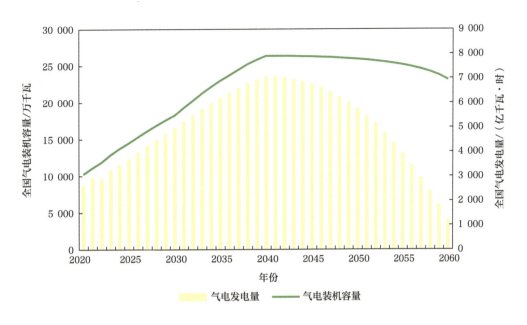

图18-2　全国气电装机容量和发电量中长期变化趋势预测

2035年以前，煤电机组以保障电能量供应、顶尖峰负荷和提供转动惯量为主，尤其是在系统灵活调节资源结构中扮演关键角色，发挥短时、日内和季节多尺度调节功能；中长期看，在高比例新能源和高比例电力电子设备的新型电力系统中，煤电将以维持系统转动惯量和调峰调频为主，主要发挥日内和季节等中长尺度调节功能，短时及日内调节由电池储能、需求侧响应、抽水蓄能及气电机组共同承担。据埃信华迈公司的研究，随着煤电装机容量和比例下降，煤电无论是在电能量供应还是在系统支撑调节等方面的作用都将有所下降，主要发挥季节平衡作用（图18-3）。

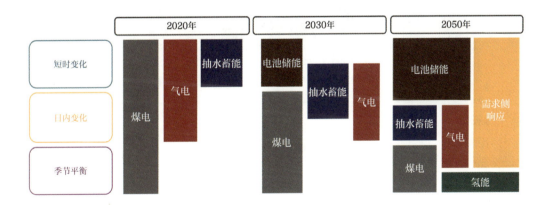

图18-3　我国电力系统灵活性资源结构预测

资料来源：埃信华迈

223

（二）煤电布局调整，减容减量区域差异明显

全国范围内，不同区域资源禀赋、电源结构、电网架构、负荷特性不同，煤电机组装机结构、寿命、技术及排放水平存在差异，承担的系统角色也不同。中长期看，不同区域煤电机组定位、转型路径及退出节奏差异明显。以京津冀为中心的华北地区受生态环境红线要求，减排提效的同时保证能源安全是煤电转型的重点。东北地区煤电以亚临界热电联产机组为主，在电力需求疲软、可再生发展潜力巨大的情况下，仍需煤电支撑可再生能源外送和供热保障。西北地区煤电机组整体能效水平较高，应依托高质量煤电支撑实现未来西北地区向"风光水火储一体化"电源基地发展。华东地区以长三角环保重点区域为中心，煤电规模庞大且亚临界机组占比较高，煤电快速退出的同时优化现役煤电机组质量成为重点。华中地区煤电规模较小，部分区域用电高峰时期电力供给不足，发展可再生能源的同时提升煤电快速爬坡和快速启停等能力是重点。南方地区煤电整体水平高且以纯凝机组为主，电力供需形势较稳定，是近中期提前实现碳达峰的重点区域，需逐步推动煤电退出（图18-4）。总体来看，华东地区与华北地区为中长期煤电减量幅度最大、节奏最快区域；东北地区、华中地区、南方地区煤电减量化节奏适中；西北地区煤电达峰时间最晚，煤电将持续发挥风光等新能源外送支撑作用。

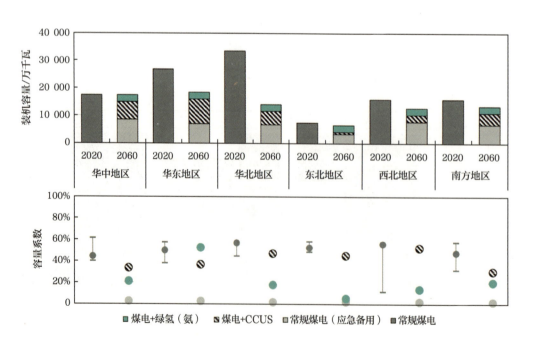

图18-4 分区域、分功能煤电机组规模预测

资料来源：IEA

（三）机组功能分化，电力保障供应作用凸显

煤电由电量供应主体转变为电力供应主体。预计到2035年，新型电力系统已初步建成，新能源装机占比超过60%，煤电在电力供应安全保障方面的作用显得尤为重要。预计到2050年，煤电仍将是电力平衡的最大贡献者，在全年最大电力负荷时段的出力贡献度仍在30%左右。煤电加速为清洁能源让渡电量空间，仅部分高参数大容量煤电机组和热电联产机组为系统提供清洁高效电量。随着新能源渗透率进一步提高，煤电逐步让渡电量空间，平均利用小时数持续下降。预计2035年全国煤电机组平均利用小时数为4600小时左右，到2050年逐步下降至3100小时左右，到2060年进一步降至1000小时以下。

煤电仍将在电力平衡和系统调峰中占据重要位置。煤电将长期是我国最经济可靠的电力调节资源，将更多参与系统调峰运行。我国有大量煤电存量机组，若能通过灵活性改造挖掘20%—30%的调节潜力，则可释放出巨大的调峰容量。同时，相对于建设调节电源、抽蓄、储能等，煤电灵活性改造是成本最低的系统灵活性提升方式，但并非所有煤电机组都适合深度调峰运行，如近年来我国建设的一批超超临界机组，降低出力运行会明显影响其运行效率，中长期需要针对不同煤电机组采取差异化策略，着重挖掘容量参数偏低的煤电机组调峰潜力。

全国煤电逐步分化为基荷、调峰和应急备用三种功能类型，尤其是2035年以后，这种分化趋势将越来越明显。从整体系统成本最优角度来看，基荷煤电以承担电能量供应、提供系统转动惯量等为主，利用小时数长期维持在4000小时以上，预计到2060年降至3000小时左右；调峰煤电以承担系统调峰、支撑新能源消纳为主，初期利用小时数在3000小时左右，预计到2060年降至2000小时以下；应急备用煤电则以承担季节性负荷顶峰、应对突发极端情况等为主，机组以周或月度为单位运行。预计到2035年，全国调峰煤电和应急备用煤电装机容量分别占比3.3%和2.1%，两者发电量占比合计仅2.8%；到2050年，基荷煤电装机容量占比降至70%，调峰和应急备用煤电装机容量占比分别提高至16%和14%；到2060年，系统存量煤电几乎不承担基荷，以应急备用为主、调峰为辅（图18-5）。

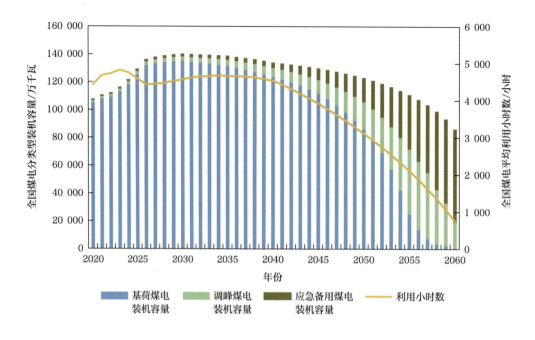

图18-5　全国煤电分类型装机容量预测

（四）低碳化步伐加快，"绿色"煤电仍可发挥基荷作用

2035年以后，全国电力系统中保留相当规模的煤电机组，尤其是作为基础负荷的煤电机组具备较低碳排放水平，达到燃气发电机组排放水平或零碳排放。

加快低成本低碳煤电技术应用。持续推动低碳零碳技术进步、能耗控制水平提升和成本降低，加快推进低碳燃料掺烧和燃煤电厂CCUS技术规模化应用、产业化发展，实施存量煤电机组的低碳/零碳改造。在具备碳埋存地质条件的前提下，对剩余存续年限较长煤电机组实施CCUS改造并承担基础负荷，提供电力系统转动惯量和稳定性保障。在新能源富集、外送困难地区，利用可再生能源富余电力实现绿氨对燃料煤的部分替代，实施调峰煤电机组绿色燃料掺烧改造，实现煤电厂向氨储能调峰电厂转变。

低碳煤电技术应用经济性可期。相比新能源规模化并网发电，考虑技术进步与规模应用共同驱动CCUS降本，煤电+CCUS不会明显推高系统成本。随着低碳煤电技术进步，驱动成本进一步降低，加之碳市场逐步成熟、减碳价值充分体现，煤电+CCUS或因地制宜掺烧低碳燃料后承担零碳基荷，度电成本增幅可控。煤电掺烧绿氨的经济性主要受新能源电价的影响，在当前技术水平下，若新能源电解制绿氢/绿氨电价低于0.1元/（千瓦·时），燃煤掺氨与煤电+CCUS对度电成本的影响基本相当，若考虑未来利用新能源弃电制绿氢/绿氨，燃煤掺氨燃料成本可控制在更低水平。

实现到期煤电的厂址、设备资源化利用。中东部燃煤电厂多处在用电负荷中心，到期关停后，可利用厂址、送出条件等建设电化学或压缩空气储能电站、电动汽车充电站、分布式光伏电站，继续发挥负荷中心的地理优势，就地提供电力系统支撑服务。煤电机组可利旧改造，发电机改调相机为系统提供无功支撑，或小型反应堆替代原有燃煤锅炉，利用汽轮机和发电机继续提供低碳/零碳电力。

第六篇

新能源和水电产业专篇

十九、风电产业发展现状和未来发展趋势

（一）风电产业发展现状

中国风电产业始于20世纪80年代后期，30多年来经历了科研示范及产业探索阶段、产业快速发展阶段、大规模发展阶段和目前所处的"双碳"驱动阶段。中国风电已经取得了巨大成就，在世界能源格局中占据举足轻重的地位，有力支撑了国家的能源绿色低碳转型。截至2023年底，中国是世界规模最大的风电市场，已连续14年稳居世界第一。从2014年开始，风电已经成为继火电、水电之后的第三大主力电源，截至2023年底，中国风电累计装机容量达4.4亿千瓦，风电发电量为8858亿千瓦·时，占全国社会发电量的9.5%。

1. 陆上风电发展历程

在进入平价时代之前，受我国新能源产业补贴政策调整以及弃风限电现象的制约，陆上风电行业展现出了鲜明的阶段性特征和周期性波动（图19-1）。

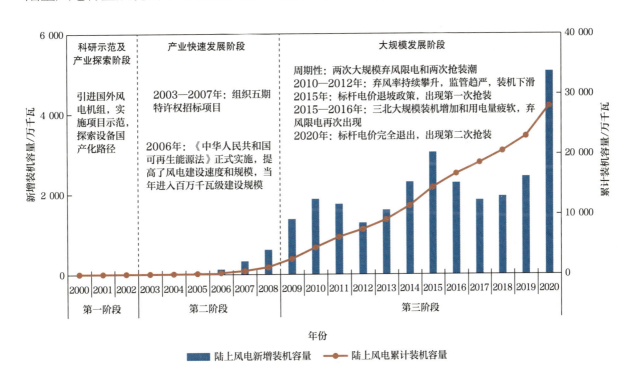

图19-1　2000—2020年中国陆上风电新增及累计装机容量

资料来源：中国可再生能源学会风能专业委员会（简称中国风能专委会）

在2002年之前，中国风电行业处于科研示范及产业探索阶段。这一时期，通过引进国外风电机组、实施项目示范以及探索设备国产化路径，为风电产业奠定了坚实的技术

和开发经验基础，风电场建设逐步迈向商业化的阶段。

2003—2008年，中国风电产业迎来了快速发展阶段。2003年，国家发展和改革委员会启动风电特许权招标项目，到2007年，共开展了五期招标，累计装机容量达到316万千瓦。2006年《中华人民共和国可再生能源法》的正式实施，以及其后续配套实施细则的逐步出台，确定了可再生能源发电采用固定电价的补贴政策，并明确了补贴资金来源于可再生能源电价附加的征收。这些政策的实施极大地促进了风电建设速度的提高和规模的扩大。2006年，中国风电建设规模正式迈入百万千瓦级，当年新增装机容量超过此前20多年的总和。

2009—2020年，中国风电产业进入了大规模发展阶段。自2009年起，风电年均新增装机容量达到2323万千瓦，进入千万级级别。在这一时期，由于政策补贴的影响和弃风问题的出现，行业共经历了两次大规模弃风限电潮和两次陆上风电抢装潮（图19-2）。由于早期风电设备质量把控不严、风电场开发建设规划与电网建设规划节奏不匹配等问题，自2010年起，风电弃风率持续上升，2012年高达17%，引发了第一次弃风限电潮。由于2015年开始实施了一系列电价退坡政策，叠加2013年弃风限电状况有所缓解，2015年新增装机容量达到3039万千瓦，创下历史纪录，引发了第一次抢装潮。抢装潮导致三北地区新增风电并网装机大幅增长，加之全社会用电量增速相对缓慢，弃风率再次上升。2016年全国平均弃风率为17%，其中甘肃、新疆、吉林的弃风率分别高达43.1%、38.4%和30.0%，弃风限电问题再次成为焦点。之后，受到风电标杆电价退坡政策的影响，2020年成了陆上风电的"抢装"年份，产业在这一年迎来了新一轮的增长高潮。

图19-2　第三阶段陆上风电两次抢装及两次弃风限电潮

资料来源：国家能源局，中国风能专委会

自2021年起，风电产业步入了一个以"双碳"目标驱动的新阶段。尽管陆上风电已经步入平价时代，但在国家"双碳"目标的强劲推动下，陆上风电继续保持高速增长势头，2021年、2022年的新增装机规模超4000万千瓦，2023年则高达6000万千瓦以上。平价时代对风电产业技术进步、提升市场竞争力等具有重要的现实意义，同时对加快风电从补充能源向主流能源转变也具有重要的战略意义。

2. 海上风电发展历程

中国海上风电起步较晚，但是经过十几年的迅猛发展，已经取得了显著的成就。已连续5年（2019—2023年）新增装机全球第一，累计装机量也在2021年超越英国跃居世界第一。

在2010年之前，我国的海上风电开发主要停留在示范项目的层面。直到2010年6月，上海东海大桥10万千瓦海上风电场的并网发电，标志着我国海上风电产业的正式起步。然而，2010年国家能源局启动的第一轮海上风电特许权招标中，四个项目的招标电价偏低，加之建设成本高企、海域使用权的争议等问题，导致"十二五"期间我国海上风电发展步伐相对缓慢。

2014年6月，国家发展和改革委员会印发了《关于海上风电上网电价政策的通知》，明确了2017年以前（不含2017年）投运的潮间带风电项目和近海风电项目的含税上网电价，分别为每千瓦·时0.75元和0.85元。这一标杆电价的设立，极大地推动了中国海上风电产业的快速发展。在"十三五"期间，我国海上风电新增装机的复合年增速达到了59.8%，截至2020年底，累计装机容量已超过1000万千瓦。

2021年是我国海上风电国家补贴政策的最后一年，由此引发了海上风电项目的抢装潮。当年，新增装机容量高达1448万千瓦，几乎是此前累计装机规模的1.3倍。2022年起，海上风电国家补贴全面退出，海上风电步入平价时代。尽管补贴政策退出，但得益于成本持续降低，政策环境持续优化以及鼓励推动海上风电基地化、集群化发展，海上风电继续快速发展。2022年作为海上风电国家补贴退出的第一年，经历了2021年的抢装热潮后，当年大部分海上风电项目均为新建项目。海上风电的建设周期长达一年以上，导致2022年新增装机容量仅为516万千瓦。尽管如此，与抢装前的2020年相比，这一数字仍然实现了34.0%的显著增长。进入2023年，海上风电装机容量继续攀升，新增装机容量达到了700万千瓦，展现出了海上风电行业持续向好的发展态势。

3. 2023年风电产业发展情况

2023年，中国风电产业在政策支持和市场需求的双重推动下，取得了令人瞩目的成绩，装机容量、发电量、技术水平、成本控制等方面均取得了重大突破，中国风电产业成为全球风电产业发展的引领者。

1）风电开发规模创历史新高，稳居全球第一

截至2023年底，中国风电累计装机容量已经连续14年稳居全球第一。2023年，全年新增装机容量达7590万千瓦，同比增长106.3%，超越了2020年抢装时创下的7167万千瓦新增装机纪录。截至2023年底，中国风电累计装机容量已经突破4.4亿千瓦，同比增长20.8%，继续在全球风电市场中保持领先地位。2014—2023年，风电装机的复合增长率达到18.4%。

在第一批风光大基地的有力推动下，陆上风电呈现迅猛增长的势头，2023年，陆上风电新增装机容量达6883万千瓦，同比增长105.1%，创历史新高，累计装机容量超过4亿千瓦。海上风电也取得了显著进展，2023年，新增装机683万千瓦，同比增长67.8%，累计装机规模达3729万千瓦，占风电总装机规模的8.4%（图19-3）。

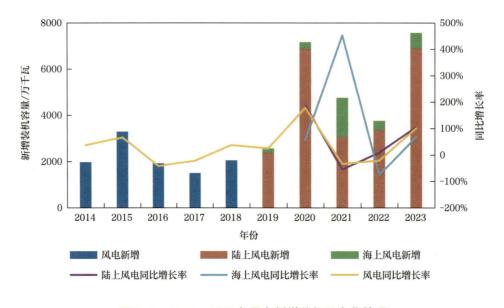

图19-3　2014—2023年风电新增装机及变化情况

资料来源：国家能源局，中电联

2）在大基地政策的推动下，三北地区继续保持领先优势

2023年，风电新增装机容量主要集中在三北地区，占据全国新增装机容量的67.2%。分区域来看，华北和西北地区依托其丰富的风资源优势，积极推进大型风电基地建设，新增装机容量分别位居全国前两名，占比高达39.0%和20.8%。在华南地区，得益于云南省的强劲势头，其新增装机容量跃居全国第三，占比达到16.3%。2022年、

2023年，云南省为缓解电力供需紧张形势，大力发展风电和光伏产业，其装机容量远超华南地区其他省区。华中和华东地区各占8.2%的份额，其中华中地区装机分布较为分散，而华东地区主要由山东和浙江两省的海上风电构成。相比之下，东北地区的占比最低，为7.5%。

2019—2023年（除2021年外），华北地区的新增装机容量持续领跑全国，这主要得益于内蒙古地区的强劲推动。特别是2023年，受第一批风光大基地并网时间要求的影响，华北地区新增装机规模显著增加。自2020年起，西北地区的风电发展也呈现出快速增长的态势，其中新疆和甘肃两大风电省区的复苏尤为显著。在东北地区，风电市场重启后，吉林省率先起步，2022年市场份额明显提升，2023年增速有所放缓。

中东南部地区中，华中地区以低风速市场主导，但由于河南及湖北两省的增量大幅回落，该地区2022年的市场份额降幅明显，2023年基本与2022年持平。华东地区在2021年海上抢装时市场份额达到高点后快速回落，其中，山东省的海上风电已逐渐接替江苏省，成为主导该地区近两年装机规模的重要力量。华南地区则凭借云南省的加速增长、广东省海上风电以及广西壮族自治区低风速市场的发力，市场份额实现了快速提升（图19-4）。

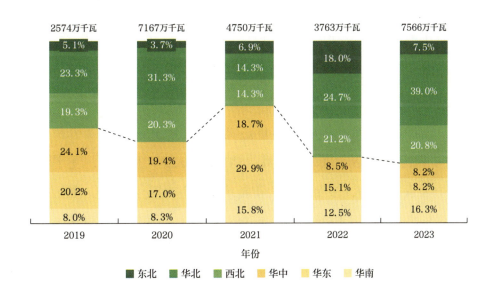

图19-4 2019—2023年新增装机地区分布情况

资料来源：国家能源局，中电联

图中百分比由于经过四舍五入，合计可能不等于100%

3）风电发电量持续增长，是中国第三大主力电源

从2014年起，风电已稳固成为继火电、水电之后的第三大主力电源。2023年，风电

发电量为8858.0亿千瓦·时，同比增长16.2%，占全国总发电量的比例攀升至9.5%，较2022年提高了0.7个百分点，风电在能源结构中的地位日益重要。

2023年，风电发电量占比较高的省份主要聚集在三北地区，其中吉林和黑龙江两省的表现尤为亮眼。吉林风电发电量占比高达25.2%，位居首位；黑龙江则以20.8%的占比紧随其后，两省均展现出明显的领先优势。值得注意的是，吉林的风电发电量占比相较2022年提升了5.4个百分点，增长势头强劲。

相对而言，2023年，中东南部地区的风电发电量占比较低，仅河南、湖南及广西三省区的占比超过10%。在华东地区，福建和上海两省市的发电量占比同比出现下降，而江苏、浙江、安徽和山东则保持增长或持平态势。华南地区中，广西继续领跑风电发电量，而云南省由于装机规模不断扩大，发电量涨幅显著，占比同比增加了1.6个百分点。

4）风电利用小时数小幅下降

2023年，全国风电平均利用小时数为2225小时，较2022年略增4小时。其中，有16个地区的风电利用小时数超过了2200小时，较2022年增加1个地区。西藏是风电利用小时数最高以及同比增幅最高的地区，西藏利用小时数同比增长428小时，达到3472小时。福建省虽然位列全国前三名中的第二位，但风电利用小时数同比减少了252小时，这一变化主要是由于火力发电利用小时数同比增长9.5%，对风电产生了较大的影响。内蒙古风电利用小时数同比出现大幅下降，这主要是由小风年导致的。

5）海上风电装机分布逐步趋向均衡

2023年，我国海上风电新增装机容量达到683万千瓦，虽然新增装机规模不及预期，但与2022年相比，仍然实现了67.8%的增长。2023年上半年，受用海、环评、航道、军事等多个因素的影响，多个项目的审批或建设进程受到影响。然而，从下半年开始，制约海上风电发展的因素陆续解除，广东、广西、福建等地出现了大规模竞配，为海上风电的发展提供了动力。截至2023年底，我国海上风电累计装机容量达3729万千瓦，占风电总装机容量的8.4%。

截至2022年底，江苏的海上风电累计装机容量居全国首位，约占全国累计装机总量的38.7%，紧随其后的是广东（26.3%）、福建（10.1%）、山东（8.8%）和浙江（8.1%）等地。然而，2023年，约95%的新增项目集中在三个享有地方补贴的地区，即广东、山东和浙江。随着这些装机的并网，江苏的累计装机规模占比出现了约6个百分点的下降，但仍位列第一，广东的占比也有所提升，增加了约2个百分点，浙江和山东的累计装机占比分别提升了约4个百分点，海上风电装机容量的分布正在逐步趋向均衡。

6）技术创新能力不断提升，风电机组容量大幅提高

近年来，风电技术取得了显著突破，大型、高效风电机组不断涌现。风电机组大型化进程持续提速。2023年，我国宣布下线的陆上风电机型，最大单机容量已达到11兆瓦，比2022年提升3兆瓦。下线的最大海上风电机型从11兆瓦提升到了2022年的18兆瓦，2023年提升至20兆瓦。在2023年北京风能展上更是推出了22兆瓦的海上风电机组，刷新了海上风电机组容量纪录。同时，推出超大单机容量的厂家数量也在增加，机型产品日益丰富。截至2023年底，我国已有5款单机容量达到10兆瓦的陆上风电机型下线，其中有2款可以达到11兆瓦；7款单机容量达到16兆瓦的海上风电机型下线，其中4款达到了18兆瓦及以上。

随着越来越大的整机被推向市场，中标机型大型化趋势明显加快。2023年，在已确定机型的9171万千瓦的陆上风电中标项目中，虽然仍以5—6.99兆瓦机型为主，但是7兆瓦及以上机型的占有率显著上升，而5兆瓦以下的机型占比则迅速下降；海上风电方面，在已确定机型的729万千瓦的中标项目中，8兆瓦以下机型仅占2.5%，而8—11.99兆瓦机型占比超过75%，15兆瓦及以上机型也在快速增加，这预示着未来风电将朝着更大型、更高效的方向发展（图19-5）。

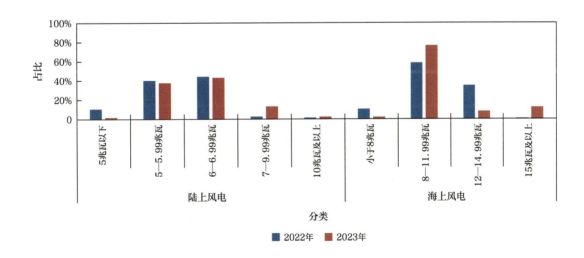

图19-5　2022年、2023年风电中标机型分布情况

资料来源：国家能源集团技术经济研究院

7）深远海技术不断突破

中国海上风电的开发主要集中在近海区域，近海海上风电受到航道运输、水产养殖等因素的限制，深远海的区域面积广阔，风资源开发潜力更大，因此海上风电从近海

走向深远海是必然趋势。2022年6月印发的《"十四五"可再生能源发展规划》提出，开展深远海海上风电规划，推动近海规模化开发和深远海示范化开发，重点建设山东半岛、长三角、闽南、粤东、北部湾五大海上风电基地集群。在国家政策的推动下，深远海风电技术迎来加速突破期。

在海上风电向深远海挺进的趋势下，漂浮式风电项目成为必然选择。我国的漂浮式海上风电已经逐步从科研阶段迈向设计生产阶段。截至2023年底，我国已经有三台漂浮式平台进行了示范应用，分别是"三峡引领号"、"海装扶摇号"和"海油观澜号"。"三峡引领号"于2021年12月7日并网发电，是亚太地区首个投入商业化运营的海上漂浮式风电项目，装机容量达5.5兆瓦，轮毂中心距海平面约107米，叶轮直径158米。"海装扶摇号"于2022年5月27日正式并网，装机容量达6.2兆瓦，轮毂中心高度96米，风轮直径152米。"海油观澜号"于2023年5月20日并网发电，装机容量7.25兆瓦，叶轮直径158米。这三个示范项目均选用的是半潜式的基础（表19-1）。

表19-1 中国漂浮式海上风电项目情况

项目	时间	项目	总容量/兆瓦	单机容量/兆瓦	风电机组制造商	水深/米	离岸距离/米	开发商	浮式基础
已投运项目	2021年	三峡引领号	5.5	5.5	明阳智能	30	30	三峡能源	半潜式
	2022年	海装扶摇号	6.2	6.2	中国海装	65	15	中国海装	半潜式
	2023年	海油观澜号	7.25	7.25	明阳智能	120	136	中国海油	半潜式
规划项目	2025年	海南万宁项目一期	200	16及以上	—	100	22	中国电建	—
	2027年	海南万宁项目二期	800	—	—	100	22	中国电建	—

资料来源：国家能源集团技术经济研究院

8）风电成本持续下降

随着国家补贴政策的逐步退出，在技术创新、规模效应以及整机企业间激烈竞争的共同推动下，我国风电机组价格呈现明显的下降趋势。截至2023年12月，陆上风电机组的价格（不含塔筒）已由抢装前的4000元/千瓦大幅下降至1330元/千瓦，与2023年1月相比，降幅达18%。其中，内蒙古能源集团阿鲁科尔沁100万千瓦风储基地项目的陆上中标价格最低，不含塔筒的价格为808元/千瓦。与此同时，海上风电机组价格也经历显著下滑，从抢装前的6000元/千瓦降至2940元/千瓦，与2023年1月相比，降幅接近20%。其中，山东能源渤中海上风电项目的海上中标价最低，不含塔筒的价格约为2500元/千瓦。

9）我国风电产业链相对完备，竞争力不断增强

我国已经构建了具备全球竞争力的风电产业体系及产品服务体系。截至2023年底，我国已投产的风电机组生产基地超过100个，占全球总数的65.4%，同时，还有64个基地正在建设中，占全球在建基地的86.5%。在产能方面，我国风电机组年生产能力高达9800万千瓦，约占全球总产能的60%。更值得一提的是，中国已成为全球最大的海上风电机组制造中心，年组装能力高达1600万千瓦，超越了欧洲的950万千瓦。在风电关键部件制造领域，我国同样展现出了显著优势。叶片、齿轮箱、风力发电机的产能分别占全球市场的64%、80%和73%。其中，超过80%的产能由中国本土制造商提供，剩余的不到20%的产能则由在中国的欧洲风电制造商贡献。

我国风电装备已覆盖双馈、直驱和半直驱三条主流技术路线，并形成了适应低风速、低温、盐雾、台风、高原、海上等多种特殊环境的成熟产品体系。特别是我国自主研发的低风速型风电机组，将可利用的风能资源下探至4.8米/秒左右，这不仅提升了低风速地区风电开发的经济性，也极大地增强了我国风能资源的开发潜力，使我国在全球范围内处于领先地位。

10）2023年招投标市场活跃，风电整体需求旺盛

2023年，全国风电项目招标量达10 347万千瓦，其中，陆上风电以9314万千瓦的招标量占据了总招标量的90%，海上风电则以1033万千瓦的招标量占据了剩余的10%。从招标分布区域来看，陆上风电在三北地区的招标量尤为突出，占据了整体陆上招标量的74%，而中东南地区则占据了26%。三北地区中的内蒙古、新疆、黑龙江和甘肃的招标量全国领先；在中东南地区，贵州、湖南、河南和广西的招标量相对较大。在海上机组招标方面，山东以295万千瓦的招标量高居榜首，海南、广西和福建的招标量也紧随其后，均超过了100万千瓦（图19-6）。

2023年，全国风电项目中标量达到10 193万千瓦。其中，陆上风电中标量达到了9306万千瓦，占据了总中标量的91%，海上风电中标量为887万千瓦，占9%。从中标分布区域来看，三北地区的中标量占据了陆上整体中标量的73.2%，而中东南地区则占据了26.8%。具体到省（自治区、直辖市），内蒙古、新疆、甘肃、黑龙江和河北在三北地区的陆上风电中标量中领先；而广西、贵州、河南和湖南在中东南地区的陆上风电中标量较大。此外，山东、海南、广西和福建的海上风电中标量领先，均超过100万千瓦。

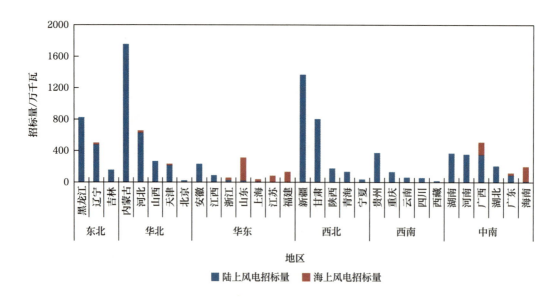

图19-6　2023年风电招标的区域分布情况

资料来源：国家能源集团技术经济研究院

2023年全国风电项目的招标与中标情况均呈现出积极态势，为未来的风电行业注入了新的活力（图19-7）。

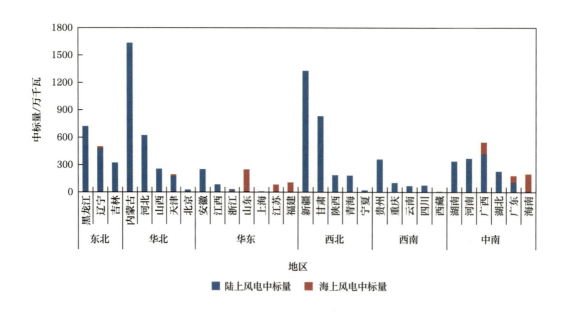

图19-7　2023年风电中标的区域分布情况

资料来源：国家能源集团技术经济研究院

11）风电循环利用技术与回收体系成为研究方向

随着我国风电产业快速发展，装机规模已稳居全球首位。然而，随着产业加快升级和设备更新换代，新能源设备将逐步进入大规模退役期。据中国风能专委会的预测，到2030年，退役叶片产生的固废规模将达到94.79万吨。虽然目前退役风电机组的规模有限，但未来随着分批次退役，市场规模将不断扩大。如果不能得到及时和恰当的处理，将对风电产业的绿色可持续发展产生不利影响。因此，2023年，国家发展和改革委员会联合国家能源局、工业和信息化部、生态环境部、商务部、国务院国有资产监督管理委员会等部门印发《关于促进退役风电、光伏设备循环利用的指导意见》，明确提出推动风电叶片等新兴固废综合利用技术研发及产业化利用，探索新兴固废综合利用技术路线。然而，当前风电设备在回收技术路径、回收产业链等方面仍面临诸多挑战。特别是风电叶片，其作为回收处理难度最大的部件，由于热固性复合材料难以降解，回收处理流程复杂，普遍的固废掩埋方式对生态环境影响较大。同时，循环处理及高值化利用尚无有效方法，再利用过程中的肢解、粉碎、分离等环节的工艺技术亟待研发。值得注意的是，目前国外在风电叶片上主要采用填埋或者打碎后垃圾焚烧的方式，或者将其打碎用以替代水泥中砂砾、黏土等成分，进而循环利用进入建筑领域。但是，叶片大规模的循环处理及利用技术方面也尚未成熟，同样处于研发阶段。因此，风电行业当前急需加强风电循环利用技术与回收体系的研究，以实现退役风电机组的规模化、高效化、环保化处理，进而推动风电产业的绿色可持续发展。

（二）风电产业近中期发展趋势

风电是构建新型电力系统的主体能源，是支持电力系统率先脱碳、构建新型能源体系和实现"双碳"目标的重要战略选择。在政策引领和市场需求的共同推动下，中国风电产业将继续实现跨越式发展，迈向新的高峰。

1. 风电产业"十四五"发展趋势分析

在"双碳"目标的指引下，我国能源体系正以前所未有的速度推动低碳转型，风电市场也将在"十四五"期间继续保持迅猛的发展势头。预计"十四五"时期，中国风电年均新增装机容量达6114万千瓦，较"十三五"时期增长1倍。截至2025年底，中国风电累计装机容量将达5.9亿千瓦左右，占总发电设备并网容量的16%左右，较2020年底增加3个百分点以上。风电发电量将达1.07万亿千瓦·时，占全国发电总量的10%左右，较2020年底增加4个百分点（图19-8）。陆上风电新增装机将继续以三北地区为主导，而广东、山东、浙江则成为海上风电新增装机主力，海南、广西也将实现海上风电装机零的突破。

241

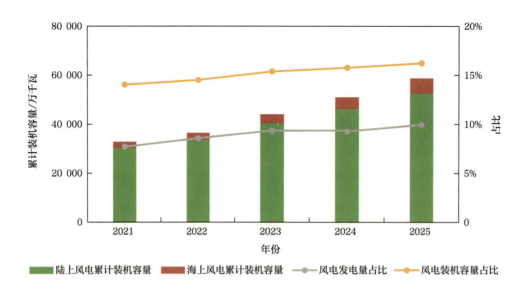

图19-8　"十四五"时期风电累计装机容量及发电量占比

1）陆上风电

风光大基地正成为推动陆上风电快速增长的核心动力，分散式风电项目则以其独特优势，成为集中式风电的有益补充。风电机组改造升级的不断推进将有力促使新增装机规模的进一步扩大。因此，我们预期2024年和2025年这两年间，陆上风电的年均新增容量将超6000万千瓦，累计装机容量将达到5.3亿千瓦。

地方政府"十四五"规划推动风电快速发展。随着"双碳"目标的明确和强化，各地政府纷纷加大对新能源的投入，并制定了相应的发展目标。截至2023年底，全国已有31个省（自治区、直辖市）出台了相关的省级"十四五"规划，其中28个省（自治区、直辖市）已明确风电的发展规模。这28个省（自治区、直辖市）规划的新增规模总计为2.7亿千瓦。另外，还有3个省（自治区、直辖市）明确提出新能源发展目标，新增规模为9522万千瓦，若以其中40%为风电项目来计算，这3个省（自治区、直辖市）的新增风电规模总计为3809万千瓦。若"十四五"规划目标得以实现，产业需要新增3.1亿千瓦的装机容量。2021—2023年这三年间，已完成了1.6亿千瓦的装机，因此，在2024—2025年这两年里，年均需要完成7500万千瓦的装机目标，以确保规划目标的顺利实现。

各大企业纷纷聚焦于新能源领域，为风电产业的蓬勃发展奠定了坚实基础。在国家"双碳"目标的引领下，众多电力央企积极响应，纷纷加大在新能源产业的布局力度，致力于提升清洁能源装机占比。在"十四五"期间，包括国家能源集团、国家电力投资集团有限公司等在内的11家电力央企均制订了宏大的风光装机规划，总规模超过5亿千瓦。其中，大部分企业也设定了到2025年清洁能源占比达到50%以上的宏伟目标。从2021—2023年的实际完成情况来看，这些规划正在有序且超前地落地实施。不仅电力央企在新能源领域加速布局，其他行业的央企也纷纷加入这一行列。以"三桶油"为代表的石油化工行业、中煤等煤炭企业，以及中国能建、中国电建等，都在持续加大对新能源领域的投入，以推动业务转型和产业升级。与此同时，地方能源国企也在通过改革重组等方式，密集组建能源集团，迅速进入新能源领域的"赛道"。在2022年和2023年这两年里，重庆能源投资集团、河南能源集团、山东水发集团、广西能源集团、贵州能源集团以及新疆能源集团等纷纷改革重组，成为新能源领域的新生力量。此外，民营企业也在新能源开发中发挥着重要作用。尤其是那些专注于整机制造的新能源开发企业，更是加大了对新能源领域的开发力度，并成功获取了相当比例的指标。这些企业的积极参与，将进一步推动风电产业的快速发展。

风光大基地将是陆上风电快速发展的核心驱动力。自2021年11月《第一批以沙漠、戈壁、荒漠地区为重点的大型风电光伏基地建设项目清单》印发以来，国家持续出台相关政策，致力于促进大型清洁能源基地的开发。国家领导人在多个公开场合也强调了这项工作的重要性。目前，大型风光基地已成为实现"双碳"目标的关键途径。截至2023年底，第一批大基地项目中，已有超过70%的项目建成并投产，约30%的项目由于土地和输电线路建设等问题，项目建设进度缓于预期。第二批大型风光电基地项目清单于2022年下发，主要分布在内蒙古、宁夏、新疆、青海、甘肃等地区，相关项目已陆续启动建设。第三批基地项目清单于2023年正式印发，内蒙古、甘肃、青海、山东、江苏及山西等地区已下发第三批大基地清单，规模总计5380万千瓦，其中风电项目约占40%。预计这些项目将在2026年前建成并网。

风电机组改造升级助力提高新增规模。2023年6月，国家能源局正式印发《风电场改造升级和退役管理办法》，鼓励并网运行超过15年或单台机组容量小于1.5兆瓦的风电场开展改造升级。该办法对老旧风电场改造升级和退役做出了详细的规定，包括项目审批、电网接入要求和上网电价等。该办法曾于2021年12月发布征求意见稿，各地纷纷响应，宁夏、辽宁、广东、山西、新疆等地均积极开展风电场升级改造示范，规模约400万千瓦。该办法将进一步打开国内"以大代小、以新换旧"的改造市场。我国风电累计装机规模已超过4亿千瓦，为老旧机组改造升级奠定了基础。目前，陆上风电装机超过15年，且单机容量小于或等于1.5兆瓦的装机超过1100万千瓦，这些是2024—2025年的改造升级目标，主要分布在宁夏、江苏、山西、河北、广东等地区。并网时间在10—15年的装机约6000万千瓦，这些将是"十五五"期间的改造目标。预计2024—2025年风电改造项目可以达到500万千瓦，"十五五"期间的改造项目可以超1000万千瓦。

分散式风电在风电领域中扮演着重要的角色，是集中式风电发展的有益补充。陆上集中式风电、海上风电和分散式风电被称为拉动国内风电规模化发展的"三驾马车"。然而，相较于前两者，分散式风电的发展步伐稍显缓慢。截至2022年底，分散式风电装机不到1400万千瓦，在风电装机中的占比较低，不足4%。因装机灵活以及易于消纳，分散式风电展现出巨大的发展潜力。为了加快分散式风电的发展，国家从2021年10月开始提出实施"千乡万村驭风行动"，将要推动100个左右的县、10 000个左右的行政村开发乡村风电项目。2022年5月，国家发展和改革委员会、国家能源局印发《关于促进新时代新能源高质量发展的实施方案》，在深化"放管服"改革中首次提出推动风电项目由核准制向备案制转变，并针对性解决了风电尤其是分散式风电发展过程中审批周期长、手续程序复杂、电网接入难等问题。2023年4月，国家能源局印发的《2023年能源工作指导意见》中，明确提出大力推进陆上分散式建设。这将在一定程度上促进分散式风电的发展。与此同时，地方政府也纷纷落实，浙江、广西、广东、吉林、山西、内蒙古、河南、贵州等均发文明确推进分散式风电发展。2024年3月25日，国家发展和改革委员会、国家能源局、农业农村部联合印发《关于组织开展"千乡万村驭风行动"的通知》（简称驭风行动）。驭风行动旨在利用风电推进乡村振兴，通过创新土地利用、收益分配和开发模式，促进风电与乡村产业的融合发展，这将有助于推动分散式风电的快速发展。截至2023年底，我国约有69万个行政村，在10%的村庄具备开发条件的前提下，若按照每个村庄2万千瓦的开发规模进行计算，那么总共可以实现约14亿千瓦的开发规模，随着技术的不断进步，开发规模或将进一步扩大。

2）海上风电

海上资源丰富，且毗邻东南沿海用电负荷区，便于能源消纳，不管是从全球角度还是从我国角度，海上风电均已成为重要的战略发展路线。自2023年9月以来，广东和江苏两省纷纷批复了多个海上风电项目。浙江、河北、辽宁等沿海省份也相继发布了在省管和国管海域海上风电规划。随着各地项目的不断推进，2024年和2025年新增装机的年均规模将超过1200万千瓦。至2025年，海上风电累计装机规模将突破6000万千瓦。

各地规划高增，推动海上风电快速发展。截至2023年底，已有11个沿海地区开展海上风电规划研究工作，其中，广东、浙江等10个地区明确"十四五"海上发展目标，新增装机规模达5472万千瓦（图19-9），约是"十三五"期间我国海上风电新增装机总量的6倍。

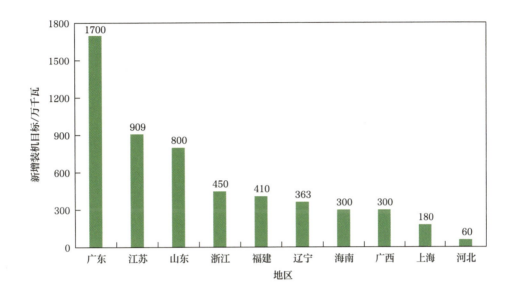

图19-9　沿海地区"十四五"新增装机目标

资料来源：各地区"十四五"发展规划

省补接力国补，助力海上风电快速发展。在2021年6月，广东明确提出"十四五"期间针对新增全容量并网的海上风电项目给予一定的地方补贴。随后，在2022年，山东、浙江和上海也相继出台了海上风电补贴政策。从补贴方式来看，广东、山东及上海为一次性补贴海上风电的建设费用，浙江是采用补贴电费的方式。从补贴力度来看，广东力度最大，山东次之，上海虽不及广东，但从2023年起与山东补贴力度持平（表19-2）。从补贴时间期限来看，2024年是广东和山东地方补贴的最后一年，预计这两个省份2024年海上风电项目将会迎来一定的抢装动力。

表19-2　广东、山东、浙江和上海海上风电补贴政策

地区	补贴项目	适用并网时间	补贴标准
广东	海上风电项目	2022—2024年	2022—2024年每千瓦分别补贴1500元、1000元、500元
山东			2022—2024年每千瓦分别补贴800元、500元、300元，补贴规模不超过200万千瓦、340万千瓦、160万千瓦

地区	补贴项目	适用并网时间	补贴标准
浙江		2022—2023年	2022—2023年补贴标准为0.03元/（千瓦·时）和0.015元/（千瓦·时）（折合每千瓦为780元、390元），补贴规模按60万千瓦和150万千瓦控制
上海	深远海、离岸距离≥50公里的近海海上风电项目	2022—2026年	每千瓦补贴500元

资料来源：各地区政策文件

2. 风电产业"十五五""十六五"发展趋势分析

随着海上风电竞争力逐步增强、风电机组"以大代小"逐渐形成规模，以及大基地项目的有利支撑，"十五五""十六五"期间，风电装机及发电量仍将快速增长。

截至2030年、2035年底，累计装机容量将分别达9.2亿千瓦和12.2亿千瓦，占总发电设备装机容量的18.4%和20.6%，较2025年底增加2.2个百分点和4.4个百分点；风电发电量占全国发电总量的12.6%和15.3%，较2025年底增加2.5个百分点和5.2个百分点（图19-10）。

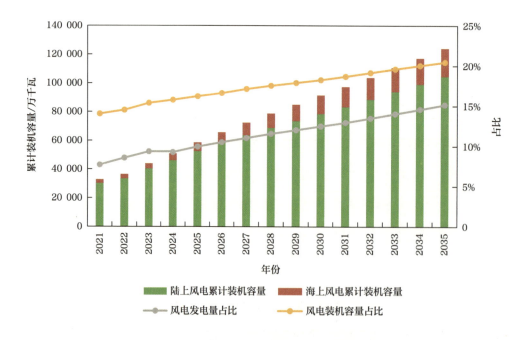

图19-10　2021—2035年风电装机容量及发电量占比

陆上风电将平稳发展。"十五五"期间，陆上风电将平稳发展，预计年均新增装机容量将保持在5000万千瓦左右，至2030年，陆上风电的累计装机容量有望达到7.9亿千瓦左右，相较于2025年预计将增长50%左右，但增速较"十四五"时期有所放缓。这主要是因为"十四五"期间风电迅猛发展，以及形成了相对较大的基数，同时，在2024年和2025年陆上风电装机快速增加后，风电消纳问题将在一定程度上限制陆上风电装机的进一步增长。"十六五"期间，预计陆上风电年均新增装机容量与"十五五"时期持平，至2035年，陆上风电累计装机容量有望超过10亿千瓦。

分散式风电和风电机组改造升级将逐步成为推动陆上风电增长的驱动力。在集中式陆上风电发展趋缓的背景下，得益于备案制政策的推动与技术进步，分散式风电作为一种就近利用的可持续发展能源方式，有望在"十五五"期间得到更广泛的应用，并在"十六五"期间迎来发展的高潮，从而在风电市场中占据更重要的地位。同时，风电机组改造升级在"十五五"期间有望实现规模发展，显著提升陆上风电的新增装机容量。展望2030年，风电机组改造升级将开始呈现强劲的增长态势，与2009年1.5兆瓦风电机组的安装潮相对应。

海上风电将成为风电增量的重要组成部分。长期来看，各沿海地区正积极推动海上风电基地建设，其中福建漳州（5000万千瓦）、江苏盐城（3300万千瓦）、广东汕头（6000万千瓦）、河北唐山（1300万千瓦）、广东潮州（4330万千瓦）等地已相继出台海风发展规划，累计规划量已接近2亿千瓦，国内海上风电具备长足的发展空间。预计"十五五""十六五"期间，海上风电年均新增装机容量达到1300万千瓦左右，将成为风电增量的重要组成部分，其在风电新增装机中的占比将显著提高，预计将从2023年的9%提升至2035年的21.4%。至2035年，中国海上风电累计装机容量将接近2亿千瓦，较2025年增长约2.2倍，占据中国风电装机总量的15%以上。海上风电较成熟的地区，如江苏、广东、浙江、山东等地将继续平稳发展，而新兴的市场，如广西、海南、河北等地将在"十五五"期间进入规模开发阶段。

海上风电项目正逐步向深远海推进。目前，关于深远海开发的顶层政策设计正在紧锣密鼓地展开。山东、广东、福建等海风大省（直辖市），在海上风电的发展规划中，均将深远海海上风电视为产业突破和未来风电发展的重中之重（表19-3）。预计"十五五"期间，深远海海上风电市场空间将进一步打开，2030年后，百万千瓦级的深远海海上风电示范项目不断涌现，为漂浮式海上风电的规模化发展奠定了基础。

表19-3　各地区深远海海上风电规划

地区	政策文件	规划内容
上海	《上海市可再生能源和新能源发展专项资金扶持办法》	对企业投资的深远海海上风电项目和场址中心离岸距离大于等于50公里近海海上风电项目，根据项目建设规模给予投资奖励，分5年拨付，每年拨付20%
山东	《山东省海上风电建设工程行动方案》	加快实施国管海域深远海场址开发。积极推动国家批准用海项目前期工作，争取纳入国家深远海海上风电示范，实现与省管海域项目接续开发。2023年，启动国管海域重点项目；到2025年，累计开工700万千瓦左右，并网300万千瓦以上
江苏	《江苏省"十四五"可再生能源发展专项规划》	稳妥开展深远海海上风电示范建设，探索开展海上风电柔性直流集中送出、海洋牧场、海上综合能源岛、海上风电制氢、海上风电与火电耦合等前沿技术示范
广东	国家能源局综合司关于广东省海上风电规划调整的复函	稳妥推进位于国管海域的深远海海上风电项目示范化开发。"十四五"期间推动800万千瓦项目前期工作，并做好与全国深远海海上风电规划的衔接，手续齐备时开工建设，力争2025年底前建成并网200万千瓦以上
福建	《福建省"十四五"能源发展专项规划》	稳妥推进深远海风电项目，"十四五"期间增加并网装机410万千瓦，新增开发省管海域海上风电规模约1030万千瓦，力争推动深远海风电开工480万千瓦

固定式海上风电可以实现全面平价。随着风电机组价格及安装成本的下降，目前国内大部分新建海上风电项目可以实现平价，但是随着近海厂址资源趋紧，海上风电项目离岸距离将越来越远，水深越来越深，施工成本、海缆成本也都将上升，未来海上风电的降本压力依旧很大。目前来看，江苏、广州、浙江或将在2024年左右实现全面平价，其他地区或将在2026年后才能实现平价。海上风电成本的显著下降最主要的支撑因素是技术的不断突破和创新。一是风电机组大型化和轻量化，单位功率对应锻铸件等材料耗量被大幅摊薄，风电机组成本下降，同时安装、运营等的成本也将随着下降。碳纤维成本下降将提高该材料在风电叶片中的应用比例，助力叶片生产工艺向更长、更大、更轻发展。二是海上风电送出工程的技术水平不断提高，柔性直流输电的技术成熟及成本下降。三是漂浮式等基础形式不断涌现，带动漂浮式海上风电项目的成本下降。四是智能化、数字化技术在风电产业的应用。中国风能专委会预计，从2022年底到2030年，中国海上风电度电成本将整体降低19%—23%，从目前0.33元/（千瓦·时）下降至0.25元/（千瓦·时）左右。

风电机组将持续大型化、轻量化和智能化。风电机组进一步大型化是未来主要的发展趋势。随着单机容量的不断增加，风电机组的发电效率将得到显著提升，同时，风电场的建设和运维成本也将得到有效降低。目前，陆上10兆瓦和海上18兆瓦的风电机组已陆续下线，可以预期，2025年后，安装的风电机组的单机容量将继续显著增长。在轻量化方面，新材料和新技术的不断涌现，为风电机组的轻量化设计提供了有力支撑。轻量化机组不仅减轻了自身重量，降低了对基础设施的要求，还提高了安装和运输的便捷性，进一步推动了风电产业的快速发展。智能化则是风电机组未来发展的另一重要方向。通过深度应用大数据和人工智能技术，风电机组能够实现对气象数据的精准分析和预测，从而提前调整运行策略，确保在最佳状态下发电。智能化风电机组不仅提高了发电效率，还降低了运维成本，为风电产业的可持续发展注入了强大动力。2025年及以后，风电机组将在大型化、轻量化和智能化方面取得更加显著的突破，为风能产业带来更广阔的发展前景。

风电全流程循环利用技术体系已基本成熟。国家高度重视退役新能源设备循环利用，2023年7月，国家发展和改革委员会同有关部门印发《关于促进退役风电、光伏设备循环利用的指导意见》（简称《指导意见》），明确提出将退役风电、光伏设备循环利用技术研发纳入国家重点研发计划相关重点专项。将通过重点推进绿色设计、建立健全退役设备处理责任机制、完善设备回收体系、强化资源再生利用能力、稳妥推进设备再制造、规范固体废弃物无害化处置等举措，部署加快构建风电、光伏设备回收利用体系。下一步，也将会同有关部门持续落实《指导意见》明确的各项任务，在科技创新、资金支持、培育模式等方面精准发力。随着《指导意见》的落地实施，2030年后，我国将有望形成风电全流程循环利用技术体系。

（三）风电产业中长期发展趋势

随着新型能源体系的加快构建、数字化技术的深度融入，储能、氢能等关键技术日趋成熟，在海上风电及多能互补融合发展的强劲推动下，风电装机规模将持续扩大，并有望成为中国主体能源之一，为能源结构的优化和可持续发展注入新动力。

风电将成为中国主体电源之一。预计到2060年，风电将成为中国主体电源之一，风电发电量将占全国发电总量的35%左右，较2023年增加25个百分点；风电累计装机容量将达24亿千瓦，是2023年的5.4倍，是2035年的1.9倍，占全国风电总装机容量的28%

左右，较2023年底增加近13个百分点（图19-11）。2036—2050年，风电将继续快速发展，年均新增装机容量将达到5650万千瓦，较2026—2035年有所放缓。到2050年后，因全社会用电增速放缓，以及核电和太阳能发电等技术的竞争等，2050—2060年年均新增装机规模将快速下降，达3000万千瓦左右。

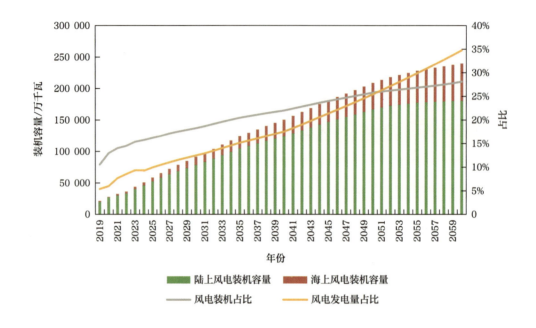

图19-11　2019—2060年风电装机容量、装机占比及发电量占比

陆上风电持续稳步发展。2036—2050年，陆上风电的年均新增装机规模将稳定在4100万千瓦左右。到了2050年，陆上风电的总装机规模预计将达到近17亿千瓦，占发电设备并网容量的18.8%。然而，2051—2060年，陆上风电的年均新增规模迅速降至约1400万千瓦。其中，受土地等因素的影响，中东南地区的新增装机规模将出现显著下降。到2060年，陆上风电的装机规模仍将增至约18亿千瓦，占发电设备并网容量的25%左右。分散式风电和风电机组改造升级项目的装机占比将不断提升。随着新增装机容量的不断增加和风电发电效率的持续提升，陆上风电在总发电量中的占比也将逐年攀升。预计至2050年，陆上风电的发电量占比将超过20%，而到2060年，这一比例将接近25%，为2023年底的3倍。

海上风电将形成近海与深远海并驾齐驱的发展格局。随着海上风电技术的不断突破和电力系统的全面升级，近海风电资源逐步趋向饱和，深远海风电资源的开发日益受到重视，预计2036—2060年，海上风电年均新增装机规模将接近1600万千瓦，并在某些年份达到1800万千瓦的高峰。海上风电将逐渐占据风电发展的核心地位，成为不可或缺的重要组成部分。尤其是2050年后,海上风电将贡献主要增量。2050年前后,海上风电累计装机容量将突破4亿千瓦大关,届时其在风电装机总量中的占比将接近20%,占全部设备装机容量的5%左右。至2060年,海上风电的装机容量预计将接近6亿千瓦,占风电装机总量的比例接近25%,占全部设备装机容量的7%左右。因海上风电利用小时数较高,到2060年海上风电发电量占比将超过10%,远超装机容量占比。

多能互补融合发展将是未来一大趋势。在构建新型电力系统的过程中,源网荷储一体化和多能互补已成为新能源发展的核心。目前,随着相关政策的持续推出和示范项目的不断涌现,源网荷储一体化和多能互补的实践正逐步深入。海上风电与海洋牧场、海水淡化、制氢等创新模式也正不断试验探索,综合能源岛、油气平台供电、风浪联合等试验项目陆续推出。展望未来,随着数字化技术的深入应用,以及储能、氢能等关键技术的快速发展,多能互补的融合发展将逐步从示范转向规模化。

二十、太阳能产业发展现状和未来发展趋势

中国是太阳能发电制造和利用大国,光伏产业是中国获得全球竞争优势的新兴产业,成为中国出口"新三样"之一。2023年,太阳能电池、电动载人汽车和锂电池等"新三样"产品合计出口1.06万亿元,首次突破万亿元大关。截至2023年,光伏组件产量已连续17年位居全球首位,多晶硅产量连续13年位居全球首位,光伏新增装机量连续11年位居全球首位,光伏累计并网装机量连续9年位居全球首位。多晶硅、硅片、电池片、组件等的产量和产能的全球占比均达80%以上。2023年,太阳能发电装机容量规模超越水电,仅次于火力发电,跃升为中国第二大装机电源。

(一)太阳能发电产业发展现状

2023年,中国太阳能发电行业再次实现新的突破,累计装机容量规模连续突破4亿千瓦、5亿千瓦、6亿千瓦三个台阶,达到6.1亿千瓦,同比增长55%;新增装机容量首次突破2亿千瓦,约占全球新增总量的一半。装机结构方面,分布式光伏累计装机达到2.54亿千瓦,占比进一步达到42%,结构进一步优化。产业和技术方面,硅料、硅片、电池片、组件等各环节的产能和产量继续保持全球的绝对引领地位,技术持续创新、迭代升级。

2023年，中国太阳能发电产业在并网装机容量、发电量、制造端、技术和工艺、系统造价和成本、出口和国际贸易、应用市场等方面呈现以下特点。

1. 并网装机容量

2023年太阳能发电新增并网装机容量同比增长147%。全国太阳能发电新增并网装机容量约为21 630万千瓦（图20-1），年新增装机连续11年稳居世界首位。其中，光伏新增并网装机容量约为21 630万千瓦，同比增长147%，光热无新增并网装机容量。地面光伏电站、工商业分布式光伏电站、户用光伏电站新增并网装机分别为12 001万千瓦、5280.3万千瓦、4348.3万千瓦。

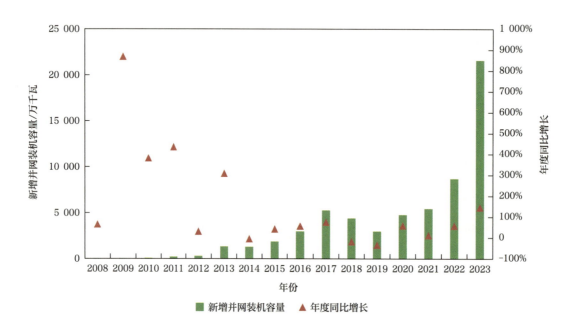

图20-1　2008—2023年中国太阳能发电年新增并网装机容量

资料来源：国家能源局

截至2023年底，全国太阳能发电并网总装机容量为60 948.8万千瓦，其中光伏发电并网装机容量为60 891.8万千瓦，光热发电并网装机容量为57万千瓦。太阳能发电并网装机容量占全国总容量的21%，超过风电和水电后，成为继火电之后的第二大电源。

从各地区新增并网装机容量来看，2023年，前五地区为河北、云南、新疆、山东、江苏，新增并网装机容量分别为1561.1万千瓦、1514.4万千瓦、1428.7万千瓦、1422.6万千瓦和1419.6万千瓦；前十地区合计13 040万千瓦，占全国新增并网装机容量的60.3%。在集中式方面，前五地区为云南、新疆、甘肃、河北、湖北，新增并网装机容量分别为1440.7万千瓦、1428.2万千瓦、1103.7万千瓦、1029.7万千瓦和773.2万千瓦；

前十地区合计8772.6万千瓦，占全国新增光伏装机容量的73.09%（图20-2）。

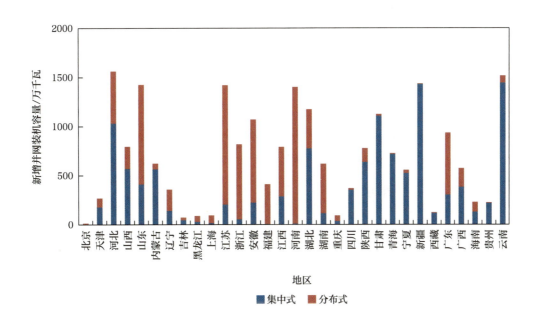

图20-2　2023年光伏发电新增并网装机容量情况

资料来源：国家能源局

2023年集中式和分布式并举发展，集中式增速反超分布式。回顾2022年，集中式光伏电站新增并网装机容量为3629万千瓦，同比增长42%，占新增总量的42%。2023年，第一批风光大基地项目于年底集中并网，推动了集中式光伏电站新增并网装机大幅增长；全年，集中式光伏电站新增并网装机容量12 001.4万千瓦，同比增长231%，占新增总量的56%；分布式光伏电站新增并网装机容量9628.6万千瓦，同比增长88%，占新增总量的44%。

分布式中，工商业新增装机并网容量。回顾2022年，工商业分布式和户用装机新增量相差无几。2023年，由于工商业分布式在峰谷套利方面更加有利，且可不受能耗双控制约，全年新增并网装机容量5280.3万千瓦，同比增长104%；户用新增并网装机容量4348.3万千瓦，同比增长72%。多地区下发新的分布式管理办法，租赁屋顶的户用光伏按照工商业项目备案管理，使得工商业项目统计数据上的增长超过户用项目。

2. 发电量

太阳能发电是增幅最大电源。2023年全国太阳能发电量为5833亿千瓦·时，同比增长36.4%，占全国总发电量的比重为6%，是所有电源中增幅最大的。2023年并网太阳能发电（6000千瓦及以上电厂发电设备）1286小时，同比减少54小时。

各地区发电量增长与累计装机容量呈正相关。发电量位居前列的地区是山东和河北，分别为627亿千瓦·时、553亿千瓦·时；山东分布式装机占比72%，分布式项目在发电总量中贡献较大；河北集中式和分布式项目装机占比分别为56%和44%，两类项目对发电总量的贡献较为均衡。其他超过250亿千瓦·时的地区是江苏、河南、浙江、内蒙古、青海、宁夏、山西、安徽、新疆，发电量分别为358亿千瓦·时、331亿千瓦·时、296亿千瓦·时、291亿千瓦·时、290亿千瓦·时、282亿千瓦·时、275亿千瓦·时、270亿千瓦·时、262亿千瓦·时。其中，内蒙古、青海、宁夏、山西、新疆以地面集中式大项目为主（图20-3）。

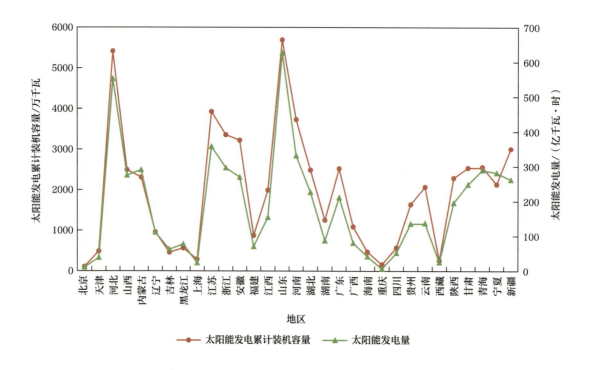

图20-3　2023年各省（自治区、直辖市）太阳能发电累计装机容量和发电量

资料来源：中电联

光伏发电利用率同比微降，电网消纳问题开始显现。2023年，全国平均光伏利用率为98%，比2022年的98.3%下降了0.3个百分点；西北地区消纳仍存困难，除了西藏利用率78%以外，青海由于可再生装机新增较多，但外送通道不畅，利用率是全国最低，为91.4%，虽然同比提升了0.3个百分点，但较全国平均水平低6.6个百分点；此外，低于全国平均水平的还有陕西、甘肃、宁夏、新疆、河南、河北、蒙西、吉林等，河南由于分布式光伏项目增速过快、消纳不畅，利用率同比下降1.8个百分点（图20-4）。

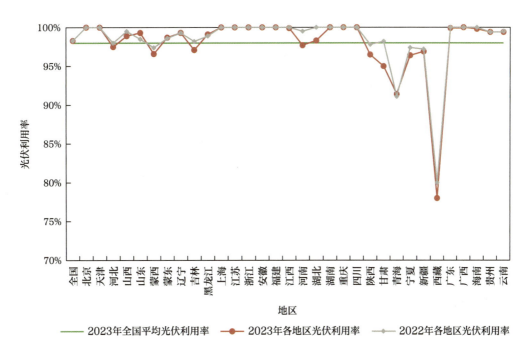

图20-4　2022年、2023年各地区光伏利用率

资料来源：全国新能源消纳监测预警中心

3. 制造端

制造全产业规模进一步增长。2023年，中国多晶硅、硅片、电池片、组件产量再创新高，行业总产值超过1.7万亿元。多晶硅产量超过143万吨，同比增长66.9%；硅片产量超过6.22亿千瓦，同比增长67.5%；电池片产量超过5.45亿千瓦，同比增长64.9%；组件产量超过4.99亿千瓦，同比增长69.3%。

产能增加过快，市场价格暴跌，全产业链深度调整。2023年底，光伏上游制造端的多晶硅、硅片、电池片、组件四个环节产能均超过9亿千瓦/年。2023年和2024年全球组件需求分别为5.5亿千瓦和6.5亿千瓦左右，各环节产能增加过快导致市场供需出现不匹配。

受多晶硅产能集中投产，硅片、电池片、组件供求错配等多方面因素的影响，2023年上半年主要光伏产品价格明显波动下跌，下半年快速下降。多晶硅降幅最大，达到66%，硅片、电池片、组件环节降幅均超过40%（表20-1）。价格同比"腰斩"的情况下，虽然制造端四个环节产量均同比增长64%以上，但行业产值增长只有17.1%，增幅远低于产量增幅。生产企业层面，除生产采用垂直一体化布局的企业尚可保持微薄单瓦利润以外，生产采用专业化布局的企业全年盈利状况不佳，多有亏损。

表20-1　2023年各环节光伏产品价格变化

项目	多晶硅	硅片			电池片			组件		
		p-182	p-210	n-182	p-182	p-210	n-182	p-182	p-210	n-182
单位	元/千克	元/片			元/瓦			元/瓦		
1月初售价	190	3.9	5	5.5	0.8	0.8	0.9	1.83	1.83	1.86
当年最高价	230	6.45	8.2	6.39	1.14	1.14	1.24	1.83	1.83	1.86
12月底售价	65	2	3	2.2	0.36	0.37	0.47	0.95	0.98	1
全年价格同比下降	66%	49%	40%	60%	55%	54%	48%	48%	46%	46%

制造端四个环节集中度均不同程度下降。2023年，在多晶硅、硅片、电池片、组件四个环节中，国内产量排名前五的企业产量之和在全国产量中的占比分别为72.9%、62.4%、54.3%和60.5%。2022年行业盈利丰厚，在头部企业扩大产能的同时，更多企业进入光伏制造领域，导致2023年硅片、电池片、组件三个环节的CR5（前五集中度）均不同程度下降（表20-2）。

表20-2　2018—2023年产业链各环节CR5占比变化

环节	2018年	2019年	2020年	2021年	2022年	2023年
多晶硅	60.3%	69.3%	87.5%	86.7%	87.1%	72.9%
硅片	68.6%	72.8%	88.1%	84.0%	66.0%	62.4%
电池片	29.5%	37.9%	53.2%	53.9%	56.3%	54.3%
组件	38.4%	42.8%	55.1%	63.4%	61.4%	60.5%

资料来源：中国光伏行业协会

4. 技术和工艺

多晶硅环节电耗和综合能耗等持续降低，人均产出量提升。2023年，随着生产装备技术和管理水平提升、系统优化能力提高、生产规模扩大，全国多晶硅企业平均还原电耗为43.0（千瓦·时）/千克-Si，同比下降 3.4%；综合能耗为57（千瓦·时）/千克-Si，同比下降 5%；平均硅耗为1.08（千瓦·时）/千克-Si，同比下降 0.92%；多晶硅单线产能提升、系统集成化以及产线满产，多晶硅产线的人均年产出提高至60 吨/（人·年），同比提升 3.4%。

硅片环节铸锭耗硅量与2022年持平，切片厚度持续下降。2023年，铸锭耗硅量为1.08千克/千克，拉棒耗硅量为1.061千克/千克，与 2022年基本持平。p型单晶硅片平均厚度为150微米，同比下降5微米。为降低n型产品成本，用于TOPCon电池片和异质结电池片的n型硅片产品片厚减薄动力较强；用于TOPCon电池片的n型硅片平均厚度为125微米，用于异质结电池片的硅片厚度约120微米，分别同比下降15微米和5微米。工厂自动化水平不断提升，单位产能逐步增加，导致硅片工厂的人均产出也快速提高，2023年硅片产线晶体环节拉棒（方棒）人均产出率为27.5吨/（人·年），切片人均产出率为230万片/（人·年）。

大尺寸硅片市场占有率进一步增加，硅片形态多样化。2023年，不同类型硅片市场占比方面，n型产品产能释放，快速提高市场份额，p型单晶硅片市场占比压缩至74.5%，n型单晶硅片占比增长至24.7%，多晶硅片属于小众市场，市场份额不足1%。市场上硅片尺寸种类多样，其中，166毫米及以下、182毫米方片以及微矩形硅片市场份额分别为2.0%、47.7%、20.3%，210毫米方片及矩形尺寸硅片市场份额分别为20%、10%。

电池片环节转换效率稳步提升，人均产出率还有提升空间。2023年，p型单晶电池均采用PERC（passivated emitter rear contact，钝化发射极背面接触）技术，平均转换效率达到23.4%，同比提高0.2个百分点；n型TOPCon电池平均转换效率达到25.0%，异质结电池平均转换效率达到25.2%，同比均有较大提升。根据中国可再生能源学会光伏专业委员会发布的《2023中国光伏技术发展报告》，隆基n-HJT电池以26.81%±0.40%的转换效率高居榜首。2023年，PERC电池片产线人均产出率4.5兆瓦/（人·年）；TOPCon电池片产线人均产出率约5.1兆瓦/（人·年）；异质结电池片生产工艺流程较短，产线人数也较少，人均产出率约7.2兆瓦/（人·年）。随着光伏电池片产线自动化、智能化程度不断提升，电池片转换效率持续提高，电池片人均产出率还有较大提升空间。

组件环节最大功率进一步提升。2023年，采用166毫米尺寸72片PERC单晶电池的组件功率达到460瓦；采用182毫米尺寸72片PERC单晶电池的组件功率达到555瓦；采用210毫米尺寸66片PERC单晶电池的组件功率达到665瓦。采用182毫米尺寸72片TOPCon单晶电池的组件功率达到580瓦；采用210毫米尺寸66片异质结电池的组件功率达到710瓦。多晶产品功率基本维持2022年水平。组件工厂人均产出率也提升至约5.1兆瓦/（人·年）。

钙钛矿新技术产品加速发展。2023年，美国国家可再生能源实验室认证，隆基绿能科技股份有限公司自主研发的晶硅–钙钛矿叠层电池效率达到33.9%，是截至2024年5月此类叠层电池效率的最高纪录。此前该电池效率的世界纪录是33.7%，由沙特阿拉伯阿卜杜拉国王科技大学于2023年5月突破。33.9%的新世界纪录是自2016年有晶硅–钙钛矿叠层电池效率记载以来，第一次由中国企业打破。组件方面，两家钙钛矿头部企业昆山协鑫光电材料有限公司（简称协鑫光电）、极电光能有限公司（简称极电光能）分别宣布大尺寸商用钙钛矿组件效率跨过18%门槛。经全球权威检测机构TÜV南德测试，极电光能（1.2×0.6）平方米商用尺寸钙钛矿组件全面积效率达到18.2%，对应的最大功率为131.07瓦，孔径面积效率高达19.55%。经中国计量科学研究院认证，协鑫光电（1×2）平方米尺寸钙钛矿单结组件光电转换效率达到18.04%，功率达到360.7瓦，279毫米×370毫米叠层组件转换效率达到26.17%。经日本电气安全和环境技术实验室第三方认证，南京大学谭海仁教授课题组研制的大面积全钙钛矿光伏组件稳态光电转化效率达24.5%，叠层组件面积达20.25平方厘米，为后续产业化发展打下了技术基础。虽然钙钛矿组件转换效率创新高，但是目前在商业上仍然难以与晶硅组件竞争，而且稳定性、生产良率等仍是未来产业化需要攻克的关键点。

5. 系统造价和成本

光伏全系统造价同比下降17.7%。主要由于组件价格有较大降幅，2023年光伏全系统造价3.4元/瓦，同比下降17.7%，在系统造价中占比同比下降了8.4个百分点，由此使其他技术成本和非技术成本在系统造价中的占比分别同比上升5.5个百分点和2.9个百分点（图20-5）。非技术成本中的土地成本并未下降，土地问题越来越成为判断光伏项目是否可行以及衡量经济性的重要影响因素。

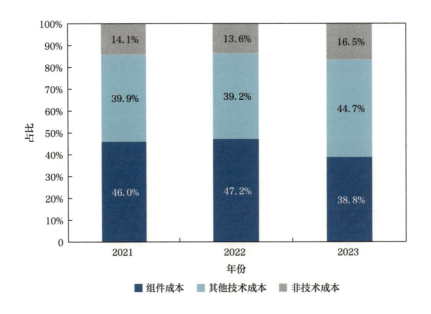

图20-5 2021—2023年中国大型地面电站系统造价占比变化

资料来源：中国光伏行业协会

光伏电站度电成本同比均有较大幅度下降。在全投资模型下，2023年光伏地面电站在1800小时、1500小时、1200小时和1000小时等效利用小时数的LCOE（levelized cost of energy，平准化度电成本）分别为0.15元/（千瓦·时）[1][2]、0.18元/（千瓦·时）、0.23元/（千瓦·时）、0.27元/（千瓦·时），分别同比下降16.7%、18.2%、17.9%和20.6%。分布式发电站在1800小时、1500小时、1200小时和1000小时等效利用小时数的LCOE分别为0.14元/（千瓦·时）、0.17元/（千瓦·时）、0.21元/（千瓦·时）、0.25元/（千瓦·时），分别同比下降22.2%、19%、22.2%和21.9%。目前，分布式光伏装机大部分位于山东、浙江、河北、河南、安徽、江苏等地，等效利用小时数通常在1000小时和1100小时之间，大部分已经具有经济性。

组件加权中标价格同比下降27%。2023年，共跟踪到31 782万千瓦光伏组件招标、定标信息，同比增长91.6%，包括577万千瓦分布式光伏、3597万千瓦地面电站、27 608万千瓦集中采购。

外部因素给电站收益带来较大不确定性。电源侧光伏电站按容量以某一比例强制配置储能作为辅助消纳与支撑电网的措施，成为电站开发建设的前置条件，按照100兆瓦项目配置10%/2小时储能系统的要求，电站造价成本将增加不少于0.3元/瓦，每增加10%的储能比例，电站成本将增加约0.3元/瓦，很多地区配储要求有比例越来越高的趋势，显著影响了电站收益水平。部分地区实施分时电价政策，光伏出力最多的时段基本被纳入了电价谷段，分布式项目收益率下滑严重。新能源逐步参与电力市场，到2030年新能源全面参与市场交易已经成为必然趋势，市场化交易是未来光伏电站获得收益的主要形式。与中长期交易不同，电价与市场波动以及气象因素等不确定性密切相关，从而带来收益模式的不确定性，而且不同地区的电力现货交易规则不同，造成光伏收益难以预测。此外，光伏电站、风力发电等项目不得在河道、湖泊、水库内建设，不得占用耕地和林地，使用农用地不超过项目总用地面积的50%等土地政策，以及部分地区以产业配套作为风光项目开发建设门槛，都给电站收益带来风险。

6. 出口和国际贸易

光伏产品出口量大幅增长，出口额同比下降5.4%。2023年，硅片产品出口7030万千瓦，同比增长超过93.6%；晶硅电池片产品出口3930万千瓦，同比增长65.5%；晶硅组件

---

[1] 资料来源：《中国光伏产业发展路线图（2023—2024年）》。

[2] 仅考虑全投资情景，不包含融资成本；LCOE值按照《光伏发电系统效能规范》中LCOE计算公式得出，其中折现率按照5%计算，电站残值按照5%计算，增值税按5年分期完成抵扣，容配比按1：1考虑。

产品出口21 170万千瓦，同比增长37.9%。但是，由于全年产品价格大幅下降，出口量的增加并未带来出口额的提升，出口呈现了"量增额减"，光伏产品出口总额（硅片、晶硅电池片、晶硅组件）484.8亿美元，同比下降5.4%。

光伏产品出口到各大洲市场整体趋势是量增价减。市场目的地更加多元化，仍是传统市场和新兴市场结合。2023年，出口前十名的国家占比从2022年的70.4%下降到62.1%，一亿美元以上出口市场数量增加7个，五亿美元以上出口市场增加4个，荷兰、巴西、西班牙和印度依然保持前四大出口市场地位，但比例均有下降，比利时、沙特阿拉伯、巴基斯坦市场首次跻身前十（图20-6）。由于俄乌冲突推动了欧洲对于能源安全的重视，新能源发电成为实现能源独立的重要途径，对于光伏组件的需求迅速增加，约占出口总额的42%。荷兰鹿特丹港作为欧洲市场的中转站，继续保持第一出口目的地位置，占出口总额的22.8%，但是由于下半年组件库存高企，进口势头同比稍减，全年同比下降3.9个百分点。

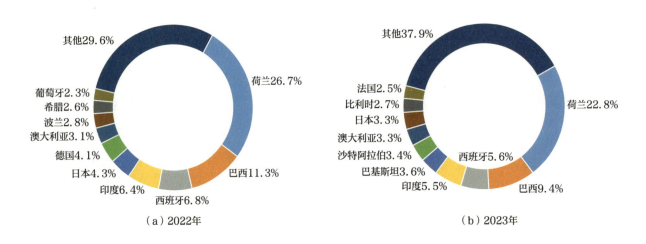

图20-6 2022—2023年中国光伏产品主要出口国家和地区

资料来源：中国光伏行业协会

针对光伏产品的国际贸易摩擦日益增多。从2011年遭遇美国"双反"到2023年底，中国光伏产品共遭受多个国家（地区）20余起贸易摩擦，主要有美国的"双反"调查、"201"调查、"337"调查、反规避调查，欧盟"双反"调查、价格承诺，印度反倾销调查、保障措施调查、基础关税调整、型号和制造商批准名单认证，澳大利亚反倾销调查，土耳其反倾销调查，以及以"人权"为借口的限制措施、绿色低碳贸易壁垒、ESG（environmental，social and governance，环境、社会和公司治理）信息披露相关的新型贸易壁垒和知识产权诉讼（表20-3）。

表20-3　2022—2023年美国、欧盟、印度等实施的贸易壁垒政策

时间	国家/地区	内容
2022.2	印度	2022年2月起对外国制造的太阳能组件征收40%的基本关税
2022.2	美国	对光伏面板的紧急进口限制（第201条款），将对来自中国等地的进口组件产品的201关税延长4年
2022.3	美国	美国商务部宣布对柬埔寨、马来西亚、泰国和越南全境的光伏电池、组件启动反规避调查
2022.6	美国	对柬埔寨、马来西亚、泰国和越南生产的太阳能产品实行24个月的关税豁免
2022.6	欧盟	欧洲议会通过反强迫劳动海关措施决议，要求在欧盟各国海关采取措施禁止强迫劳动的产品进入欧盟市场
2022.6	印度	对原产于或进口自中国的除透明背板之外的太阳能涂氟背板征收为期5年的反倾销税。其中，生产商苏州中来光伏新材股份有限公司为762美元/吨，其他生产商为908美元/吨，该措施的有效期为5年
2022.6	美国	美国国土安全部下设的强迫劳动执法办公室第一次发布了"维吾尔强迫劳动预防法案"实体清单，合盛硅业、新疆协鑫新能源、新疆大全新能源、新疆东方希望四家光伏材料企业及其相关子公司被列入
2022.6	印度	2022年6月，印度财政部对从中国进口的氟背板（不包括透明背板）征收反倾销税，以消除对国内市场造成的损害
2022.7	美国	美国海关和边境保护局要求提供说明太阳能多晶硅制造过程中使用的石英来源的文件
2022.8	印度	原定于2022年8月31日发布的关于对原产于或进口自中国、泰国和越南的光伏电池及组件的反倾销调查终裁结果，延期至2022年10月31日发布
2022.9	欧盟	欧盟委员会通过了一份名为"强迫劳动禁令"的草案，建议欧盟采取措施禁止在欧盟市场上使用强迫劳动制造的产品
2022.10	美国	暂时免除了对使用中国制造的零部件在柬埔寨、马来西亚、泰国或越南组装的太阳能电池和组件征收的所有反倾销或反补贴税，该规则不适用于从中国制造和出口的光伏电池和组件，并受制于中国对光伏电池和组件的现有反倾销和反补贴税的约束
2022.11	欧盟	发布《企业可持续发展报告指令》，2024年已经生效。这使得ESG规范从企业此前自愿遵守的"软法"转变为有约束力和可执行的"硬法"，在劳工权益和环境保护等方面提出更高要求
2022.12	美国	初步裁定比亚迪、阿特斯、天合光能和Vina Solar Technology（隆基绿能子公司）等公司存在规避行为，违反了美国贸易法，以上企业将被分别施加27%、16%、254%、254%的关税
2022.12	欧盟	碳边界调整机制达成临时协议，于2023年10月1日起启动过渡期试运行
2023.11	土耳其	土耳其贸易部发布了第2023/32号公告，对原产于中国的光伏组件反倾销案启动反规避调查，审查中国涉案产品是否经由越南、马来西亚、泰国、克罗地亚及约旦出口至土耳其以规避反倾销税
2024.2	欧盟	根据《净零工业法案》规则，欧盟将对光伏组件采购进行监管，从而避免任一成员国在招标中从单一国家获得一半以上的组件

时间	国家/地区	内容
2024.2	印度	2024年2月9日确认将重新实施《批准的型号和制造商清单》，但对开放式光伏项目、处于建设后期的光伏项目，以及没有获得补贴的屋顶光伏项目予以豁免。2024年2月15日宣布暂停实施
2024.3	欧盟	就禁止强迫劳动产品进入欧盟市场的法规达成临时协议。一旦发现有强迫劳动的情况，当局可以要求将相关商品从欧盟市场和在线市场上撤下，并在边境予以没收

资料来源：中国光伏行业协会，中国机电产品进出口商会

除了具体措施，部分国家或地区出台了相关法案，促进本地光伏产品制造业的发展，旨在减少对中国产品的进口。2022年8月，美国通过《通胀削减法案》，对美国本土制造的锂电、光伏等新能源产品给予补贴或税收优惠。2024年5月，欧盟通过《净零工业法案》，提出到2030年，欧盟将在本土生产制造其所需净零技术产品的40%，包括太阳能光伏板、风力涡轮机、电池等。这些政策和举措为我国光伏企业的产品出口和海外市场拓展带来了很大不确定性。

7. 应用市场

智能化、光储端信融合发展引领创新和高质量发展。2020—2023年，我国先后实施了三批智能光伏试点示范，93个智能光伏试点示范项目和80家智能光伏试点示范企业进入名单，有效引导了行业智能升级。同时，推动光伏产业与新一代信息技术深度融合成为发展新方向，全行业正在加快实现智能制造、智能应用、智能运维、智能调度。以光储端信为核心的能源电子全产业链协同和融合发展，提升了新能源生产、存储、输配和终端应用能力。

2023年海上光伏启动建设，从浙江起步逐步推广。国家层面政策指导发展方向，国家能源局印发的《2023年能源工作指导意见》提出，要"谋划启动建设海上光伏"，为推动海上光伏项目开发建设释放积极的引导信号；《关于组织开展可再生能源发展试点示范的通知》指出，鼓励开展海上光伏试点，形成可复制、可推广的海上光伏开发模式。自然资源部印发《关于探索推进海域立体分层设权工作的通知》，鼓励对海上光伏等用海进行立体设权。除此之外，浙江、山东、江苏、河北和福建等沿海地区也纷纷出台了涉及海上光伏的相关政策文件。海上光伏有望成为继大型风光基地和分布式光伏之外新的规模化应用市场。

"光伏+"新应用模式不断涌现。"光伏+储能""光伏+建筑""光伏+交通""光

伏+农业""光伏+林业""光伏+沙戈荒"等多元化应用模式不断创新，快速渗入日常生活。

光热发电行业道阻且长，步入规模化发展新阶段。从2006年科学技术部启动光热发电研究示范工作以后，2012年首座兆瓦级塔式太阳能热发电实验电站成功发电开始，到2016年9月国家能源局确定了第一批太阳能热发电20个示范项目，装机容量为134.9万千瓦，光热发电掀起了第一波建设高潮。2022年，光热发电进入无补贴时代，没有新开工项目，发展一度陷入停滞。2023年4月，国家能源局印发《关于推动光热发电规模化发展有关事项的通知》，明确了光热发电规模化发展的重要意义并提出目标：力争"十四五"期间，全国光热发电每年新增开工规模达到300万千瓦左右。该政策明确了光热发展方向。光热具有储热和储能的特点，大型风光基地建设中，光热开始与风电和光伏发电进行互补一体化发展，光热迎来了巨大发展机遇，开始了第二次建设热潮。截至2024年6月，有近30个"光热+"大基地项目（含光热发电装机近300万千瓦）正在快速推进，其中约20个项目进入全面建设阶段，更多新的项目也在积极布局和规划。

（二）太阳能发电产业近中期发展趋势

2023年在阿联酋迪拜举行的《联合国气候变化框架公约》第二十八次缔约方大会上，超过100个国家达成重要共识，即2030年全球可再生能源装机容量增至3倍，至少达到110亿千瓦。据此估算光伏装机容量将从2022年的10.55亿千瓦增加到2030年的54.57亿千瓦。中美两国在《关于加强合作应对气候危机的阳光之乡声明》中提出，争取到2030年全球可再生能源装机增至3倍。中国的太阳能发电行业仍将保持快速发展的态势，为构建新型能源体系和新型电力系统提供强劲动力，保障实现碳达峰、碳中和。

1. 太阳能发电产业"十四五"发展趋势分析

太阳能发电各项政策已经清晰明确，"十四五"时期是实现从"量"到"质""量"并重的关键窗口期。摆脱了对财政补贴的依赖进入平价阶段，可以与其他能源公平竞争，市场进一步发挥在可再生能源资源配置中的决定性作用，光伏发电在电力消费中的占比将持续提升，通过大规模集中开发和因地制宜地分布式并举开发利用，实现高质量发展。随着以沙漠、戈壁、荒漠地区为重点的大型风光基地的建设，光热发电发挥储热和发电调节的作用，在大型风光基地的建设中将迎来第二波建设热潮。

1）新增并网装机容量

按照"2025年非化石能源消费占比达到20%左右，2030年达到25%左右"的发展目标，预计"十四五"后期太阳能发电新增装机的年复合增长率约为66%，2024年及以后年均新增2亿千瓦左右。至"十四五"时期末，累计装机达到10亿千瓦左右，年发电量超过8000亿千瓦·时，在全国总量中分别约占比27.8%和7.6%（图20-7）。

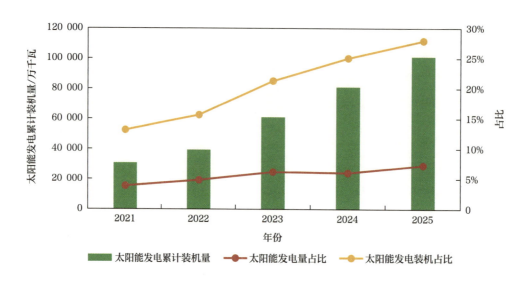

图20-7 "十四五"期间太阳能发电装机量和占比以及发电量占比

加快推进大型风电光伏基地建设和主要流域水风光一体化开发建设支撑"十四五"太阳能发电装机快速发展。自2021年末规划批准第一批风光大基地以来，加上后继的第二、三批的风光大基地，开发建设总规模已超过2亿千瓦。第一批风光大基地超过半数已经并网，未并网项目与第二、三批和沙戈荒大基地项目在"十四五"期间将成为重点推动方向。雅砻江流域、金沙江流域、大渡河流域等一体化基地论证、建设已陆续启动。根据水电水利规划设计总院2022年的初步统计，我国水能资源技术可开发量超过200万千瓦的流域（河段）超过30条，技术可开发量合计约5亿千瓦。2024年，水风光流域一体化基地开发也将成为行业的重点推动领域。不论是风光大基地还是水风光流域一体化基地，电力外送通道建设是消纳的关键。国家电网公司已经启动了陇东-山东、宁夏-湖南、哈密-重庆、金上-湖北四个特高压直流工程，2025年将陆续投运。四条特高压共配套了超过1.45亿千瓦的大基地项目。在建设输电通道的同时，加快推进煤电等支撑性、调节性电源建设和改造也是重要工作。

集中式和分布式光伏项目并举发展。集中式方面，除上述大基地和一体化基地项目集中开发以外，各地区的保障性并网和市场并网项目是主要类型。根据各地公布的"十四五"期间风电、光伏发展规划，总规模超过8亿千瓦，其中超过一半为光伏项目。分布式方面，整县推进及其他工商业分布式和户用项目是分布式的主要形式，项目类型将更加多种多样。目前技术和商业模式创新，探索出了"水光互补"、"风光互补"、"光储充"以及"光伏+农、林、牧、渔"等多种产业跨界融合发展模式。海上光伏作为新开发类型，逐步受到沿海地区的重视。光伏发电将从单一品类电源向移动电源、综合智慧能源等方面创新发展。

大基地配套光热项目集中投产。大型风电光伏基地建设开发中对落实市场化并网条件有着配套要求，光热发电作为选择之一，特别是在西北太阳光法向直接辐射丰富的西藏、新疆、青海、甘肃等地区，集中规划了大量项目。2023年，在国家第一、二批大型风电光伏基地建设项目等配储太阳能热发电项目基础上，又将12个太阳能热发电新建项目列入政府名单，装机容量共135万千瓦。截至2023年底，我国各省（自治区、直辖市）在建和拟建（列入政府名单）的太阳能热发电项目超40个，总装机容量约480万千瓦，预计最晚将于2025年完成建设，2024年约有120万千瓦建成。

2）制造端

光伏制造端将继续深化调整。近两年，光伏行业各个环节开启了新一轮的大幅扩产，目前多晶硅、硅片、电池片、组件四个环节的产能均超过了10亿千瓦/年，供需发生不匹配。2023年起，光伏产业进入了阶段性、周期性调整期。光伏是产能、需求及技术三重因素共振，周期性及成长性共同作用的行业。充分的市场经济带来"螺旋式上升"，每一周期都是充分市场竞争带来优胜劣汰。激烈竞争激发了企业的活力，光伏产业在开放竞争中练就了真本事，先进产能推动行业发展，促使技术快速迭代。"十四五"时期，部分落后产能和竞争力不足的产品或将逐渐淘汰，具有技术优势的产能将更具竞争优势。

光伏制造全产业链出海成为最新趋势。2021年至2024年2月底，我国光伏产品（硅片、晶硅电池片、晶硅组件）累计出口额已经超过1255亿美元，较"十三五"期间五年累计出口额增长47%。从过去十年前原料、设备、市场"三头在外"，到如今拥有全球80%以上主要制造环节产量，大量的产能使得出海建厂成为这两年光伏业发展趋势。出海目的地已从以东南亚为主拓展至美国、欧洲、中东、印度尼西亚等市场，美国不仅"双反"设置了高关税，而且对光伏产品有非新疆产地要求，加之《通胀削减法案》补贴吸引，光伏企业赴美设厂成为2023年的普遍考量（表20-4）。布局海外产能的环节更多，上下游全产业链出海已成趋势，而且从单纯输出产品，过渡到提供生产、管理、品牌、服务和整体解决方案，光伏产品正从"中国造、全球卖"向"全球造、全球卖"的格局转变。在出海承包项目方面，2023年太阳能发电项目签约177个，项目总金额达181亿美元，同比增长81.5%，继续保持高速增长。

表20-4　2023年中国企业宣布赴美投资建厂情况

公司名称	时间	地点	环节	产能	备注
晶澳科技	2023年1月	亚利桑那州凤凰城	组件	200万千瓦/年	预计2024年投产
隆基绿能	2023年3月	俄亥俄州	组件	500万千瓦/年	已投产
协鑫科技	2023年3月		颗粒硅		处于调研阶段
晶科能源	2023年4月	佛罗里达州杰克逊维尔市	组件	100万千瓦/年	预计2024年投产
阿特斯	2023年6月	得克萨斯州梅斯基特	组件	500万千瓦/年	预计2024年投产
TCL中环参股公司Maxeon	2023年8月	新墨西哥州阿尔伯克基	电池片、组件	300万千瓦/年	预计2025年投产
天合光能	2023年9月	得克萨斯州			预计2024年投产
阿特斯	2023年10月	印第安纳州	N型电池片	500万千瓦/年	预计2025年投产

资料来源：中国机电产品进出口商会

3）应用市场

参与市场化交易已成大势所趋，收益模式面临很大变化。一方面，光伏项目参与电力市场交易可以凭借较低变动成本获得发电收益；另一方面，因为光伏发电的不稳定性和难预测性，需要支付较高的偏差考核和辅助服务费用，从而增加成本，降低项目收益。目前，集中式光伏因各地区电力市场规则差异，交易方式也有所区别。新能源占比低的地区以"保量保价"收购为主，执行批发电价，新能源占比较高的地区以"保障性消纳+市场化交易"结合方式为主，保障性消纳的比例逐年降低。分布式项目一般采用"自发自用，余电上网"或者"全额上网"的方式，参与市场化交易潜力不大，需要期待"隔墙售电"的政策实际推进情况，这对推进综合能源服务的新业态也具有积极作用。因此，在市场化交易的趋势中，光伏项目要打破固定电价销售电量的盈利模式思维，探索新的交易方式。

海上光伏发展前景广阔。海上光伏作为新开发类型，逐步受到沿海地区的重视。沿海地区是经济最发达和最活跃地区，绿电需求非常迫切，但本地光资源禀赋差，完成可再生能源电力消纳责任权重考核压力大。海上光伏距离电力负荷中心近，消纳空间足，可以在沿海地区能源结构转型方面发挥巨大作用。我国大陆海岸线长约1.8万公里，初步预计海上光伏装机潜力可达百吉瓦以上。目前，自然资源部已经明确推进海域立体设权工作，山东、浙江、天津、福建等地也陆续推进海上/滩涂光伏项目开发。

分布式光伏发电进入产业快速发展期。我国农村地区可安装光伏屋顶面积约273亿平方米，超过8000万户，开发潜力巨大。立足分布式光伏离负荷近、不需要通过大电网远距离输送，加快分布式能源开发，对于推动农村光伏与美丽乡村协调发展、美丽乡村建设都具有重要的现实意义。同时，注重分布式智能电网的建设，实现新能源供给和消纳的集成耦合，提高自主平衡能力，成为伴随分布式项目的新问题。

4）技术进步

光伏发电技术向着能耗更低、效率更高、系统更友好方向进步。多晶硅方面，技术路线仍将以三氯氢硅法（改良西门子法）为主，包括硅烷流化床法在内的其他新工艺、新方法产品作为补充，多晶硅生产综合能耗和电耗将进一步降低。单晶硅片方面，厚度继续下行，在控制碎片率的前提下，由目前110—130微米进一步向100微米以下发展。电池片方面，新建产线以性价比较高的TOPCon电池为主，HJT电池和XBC电池技术将更加成熟、成本有所下降，在市场中占比将有一定程度的上升。钙钛矿与硅基叠层电池是未来钙钛矿电池技术发展的一个重要方向，理论预测转换效率可达35%，钙钛矿的原材料丰富，随着稳定性以及大面积制备工艺得到解决，钙钛矿将成为最可能替代晶硅电池的下一代技术。组件方面，通过采用大尺寸硅片、半切片、多主栅，双面和减少/无间隙技术等提升电池片转换效率、改进组件材料性能和优化组件版型。系统方面，功率预测精度得到提高，运行适应性以及并网支撑能力得到增强，对电网更加友好。

第三代光热技术发展重点是提升效率、降低成本。研究方向包括低成本聚光集热技术、高温储热技术、超临界CO_2发电技术等。聚光集热技术的升级和优化包括塔式定日镜、槽式集热器、新型吸热器等；高温储热技术是新型储热系统和储热介质研究，包括相变储热系统和高温储热材料等；超临界CO_2发电技术采用新型动力。

5）出口

我国光伏产业面临严峻复杂的国际形势，国际竞争愈发激烈。以欧美为代表的主要经济体看好光伏产业的发展前景，纷纷出台政策支持本土光伏制造业的发展，全球竞争明显加剧。部分国家设置了贸易壁垒，发生多起贸易摩擦，对中国光伏产业形成了十几年来从未有过的国际竞争压力。全球供应链将更加多样化，中国产品产能的份额将有所下降，但是中国光伏产品质佳价优，中国仍将是全球光伏产品主要出口国。

2. 太阳能发电产业"十五五""十六五"发展趋势分析

"十五五"和"十六五"期间，预计太阳能发电装机每年新增容量分别为1.5亿千瓦和1.1亿千瓦左右。至2030年和2035年末累计装机分别达到17.9亿千瓦和23.2亿千瓦，在全国装机总量中占比约36%和39%；年发电量约1.5万亿千瓦·时和2.0万亿千瓦·时，在全国总发电量中占比约11.4%和13.5%（图20-8）。光伏发电将成为成本低廉的主力电源之一。

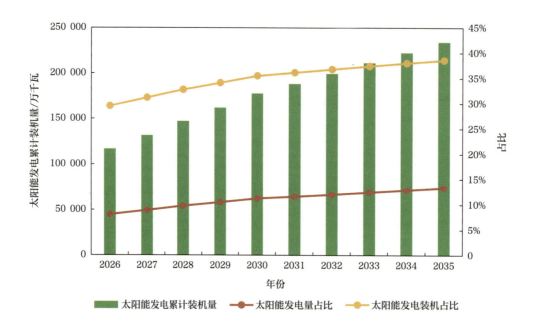

图20-8　"十五五""十六五"期间太阳能发电装机量、装机占比及发电量占比

项目类型方面，大型项目和分布式项目仍然并举发展。大型项目继续以沙漠、戈壁、荒漠等以及海上大基地项目为主，分布式和"光伏+"项目快速发展，此外光伏发电作为灵活和低价电源将与服装、建筑、道路、家用电器等多方面结合，成为大众生活和工作新应用形式。

新型电池方面，钙钛矿电池、有机电池、量子点电池、染料敏化电池等新型技术得到不断突破。目前技术成果最为活跃的钙钛矿电池及钙钛矿叠层技术具有轻薄、柔性和可定制的特性，应用场景较晶硅电池也将更为广泛，在解决大面积、稳定性等方面的问题后，将最先步入商业化，并改变目前晶硅电池主导的市场格局。

光伏组件将逐步迎来大规模的退役。废旧光伏组件大部分材料都可以循环利用，其中包含的银、铝、锡等金属虽然含量小，但回收价值大；含有铅、镉等重金属元素及难降解有机物，处置不当会产生二次污染，危害生态环境，退役光伏组件未来面临一定的回收和处置压力。

地缘政治、大国博弈、气候变化等因素对于光伏产业链、供应链的干预或影响持续，国际光伏产业竞争也会越来越激烈。产业布局上，未来光伏产业供应链从集中化转向更加分散化和多元化的趋势愈发明显，以美国为代表的部分国家，用补贴和贸易壁垒等形式对中国公司和产品施加更多限制，建立本土生产能力的努力可能有一定效果，但是中国仍是全球主要的光伏产品生产国。

（三）太阳能发电产业中长期发展趋势

太阳能因其蕴藏量大、易获得、清洁、可持续的特点成为成本最低、应用最普遍的能源。中国太阳能资源丰富，总可开发量达到$40.18×10^{14}$千瓦·时[①]，开发太阳能资源可以满足经济、社会可持续发展的需要，在全球能源结构转型和实现"碳中和"过程中承担了重要角色。

1. 太阳能发电装机容量和发电量保持稳步增长，成为主体电源

2035—2060年，太阳能发电年均新增约6300万千瓦。至2060年末，累计装机达到39.3亿千瓦左右，年发电量可以达到5.2万亿千瓦·时左右，在全国总量中分别约占比46%和30%（图20-9）。

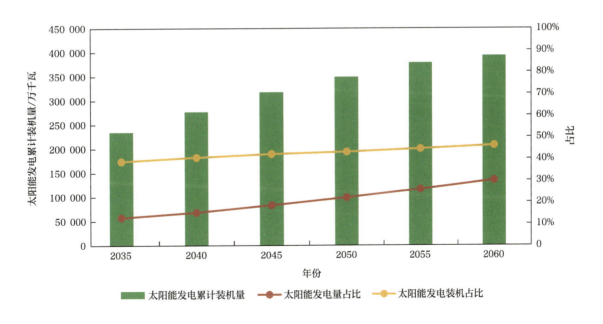

图20-9　2035—2060年太阳能发电累计装机量、装机占比及发电量占比

① 资料来源：《中国分省太阳能资源图集》。

2. 太阳能应用方式灵活广泛，发电成本最低

应用方式方面，地面集中式电站仍然是利用的重要形式，但是更加广泛灵活的"光伏+"成为人们方便灵活的生产生活电源。太阳能集热利用并不限于热水器，还可以实现太阳能熔岩集热供暖等多方面民用。空间太阳能发电系统可以在太空中将太阳能转化为电能，再通过微波或激光等方式将能量无线传输到地面，转化和传输技术有望成熟并大规模运用。太阳能发电制氢氨大规模发展，通过可再生能源电力电解水制氢氨技术实现转换，既可充分利用可再生电力，又可借助转换平抑可再生能源并网波动，实现能源的时空平移。

度电成本方面，光伏发电成为成本最低的电源，全面进入电力市场后与其他电源可以充分竞争并胜出。光热发电的系统造价大幅下降，在电力市场中也能具有一定竞争力。

电站建设和运维充分与数字化结合，可以进行全过程的虚拟建模，实现设计、建设、运行、维护和管理等各个环节优化，以及最佳发电效率。结合大数据和人工智能等技术，进行性能分析、预测和评估，可及时发现故障和异常，从而提高发电效率。

二十一、水电产业发展现状和未来发展趋势

（一）水电产业发展现状

1. 水电发展历程

水力发电是一种利用水流动能来产生电能的可再生能源技术，具有低排放、稳定性和可控性等许多优点，是技术成熟、应用广泛的清洁能源。我国水力资源技术可开发量约6.87亿千瓦、年发电量约3万亿千瓦·时，现有在运水电装机4.2亿千瓦，水力资源蕴藏及水电开发应用均居世界首位。

我国水电由新中国成立之初的仅36万千瓦装机，发展成为现在的装机规模世界第一，取得了巨大成绩。2000年之前，我国水电发展的目标是解决电力供应短缺、以小水电替代燃料、解决农村生活燃料短缺等问题。20世纪90年代中期，三峡工程的开工建设，带动了大型水电技术科研攻关，我国水电建设逐步向完善的产业体系迈进；2003年三峡工程首台机组并网发电，刷新了水电站装机容量的世界纪录，标志着我国水电建设水平走入世界前列；2004年公伯峡水电站投产，我国水电总装机容量突破1亿千瓦，超

越美国成为世界第一。"十一五"期间，拉西瓦水电站、向家坝水电站开工，溪洛渡水电站截流，中国水电进入大规模、高质量发展阶段，2008年度新增装机2369万千瓦，年度增速达到13.7%。"十二五"期间，我国提出水电发展要以做好生态保护和移民安置为前提，水电行业进入"生态环境和谐发展阶段"，其间我国水电新开工项目1.2亿千瓦，年均开工2400万千瓦，是我国水电发展五年规划历史上开工规模最大、开工数量最多的五年。"十三五"阶段，《水电发展"十三五"规划》提出"在保护好生态环境、妥善安置移民的前提下，积极稳妥发展水电，科学有序开发大型水电，严格控制中小水电"。"十三五"时期末，我国水电总装机容量达到37 016万千瓦（含抽水蓄能3149万千瓦），其中小水电约为8133.8万千瓦，共43 957座。

2021年是"十四五"开局之年。在"双碳"目标的引领下，我国全面形成了十三大水电基地的开发蓝图，新一轮的电力体制改革推动了水电开发市场主体的多元化，水电建设步伐明显加快，我国水电发展再度进入上升期。至2021年底，我国水电总装机容量达到39 092万千瓦（含抽水蓄能3639万千瓦），其中常规水电已建成装机容量达35 453万千瓦，常规水电新增投产规模1800万千瓦，同比增长5.6%，占全部装机容量的16.4%，其中金沙江乌东德、白鹤滩、雅砻江两河口等大型常规水电新增投产规模1518万千瓦。

2022年我国水电发展持续发力，截至2022年底，我国水电总装机容量达到41 350万千瓦（含抽水蓄能4579万千瓦），同比增长5.8%，占全部装机容量的14.4%；2022年常规水电已建装机容量36 771万千瓦，在建装机容量约2700万千瓦，常规水电新增投产规模1507万千瓦，新增投产主要分布在四川、云南、西藏等地区，其中新增投产的大型水电站（机组）1242万千瓦，主要包括白鹤滩水电站、苏洼龙水电站、雅砻江两河口水电站、红水河大藤峡水利枢纽、汉江旬阳水电站等。

2023年，共有203个水电相关的项目被列入年度重点省级项目行列，雅砻江牙根一级、金沙江昌波等大型水电项目核准开工，全年新增常规水电并网容量259万千瓦，抽水蓄能545万千瓦。截至2023年底，我国共有水电站8600余座，其中2200余座为大型水电站，水电总装机容量达到42 154万千瓦（含抽水蓄能5094万千瓦），同比增长1.9%，占全部装机容量的14.4%，占技术可开发装机容量的比例超过70%，我国水力资源利用率已达到比较高的水平（图21-1）。

图21-1　2006—2023年全国水电装机容量增长情况

随着新型电力系统加快构建，充分利用抽水蓄能电站调峰填谷和调频调相的独特优势，已成为构建新型电力系统的关键要素和重要支撑。在保障能源安全、促进能源转型以及相关政策助推下，抽水蓄能发展驶入"快车道"。2022年底，我国抽水蓄能新增装机880万千瓦，创历史最高水平；截至2023年底，我国已建抽水蓄能装机容量5094万千瓦，在建（核准）装机超过2亿千瓦。

"十三五"以来，我国水风光一体化示范基地探索出了一条低碳发展、网源并重之路。2015年，装机85万千瓦的龙羊峡水光互补光伏电站全部建成并网发电，2016年11月，青海的清洁能源通过该电站首次实现了跨区外销。2022年7月雅砻江水光互补项目——柯拉光伏电站开工，以此为起点，雅砻江流域水风光一体化建设开始提速；11月，装机117万千瓦的凉山彝族自治州扎拉山光伏电站取得备案，12月，全球最大的混合式抽水蓄能项目——雅砻江两河口混合式抽水蓄能（120万千瓦）电站开工建设，加上两河口已建成的300万千瓦的水电常规机组，总装机达到420万千瓦，可消纳700万千瓦左右的风、光新能源，成为全球最大的混蓄"充电宝"，这也是全国大型清洁能源基地中首个开工的利用梯级电站建设的混合式抽水蓄能项目，开启了水风光蓄一体化综合开发的示范工程。

2. 水电发电及利用情况

我国水电一直在全国电力供应中发挥着强有力的支撑作用，水电发电量稳步提升，2006—2023年，我国水电发电量从4148亿千瓦·时（2006年）提高至最高的13 552亿千瓦·时（2020年），年均增长约500亿千瓦·时，年平均水电发电占全国发电比例约17%

（图21-2）。"十三五"以来，随着我国能源结构调整，对于清洁和可循环利用的水电需求量逐渐上升，水电发电占比年平均提升至18.3%，其中2014年水电发电量跃升至1万亿千瓦·时以上，2015年、2016年水电发电占比更是分别达到19.9%、19.7%。"十四五"以来，新能源大规模并网，电力消纳压力增加，加之气候原因导致的来水欠丰，水电发电量比重略呈下降趋势，2023年我国水电发电量为12 836亿千瓦·时，占总发电量的13.8%，其中发电量最多地区仍为四川，3863亿千瓦·时，其次是云南3079亿千瓦·时，再次是湖北1313亿千瓦·时。

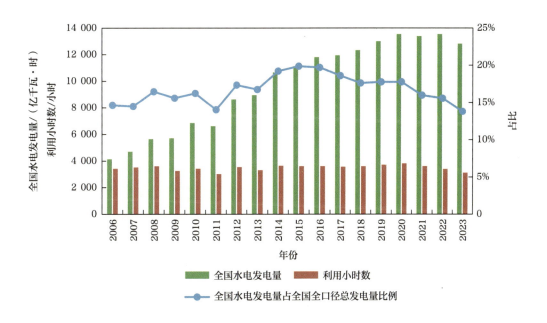

图21-2　2006—2023年全国水电发电量及利用小时数情况

水电设备利用小时数的提高与突破，无疑是中国水电行业的一大亮点。2014年起，我国水电设备利用小时数达到3600小时以上，2020年利用小时数达到3827小时，首次突破3800小时。2021—2023年均为水电偏枯年份，2022年利用小时数为3412小时，同比减少210小时，2023年利用小时数为3133小时，同比减少279小时，主要原因是年初主要水库蓄水不足以及上半年降水持续偏少，导致上半年规模以上电厂水电发电量同比下降22.9%，下半年降水形势相对好转以及上年同期基数低，8—12月水电发电量转为同比正增长。

3. 水电工程建设技术

我国的水能资源极为丰富，水电开发建设的任务极其艰巨、繁重，我国水电发展的历史也是大型水电站开发推动的技术装备、建设水平以及投资管理进步的历史。尤其近十年来，我国坚持技术创新与工程建设相结合，加强重大装备自主化发展，自主制造了单机容量80万千瓦混流式水轮发电机组，具备全球单机容量最大的百万千瓦水轮机组的自主设计和制造能力，成功应用于白鹤滩、乌东德等大型水电站项目。"十四五"期间，随着阳江、长龙山等抽水蓄能电站如期投运，我国抽水蓄能装备制造能力再上台阶，成功掌握了700米级水头、单机容量40万千瓦抽水蓄能机组的研发制造能力。

我国水电在高坝及新型的筑坝技术、高寒高海拔地区工程实践等方面进行了长足的探索，先后攻克了世界领先的复杂地质条件下300米级特高拱坝、超高心墙堆石坝采用掺砾石土料和软岩堆石料筑坝、35米跨度地下厂房洞室群、深埋长引水隧洞群、砂石料长距离皮带输送系统等技术难题，建成了世界最高混凝土双曲拱坝锦屏一级水电站、深埋式长隧洞锦屏二级水电站、装机规模世界第三的溪洛渡水电站和具有复杂地质条件的大岗山水电站。雅砻江两河口水电站平均海拔3000米，电站大坝为砾石土心墙堆石坝，坝高295米，是高海拔地区建设第一高土石坝。在建的双江口水电站的堆石坝，高度达到312米，建成后将成为全世界第一的高坝，我国水电特高坝和大型地下洞室设计施工能力世界领先，水电全产业链体系不断实现新突破。

作为调节洪水径流、解决水资源时空分布不均、促进水资源优化配置的重要基础设施，水电站在保障防洪安全、供水安全、生态安全、能源安全、粮食安全等方面发挥着不可或缺、不可替代的重要作用。一系列梯级水库大坝建设，特别是流域控制性水库电站建设，以及梯级开发带来的高精度、系统化、全覆盖的流域基础监测信息系统建设，使得我国流域综合调控能力、重大灾害预警和重大风险防控能力显著提升。通过联合调度、优化运行，水电在增强电力保供、提升流域防洪和水资源调控能力、防范化解堰塞湖溃决等流域重大风险等方面的作用日益凸显。

4. 我国水电发展存在的问题

1）资源分布不均，中东部开发基本完成

由于我国幅员辽阔，地形与雨量差异较大，因而形成水力资源在地域分布上的不平衡，水力资源分布是西部多、东部少。从行政分区来看，云南、贵州、四川、重庆、陕西、甘肃、宁夏、青海、新疆、西藏、广西、内蒙古等12个省（自治区、直辖市）水力资源约占全国总量的81.46%，其中西南地区云南、贵州、四川、重庆、西藏占66.70%。从开发量来看，截至2022年底，中国剩余待开发水力资源约2.93亿千瓦，考虑水利资源多方面的制约因素，我国潜在可开发水力资源1.1亿—1.2亿千瓦。从流域上看，我国水力资源主要集中在金沙江、长江、雅砻江、黄河、大渡河、红水河、乌江和西南诸河等流域，其流域规划电站总装机容量约3.75亿千瓦，占全国技术可开发量的一半以上。截

至2023年底，我国已建常规水电主要分布在西南、华中、华南、华东、西北等地区，其中四川（9759万千瓦）、云南（8143万千瓦）、湖北（3793万千瓦）分列全国水电装机容量前三位，三省合计水电装机容量占全国水电装机容量的51.5%，排名分列4—10位的省（自治区、直辖市）是贵州、广西、湖南、青海、福建、甘肃和新疆，排名前十的省（自治区、直辖市）合计水电装机容量32 388万千瓦，占全国水电总装机容量的76.8%。

经过几十年的发展，截至2022年底，常规水电已建、在建总装机容量3.95亿千瓦，技术开发程度约为57.5%，中东部地区技术开发完成程度较高，其中，华中94.5%、华南92.7%、华东88.4%。未来中国水电开发的重点是西南诸河，目前已建、在建开发程度仅为16%左右，未来开发潜力巨大。

2）调节库容稀缺，消纳依赖外送

我国大部分地区冬春少雨、夏秋多雨，主要流域年内径流存在较大差异。虽然我国主要流域已建成大、中、小型水库5.12万座，总库容约3588亿立方米，但具有联合调度、有调节能力的水库仅40余座，库容530亿立方米，对天然来水丰枯平衡的作用较弱。

我国水力资源主要集中在西南部地区，虽然有利于实现流域梯级滚动开发，有利于建设大型水电能源基地，但距我国中东部用电负荷中心较远，水力资源分布与经济发展严重不均衡，存在较大错配问题。水电资源集中地区经济社会发展较为滞后，用电需求不足，水电规模效益严重依赖于"西电东送"。

由于调节性能缺乏、外送线路建设滞后以及网架结构薄弱等多方面原因，我国水电资源不能在全国范围内进行有效配置，从2016年起弃水情况愈加严重。2018年我国全年弃水电量691亿千瓦·时，达到最严重弃水年。接下来几年，通过提升水电输送能力、探索水电外送空间、优化电网运行方式以及挖掘省（自治区、直辖市）内市场潜力等多种方式，弃水状况得到明显缓解，截至2022年，全国444座监测电站弃水电量104亿千瓦·时，较2021年减少82亿千瓦·时，有效水能利用率98.7%。

3）环保、移民压力加大，经济性逐渐下降

2016年以来，常规水电开发建设逐步向流域上游高原地区推进，建设条件复杂，社会、环境和流域安全要求更高，总体开发难度提高。根据相关统计，2021年我国常规水电在建工程完成投资668亿元，核准常规水电站单位千瓦总投资平均为14 384元，上升至高位水平。我国待开发水电大多数处于西南地区大江大河上游、西南部深山峡谷地区，自然地理环境特殊，水土生态脆弱，涉及的国家生态保护区、珍稀物种保护区以及国家地质公园等敏感因素相对较多。这些地区经济社会发展相对滞后，移民安置难度增大，水电开发要担负促进地方经济发展的责任。同时，大江大河上游河段水电资源条件及开发条件较差，区域构造背景复杂，交通条件困难，输电距离远，工程技术和建设管理都面临着前所未有的挑战。加之生态环境保护和移民安置投入的不断加大，工程建设成本升高，水电开发的经济性变差。建设投资水平受开发个体资源禀赋、开发难度等因素影响差异较大。此外，对水电综合利用的要求越来越高，投资补助和分摊机制尚未建立，加重了水电建设的经济负担和建设成本。

（二）水电产业近中期发展趋势

1. 水电产业"十四五"发展趋势分析

水力发电是技术成熟且可大规模开发的清洁可再生能源。我国水力资源蕴藏量居世界首位，积极开发水电不仅是有效降低温室气体排放的重要途径，还是应对气候变化、推进节能减排、实现可持续发展的重要措施。水电具有转动惯量，在新型电力系统中是重要的低碳灵活调节性资源，随着新能源规模的不断扩大，水电的功能定位将由以提供电量为主转变为提供电量和容量支撑并重，我国水电行业将进入高质量跃升发展新阶段。

"十四五"初期，我国新核准大型水电项目有雅砻江孟底沟（240万千瓦）、黄河上游羊曲（120万千瓦）、金沙江旭龙（240万千瓦）等，在建装机集中在金沙江、黄河上游、雅砻江、大渡河及其他流域约3800万千瓦。

根据已批复的河流水电规划，"十四五"期间陆续开展前期工作的大中型水电站项目装机规模合计约2810万千瓦，其中，金沙江干流5座，装机规模约760万千瓦；雅砻江干流中游段3座，装机规模约390万千瓦；大渡河干流5座，装机规模约300万千瓦；黄河上游1座，装机规模约260万千瓦；西南诸河13座，装机规模约1100万千瓦。我国主要在建水电基本情况见表21-1。

表21-1　我国主要在建水电基本情况

河流	"十三五"在建	"十四五"开工	"十四五"投产
红水河	大藤峡		
澜沧江	托巴	如美、邦多、古水、古学	托巴
金沙江	乌东德、白鹤滩、苏洼龙、叶巴滩、拉哇	巴塘、岗托、波罗、昌波、旭龙、奔子栏、龙盘、两家人	乌东德、白鹤滩、苏洼龙、叶巴滩、巴塘
雅砻江	杨房沟、两河口	卡拉、孟底沟、牙根二级、楞古	杨房沟、两河口

续表

河流	"十三五"在建	"十四五"开工	"十四五"投产
大渡河	金川、双江口、硬梁包	丹巴、安宁、巴底、枕头坝二级、沙坪一级、老鹰岩一级、老鹰岩二级	金川、双江口、硬梁包
黄河	玛尔挡、羊曲	茨哈峡、宁木特	玛尔挡、羊曲
雅鲁藏布江中游	大古、街需、加查、米林		大古、街需、加查

根据国家《"十四五"可再生能源发展规划》，"十四五"期间将科学有序推进大型水电基地建设：推进前期工作，实施雅鲁藏布江下游水电开发；做好金沙江中上游等主要河流战略性工程和控制性水库的勘测设计工作；积极推动金沙江岗托、奔子栏、龙盘，雅砻江牙根二级，大渡河丹巴等水电站前期工作；重点开工建设金沙江旭龙、雅砻江孟底沟、黄河羊曲等水电站。

随着"双碳"目标对可再生能源规模增长的需求、水风光一体化建设的推进，有望进一步增强可再生能源保供能力和能源绿色低碳转型动力。风电、光伏具有随机性、间歇性和波动性。风电一般呈现白天出力小、夜晚出力大，冬春秋季出力大、夏季出力小的特点；光伏则白天出力大、夜晚无出力，风光的出力特性与水电有天然的互补性。另外，新能源发电大规模接入电网，会对电网安全造成冲击；而水电，尤其是具有年调节大水库的电站，通过优化调度和水电机组快速灵活调节，可将随机波动的风电、光伏发电调整为平滑、稳定的优质电源，有效破解风能、太阳能开发难题。同时，水风光一体化开发还可实现全流域水风光一体化优化调度，提高已有输电通道利用率，促进电网电源同步规划建设。我国四川地区主要流域的水电项目已配套建设特高压输电通道，可利用通道富余容量带动周边新能源开发，大幅提高输电通道利用率，减少建设成本。同时，基地内新建水电、抽蓄项目可推动新输电通道建设，破解制约风光新能源开发的送出消纳难题。

《2023年能源工作指导意见》提出：推动主要流域水风光一体化规划，建设雅砻江、金沙江上游等流域水风光一体化示范基地。《2024年能源工作指导意见》再次提出：编制主要流域水风光一体化基地规划。

"十四五"期间，我国将对已建、在建水电机组进行增容改造，进一步提升水电灵活调节能力，科学推进金沙江、雅砻江、大渡河、乌江、红水河、黄河上游等主要水电基地扩机。同时，落实网源衔接，推进白鹤滩送电江苏、浙江输电通道建成投产，推进金沙江上游送电湖北等水电基地外送输电通道开工建设。统筹推进西南地区水风光综合基地一体化开发，进一步促进可再生能源大规模阶跃式发展。

综上所述，并结合我国西南地区优质水电站址资源的开发建设时序，预计2025年我国常规水电装机将达到3.9亿千瓦左右，水电年发电量达到1.5万亿千瓦·时左右。

2. 水电产业"十五五""十六五"发展趋势分析

"十五五"期间，我国西南地区优质水电站址资源的开发建设将持续进行，落实网源衔接，建成投产金沙江上游送电湖北等水电基地外送输电通道，加强四川等地的电网网架结构，提升丰水期通道输电能力，保障水电丰水期送出。依靠已建成大型水电基地现有外送资源，统筹推进西南地区水风光综合基地一体化开发，进一步促进可再生能源大规模阶跃式发展。

根据我国大流域水电规划，到2030年，我国西部地区水电总开发程度达到70%左右，四川、青海的水电开发基本结束，未来水电开发的主战场将主要集中在藏东南水电基地，即雅鲁藏布江干流下游和"三江"（怒江、澜沧江、金沙江）流域，常规水电装机达到4.5亿千瓦左右，发电量达到约1.7万亿千瓦·时。到2035年我国将基本实现社会主义现代化，水电项目建设水平进一步提升，"十六五"期间西南及西藏地区水电进入加速开发阶段。预计到2035年，我国常规水电装机达到5亿千瓦左右，其中水电机组滚动增容改造约5000万千瓦；由于水电增容改造仅增加电力装机，对电量影响较小，至2035年我国水电年发电量将达到约1.9万亿千瓦·时。2022年我国主要流域水电开发基本情况见表21-2。

表21-2　2022年我国主要流域水电开发基本情况

序号	河流名称	技术可开发量/ 万千瓦	已建规模/ 万千瓦	在建规模/ 万千瓦
1	金沙江	8 167	6 032	778
2	长江上游	3 128	2 522	—
3	雅砻江	2 862	1 920	342
4	黄河上游	2 665	1 508	380
5	大渡河	2 496	1 737	464
6	红水河	1 508	1 208	160
7	乌江	1 158	1 110	48
8	西南诸河	15 559	2 288	200
	合计	37 543	18 325	2 372

资料来源：《中国可再生能源发展报告2022》，水电水力规划设计总院

（三）水电产业中长期发展趋势

在碳中和目标的实现进程中，我国能源活动碳排放预计在2029年达峰，届时，虽然煤炭和石油消费量达峰后开始缓慢下降，但天然气、一次电力及其他能源消费量仍在保持上涨并成为增量绝对主体。2040年之前，煤炭仍是我国能源供给的主力，但可再生能源产业竞争力进一步巩固提升，低碳清洁能源成为能源消费增量的绝对供给主体，替代化石能源进程加速；到2050年我国建成社会主义现代化强国，基本建成清洁低碳、安全高效的能源体系。

"十六五"后，我国川滇地区常规水电开发基本完成，待开发资源将凝集于藏东南地区。随着水电开发进程深入以及科技进步，我国水电行业的装备建造技术和施工工程技术水平将进一步提升，在因地制宜的水能开发原则下，水电资源仍存在纵深拓展空间，将逐步规划选择地理位置优越、生态环保制约少、建设作用突出、工程规模大、经济指标相对较优、利于集中送出的电站进行滚动开发建设。

届时，我国新型电力系统顶层设计已得以实施，电网架构、电源结构、源网荷储协调、数字化智能化运行控制等方面技术提升和系统优化成果显著，通过电源配置和运行优化调整，尽可能增加存量输电通道输送可再生能源电量，统筹布局以送出可再生能源电力为主的大型电力基地，在省级电网及以上范围优化配置调节性资源，完善相关省（自治区、直辖市）政府间协议与电力市场相结合的可再生能源电力输送和消纳协同机制，加强省际、区域间电网互联互通，进一步完善跨省跨区电价形成机制，促进可再生能源在更大范围消纳。

为进一步推进可再生能源开发利用，我国还将积极推进"风光水一体化"提升，稳妥推进增量"风光水（储）一体化"建设，充分发挥流域梯级水电站、具有较强调节性能水电站的调节能力，推进以储能和调峰能力为基础支撑的新增电力装机发展机制，在确保安全的前提下，最大化利用清洁能源提升输电通道输送可再生能源电量比重，确保可再生能源综合利用率保持在较高水平。在上述机制下，我国将充分挖掘既有水电调峰潜力，积极推动流域控制性调节水库建设和常规水电站扩机增容，推行梯级水电储能水电机组增容改造，进一步提升水电灵活调节能力，并结合送端水电出力特性、新能源特性、受端系统消纳空间，优先利用水电调节性能消纳近区风光电力。

综上所述，在常规水电资源纵深挖掘、可再生能源多能互补以及增加新型电力系统灵活性政策机制引领下，预计到2040年，我国常规水电装机容量将达5.3亿千瓦，年发电量突破1.9万亿千瓦·时，届时西藏东部、南部地区河流干流水力开发基本完毕。2050—2060年，水电装机年增长逐步趋于平缓，常规水电将更多地发挥其容量支撑作用，至2060年，我国常规水电装机容量基本维持在5.5亿千瓦，年发电量约2.0万亿千瓦·时。

第七篇

氢能、储能和CCUS产业专篇

二十二、氢能产业发展现状和未来发展趋势

（一）氢能产业发展现状

自2015年《巴黎协定》签署以来，全球节能减排的压力愈发严峻，减少对化石能源的依赖并大力发展清洁能源的诉求愈加高涨。在全社会应对气候变化的大背景下，随着"双碳"目标的提出，氢能成为关注的热点。与以往伴随石油价格高涨而形成氢能研究热潮不同，新一轮氢能产业的快速发展有三个全新的动力：氢能产业的相关技术已进入成熟期、新能源高速发展为绿氢来源提供保障、难以脱碳行业实现碳中和的可选路径。

1. 氢能产业政策

（1）国家发布氢能顶层设计文件后，各地政府陆续出台氢能发展规划。2022年，为促进氢能产业规范有序高质量发展，经国务院同意，国家发展和改革委员会、国家能源局联合印发《氢能产业发展中长期规划（2021—2035年）》（简称《规划》）。目前，我国所有省（自治区、直辖市）均制定了明确的氢能发展规划，2023年国家部委发布的氢能相关政策（包含重要会议指示）共52项，全国各地区发布涉氢政策137项，这对促进氢能产业的发展具有积极作用。此外，超过1/3的中央企业已着手布局制氢、储氢、加氢、用氢等产业链。由此可见，氢能的发展形成高度共识，产业化节奏正在提速。

（2）开启燃料电池汽车"以奖代补"政策，五大示范城市群加速布局氢能产业。2020年印发的《关于开展燃料电池汽车示范应用的通知》正式开启燃料电池汽车"以奖代补"政策，在支持方式、积分考核、应用场景、技术创新等多个方面出台具体的支持政策和考核要求，更新了燃料电池汽车的各项技术要求，促进了行业技术进步。2021年8月和12月共批准上海、北京、广东、河北、河南五大示范城市群。"以奖代补"政策以各示范城市群实际推广燃料电池汽车的绩效为原则，对各城市群进行综合评分，根据评分结果按规则进行奖励。从各地区发布的氢能政策数量来看，燃料城市群地区仍为主要领跑者，这表明氢能政策已经进入"落地实施"阶段。

（3）氢能正式纳入《中华人民共和国能源法（草案）》，全产业链有望进一步完善发展。2024年4月，十四届全国人大常委会第九次会议对《中华人民共和国能源法（草案）》进行了审议，氢能被正式列入，与煤炭、石油、天然气等同级管理。这标志着氢能的能源属性得到进一步明确，也为其后续发展提供了法律保障。法律层面的明确将为市场提供稳定的预期，资本有望快速进入氢能领域，促进氢能全产业链的进一步完

善和发展。

2. 氢能产业发展格局

中国各级政府对支持氢能发展显示出极大热情。从空间布局来看，我国已经形成了长三角、珠三角、环渤海、川渝鄂四个氢能产业集聚区，启动了山东"氢进万家"科技示范工程，建立了以上海、北京、广东、河北、河南为代表的五大氢燃料电池汽车示范城市群，这些都将极大促进氢能及氢燃料电池的推广，以及重点地区氢能产业链的完善。

3. 氢能消费总量

从消费端看，作为化工原料，合成氨、合成甲醇、石油炼化是氢气前三大用途，煤制天然气、煤制油、煤制乙二醇、煤制乙醇也消耗原料氢气；作为燃料，主要是炼焦过程产生的焦炉煤气，部分为焦炉自身加热提供热能。此外，作为反应气、还原气或保护气的高纯氢应用于电子工业、浮法玻璃、冶金工业等领域；液氢为航空航天工业提供燃料，高压氢为氢燃料电池汽车提供燃料。在氢能供应方面，中国是世界上第一大制氢国，2022年，氢气作为化工原料和燃料在传统行业的应用规模达到3886万吨（表22-1）。

表22-1　氢气作为化工原料和燃料在传统行业的应用规模

项目	合成氨	合成甲醇	石油炼化	煤制油	煤制天然气	煤制乙二醇	炼焦	合计
2022年产量/加工量	6 096万吨	8 022.5万吨	6.76亿吨	931万吨	61.25亿立方米	405.6万吨	47 344万吨	合计
氢气消耗量/万吨	1 073	1 003	987	117	164	53	489	3 886

注：煤焦化过程每吨焦炭产生约430标准立方米焦炉煤气（含氢量55%），其中50%回炉

4. 加氢站及氢燃料电池汽车

截至2023年底，全球加氢站数量达到998座，我国在运加氢站数量约为421座，约占全球数量的42%，加氢站数量位居世界第一；氢燃料电池汽车保有量18 514辆，成为全球最大的燃料电池商用车市场，带动了制氢、储氢、运氢、加氢等氢能基础设施的发展（图22-1）。大型加氢站比例逐年提高，2023年新建加氢站中，1000千克/天以上加氢站占比超过40%；制氢加氢一体站数量显著提升，2023年新建成8座。目前，氢能行业已逐步建立起了较完整的产业链，具备了规模化发展的基础，氢能产业将进入可持续健康发展通道。

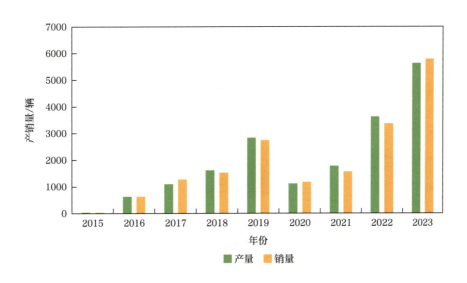

图22-1　中国氢燃料电池汽车产销量

5. 输氢管道建设

2023年以来，我国输氢管道项目规划及建设显著提速。内蒙古西部天然气股份有限公司国内首条长距离掺氢管道258千米"包头—临河"工程开工，湖北省大冶市绿电绿氢制储加用一体化氢能矿场综合建设项目50千米的输氢管道开工，中国石化1132千米"乌兰察布—燕山石化"纯氢管道项目开始选址规划，中石油736.5千米"康保—曹妃甸"氢气长输管道项目获备案批复。城市燃气示范项目也在有序推进，浙江省能源集团有限公司建成国内首个城燃掺氢一体化示范项目。

（二）氢能应用场景分析

氢能行业的发展，底层逻辑就是氢能将成为难以脱碳行业实现碳中和的重要解决方案之一。由于氢气既是一种燃料，也是一种原料，氢能应用场景十分广泛，按照终端能源消费形式分为四大类——工业、电力、交通和建筑（图22-2）。目前来看，交通领域是氢能和燃料电池下游应用市场发展的突破口，随着碳中和战略的深入，氢能产业正快速向工业、电力和建筑领域拓展。

1. 氢能是交通领域多元发展的动力源

氢能应用到交通领域的核心设备是氢燃料电池，是将氢气的化学能转化成电能。受益各国政策的支持，氢燃料电池汽车技术上取得较大突破，以丰田、现代等为代表的氢燃料电池乘用车在全世界销售，氢燃料电池商用车在我国得到了多场景的应用示范，2023年氢燃料电池重卡销量达到3612辆。

图22-2　氢能在终端能源消费中的主要应用方向

对于氢燃料汽车而言，主要竞争对手是燃油车和电动车。氢燃料电池乘用车普及所遇到的困难主要是氢基础设施有限导致使用率仍较低，而氢气售价相对又较高；电动乘用车技术发展较快以及充电桩部署已趋规模化，使得氢燃料电池乘用车的竞争力相对处于弱势。氢燃料电池汽车完全依靠自身力量来取得优势是十分困难的，需要在政策扶持下，借助不同的场景进行差异化布局。譬如，以重卡等商用车为切入口，率先示范，不断进行技术迭代，规模化成本降低后，再在整个交通领域进行商业化推广。

2. 氢能是工业领域零碳发展的原料仓

氢能可以促进传统化石能源的转型升级，由燃料向原料转变。

（1）绿氢耦合煤化工。煤化工产业用CO变换反应制取氢气，来调整化工合成需要的氢碳比，故而产生大量的CO_2。绿氢与煤化工实现耦合，最大的优势在于：电解水制氢的同时，还能产生氧气，省去合成气变换装置，也可以省去空气分离装置；而这两个装置正是煤化工企业高耗能、高排放的最主要的单元。

（2）绿氢耦合石油炼化。石油炼制过程是一个加氢精制过程，通常炼厂副产氢可以满足原油精制过程大部分氢气需求，但还需要额外氢源来满足整个炼厂油品和化学品的加氢需求。目前国内炼厂氢气主要采用煤制氢和天然气制氢来满足氢气需求缺口，但煤或天然气制氢是高碳排放环节。同时由于纯电汽车的替代，汽柴油的发展空间受限，使得传统炼厂朝着"减油增化"的方向转型，化工品的比例越来越高，氢气需求更大。

（3）氢炼钢。我国钢铁行业是工业领域排放第一大户，需求减少、能效提升、废钢再利用、CCUS、氢气直接还原炼钢等技术的加速推动，是中国钢铁行业实现碳中和的重要抓手。氢能应用钢铁冶金，研发热点主要有富氢还原高炉炼铁和氢气气基竖炉直接还原，随着可再生能源制氢技术发展和成本下降，氢冶金将具备经济性潜力。

3. 氢能是电力领域新能源高比例发展的调制解调器

氢能作为能源媒介，可实现大规模、长周期、跨区域储能，促进新能源在电源结构中更高比例地发展。未来，燃煤火电机组面临降碳压力时，可通过掺混绿氨燃烧达到排放要求；而响应速度快、功率负荷调节范围宽的燃氢轮机和氢燃料电池在电网有调峰需求时，或将成为优质电源。

（1）燃煤掺氨电站。NH_3作为零碳燃料和氢能载体，有望在构筑脱碳社会中发挥重要作用。NH_3直接作为燃料，因燃烧设备的改造不需要大量成本，燃烧过程不排放CO_2，且运输和储存相对容易，将减少氢能引入的技术和经济障碍。结合我国大量燃煤电厂资产实际情况，燃煤掺氨发电这一最为重要的氨直接燃烧利用方式，将成为燃煤电厂脱碳的可选路径之一。

（2）氢储能-燃氢电站。其是将可再生能源制取绿氢，电力转化为氢气储存，再用于燃料电池发电或氢燃气轮机发电，以满足电力调节需求。与其他形式的储能相比，氢储能能够实现大规模、长周期的储能需求；在未来的新型电力系统中，储氢技术是其他储能形式的有益补充。

4. 氢能是建筑领域深度脱碳的重要抓手

我国建筑领域碳排放相对分散，捕集难度大，若要实现深度脱碳，需从源头加以控制，未来天然气掺氢以及燃料电池热电联供具有广阔的应用前景。天然气掺氢是指利用"西气东送"大通道将西部风光大基地绿氢输送至东部耗能大省，依托城市输气管网将氢气送进千家万户。燃料电池热电联供是指利用燃料电池发电技术实现向用户供给电能和热能的一种能源供给技术，能源综合利用效率可达80%以上。目前全球范围应用在热电联供领域的技术以质子交换膜燃料电池、固体氧化物燃料电池（solid oxide fuel cell，SOFC）为主，其中，日本、美国、韩国和欧洲在燃料电池热电联供领域从技术和应用方面处于世界领先地位。在国家政策支持和相关企业的积极推动下，我国燃料电池技术尤其SOFC技术发展迅速，燃料电池热电联产已实现小规模示范应用。

目前，山东依托"氢进万家"科技示范工程，积极开展氢能园区、社区建设。2023年11月15日，东岳氢能关键技术集成及示范园区投运，成为国内较早通过大规模工业副产氢纯化–氢热电联供以满足楼宇电、热需求的园区。此外，山东正在进行氢能社区建设，将通过纯氢管道、天然气管道掺氢等方式，利用社区楼宇用热电联供系统和专用灶具为家庭生活供能供热，打造氢能利用进家入户的示范应用场景。

5. 氢基能源是氢储能的重要载体

（1）绿色甲醇。甲醇是一种重要的能源和化工原料，可用于合成甲醛、丙烯酸等有机溶剂，也可用作汽车、轮船和火箭的燃料。传统煤制甲醇碳排放较高，若采用生物质耦合绿氢制甲醇以及CO_2捕集耦合绿氢制甲醇可显著降低全生命周期碳排放，并有效解决绿氢消纳问题。

（2）绿氨。氨是一种重要的农业、能源和化工原料，可用于尿素合成、硝酸生产、交通燃料等。传统的灰氨主要由天然气蒸汽重整制得的氢气与空气分离的氮气通过哈伯–博施（Haber-Bosch）法制得，其中天然气蒸汽重整制氢过程排放大量的CO_2。通过绿电制取绿氢再与空气分离氮气耦合，可以实现氨合成的大量脱碳。

（三）氢能产业近中期发展趋势

1. 氢能在交通领域将不断发展壮大

（1）绿氢合成甲醇是航运交通业低碳发展的重要解决方案。航运交通业对化石能源依赖严重，碳减排难度大。电池由于体积能量密度低，不适合远洋航行，而氢燃料电池难以提供兆瓦级动力，故将现有船舶改造成甲醇发动机最具前景。在国际海事组织、欧盟的政策驱动下，马士基、中远海运等众多航运公司开始订造甲醇燃料船舶，未来全球绿色甲醇需求量将呈现快速增长态势，预计到2030年将达到1000万吨/年。

（2）氢燃料电池汽车由导入期进入成长期，聚焦在重卡领域，乘用车较少。燃料电池技术的发展进步，将使得氢能可以广泛应用于道路交通、船舶、铁路、航空等各种交通领域。目前国内氢燃料车仍以示范城市群项目为主，处于导入期。展望"十四五"期间，国内氢能源车有望进入量产阶段，结合各地方政府的氢能规划，提出具体推广应用氢燃料电池汽车目标的有15个省（自治区、直辖市），合计达到7.38万辆（图22-3）。综合研判，基本能够实现《规划》提出的2025年全国燃料电池车总保有量为5万辆的目标，预计这些车辆每年消耗氢气量在20万吨的量级。2025年之后有望开启商业化应用阶段，进入成长期，燃料电池车在2030年有望达到20万辆的规模。

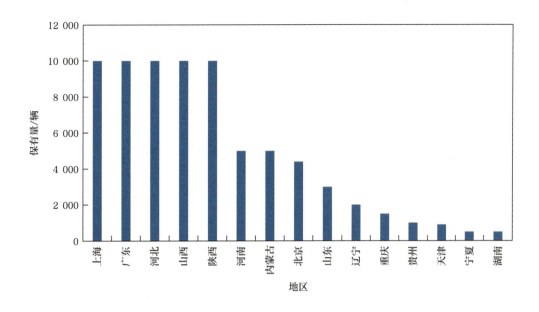

图22-3　部分省（自治区、直辖市）到2025年氢燃料电池汽车保有量的发展目标

2. 绿氢将逐步助力重点工业行业碳减排

合成氨是绿氢下游应用的重点方向。在碳减排和新能源消纳双重压力下，结合氨运输的便捷性和应用的广泛性，绿氢合成氨（绿氨）将给煤制合成氨（灰氨）带来挑战，不仅助力合成氨工业碳减排，且绿氨作为载氢体，将拓展氨作为化工原料的传统下游市场，带来新的增量，故"十四五"期间，合成氨是绿氢下游应用的重点突破行业，在风光资源丰富的内蒙古、河北、吉林等地区，已经有多个绿氨项目在规划实施。

绿氢耦合煤化工及炼化行业以试点示范为主。"绿电–绿氢–煤化工"和"绿电–绿氢–炼化"一体化，绿电替代化石能源发电、中低位热能供热，绿氢替代化石能源制氢、作燃料用于高位热能供热，都将助力石化行业全面实现低碳化发展和绿色转型升级。新能源制氢成本高，且煤化工和炼化项目耗氢规模极大，绿氢项目难以与之完全匹配，故"十四五"期间，绿电、绿氢在石化领域的应用，将是以相对小规模项目的试点示范为主，重点任务是打通以绿电、绿氢为主的工艺流程。

氢能炼钢技术有待持续突破。炼钢是基于铁矿石还原得到生铁，氢气和一氧化碳都具有还原性，但氢气不产生二氧化碳，在碳中和战略下，氢能炼钢应运而生，但不同于一氧化碳还原放热，氢还原铁是吸热反应，所以不论是反应原理还是工艺流程，都需要再造，技术有待持续突破。目前在全球范围内，也都是处于中试等研究状态，故"十四五"期间，基于自产焦炉煤气的"蓝氢"，氢能炼钢将处于技术突破和示范阶段。

3. 绿氢成本有望实现平价

随着新能源发电成本逐步下降，电解水制氢技术和商业模式逐步成熟，考虑化石能源CCUS的成本，预计2030年前后，新能源电解水制氢成本或开始与化石能源制氢相匹敌，绿氢的成本有望实现平价。综合上述应用场景需求，氢能的增量将主要由新能源制绿氢提供，且规模不断增大，产量显著增长。氢能产业由导入期进入成长期，到2035年，我国将构建起涵盖交通、工业、电力等领域的多元氢能应用生态。

4. 氢能产业近中期发展规模预测

本书在研究氢能产业发展的过程中，从整体系统的视角考虑以下两个方面：一是通过运用能源系统量化模型，基于碳中和大能源视角，推演出氢能产业中长期的发展趋势以及在整个能源系统中的地位；二是通过电力电量平衡分析，论证氢能产业在中远期大规模发展的可行性。在预测过程中，为了测算氢能在应用端的数量关系，本书依据当前行业整体情况及发展趋势，对氢能在不同应用领域的用氢量进行了对标分析。随着新能源电力成本下降和氢能技术体系成熟，绿氢消费领域和规模不断扩大，逐步推动化工和冶金等传统工业领域通过绿氢替代实现低碳转型。

预测结果显示，到2025年绿氢消费量将达到39万吨，在终端能源消费中的占比尚不足0.1%；到2030年绿氢消费量将超过300万吨，在终端能源消费中的占比将为0.3%左右；到2035年绿氢消费量将为1150万吨左右，在终端能源消费中的占比将为1.1%（图22-4）。绿氢终端消费的产业分布方面：2035年前，燃料加工与化工、交运仓储两大行业合计占据绿氢消费量的2/3左右，是绿氢消费的主要增长极。

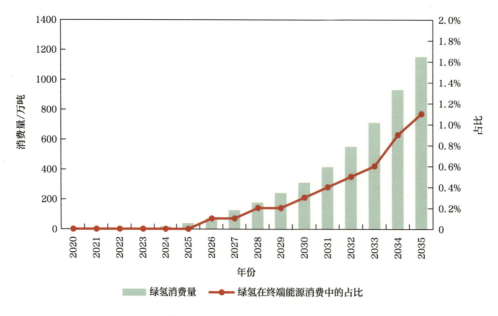

图22-4　绿氢消费量及在终端能源消费中的占比预测

（四）氢能产业中长期发展趋势

长期来看，氢能产业未来的发展前景非常广阔，但根据目前发展状况判断，未来氢能产业要立足于商业能源领域，需具备几项前提条件：第一，发展前期必须予以政策支持；第二，在产业链的各个环节上，成本均具备一定竞争力；第三，技术安全可靠性保障和社会认知接受度高。到2060年，中国的氢能产业发展前景可分为三个阶段。

第一阶段（2023—2025年）：政策引导局部示范导入期。在《规划》和"以奖代补"政策的引导下，通过示范城市群的带动，将氢能和燃料电池汽车产业链建立起来，关键核心技术取得突破，逐步实现国产化。与此同时，氢能行业将推动完成氢能在中国的发展定位与战略目标，形成自上而下相对健全的行业发展指导意见及审批管理政策，初步建立产业政策、监管方式、商业模式，为产业健康持续发展奠定基础。

第二阶段（2026—2035年）：市场驱动商业模式培育期。在燃料电池系统价格下降、生产规模扩张、可再生能源在制氢过程中使用比例提升、加氢基础设施逐渐完善等多个因素的驱动下，商用氢燃料电池车，尤其是重卡的成本将大幅下降，整个氢能产业将形成一定的发展规模，形成高效、安全、低成本的供氢网络雏形，为产业高质量持续发展奠定基础。在此阶段，制氢、加氢、运氢、储氢、氢燃料电池等关键装备技术基本实现国产化；绿氢在工业领域的应用开始拓展，绿氢合成氨、合成甲醇等工程项目逐步增多；产业政策逐步健全、行业监管相对完善，商业模式较为成熟，产业处于在市场驱动下有序竞争且日益发展的状态。

第三阶段（2036—2060年）：产业生态绿色智慧成熟期。可再生能源制氢成为核心氢源，氢气在这个阶段将能够更系统地生产、储存、运输和分销。氢能源的绿色属性日渐凸显，将充分进入交通、电站、储能、建筑、化工和钢铁等各个细分市场参与竞争，在全球范围内实现将绿色能源转化为动力的系统解决方案。在这个阶段，社会生产系统将由不同的技术提供动力，氢能产业将实现与工业、电力、建筑、交通行业不同程度的融合，最终构建电力与氢能互补的能源供应体系。

根据预测模型结果，到2040年绿氢消费量约为2300万吨，在终端能源消费中的占比达到2.2%；到2050年绿氢消费量约为5000万吨，在终端能源消费中的占比约5.6%；到2060年绿氢消费量约为8300万吨，在终端能源消费中的占比约为11.2%（图22-5）。

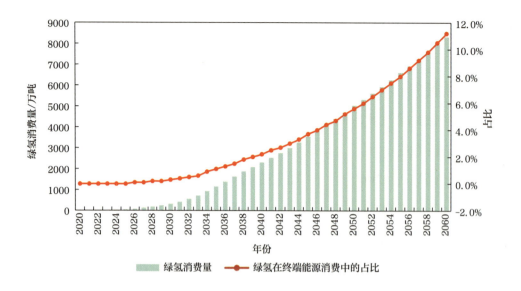

图22-5　氢气消费量及在终端能源消费中的占比预测

　　未来随着交通领域乘用车、商用车数量的提升，工业领域煤化工、石油化工、钢铁的原料替代，以及电力领域燃氢调峰和燃氨电厂的燃料需求的增加，我国绿氢的消费潜力巨大。预计到2060年，我国氢气需求结构中，燃料加工和化工业与交通运输仓储邮政业的占比将分别增长至29.6%、24.4%，钢铁行业占比为14.4%，是绿氢消费的主要领域。此外，在碳中和目标驱动下，在建材行业、其他制造业、其他服务业、居民生活等领域，绿氢对煤炭、油品、天然气等化石能源的替代效应也逐步增强，这些领域的绿氢消费量也将稳步增加（图22-6）。

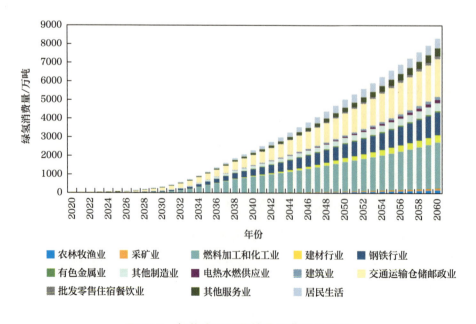

图22-6　氢能在不同领域的消费结构预测

总体而言，氢能在可再生能源与传统化石能源之间将起到纽带作用，在化解大规模风光新能源送出消纳难题的同时，更是难以脱碳的工业领域实现深度减排的"攻坚利器"。短期内氢能的发展或许面临着经济性考验，但是随着氢能产业链商业化进程的不断完善和成熟，制氢、输氢技术的不断迭代升级，制氢规模的不断壮大，氢气成本有望快速下降；长期来看，氢能将与交通网、原料网、供电网、供热网等深度耦合，成为未来能源枢纽中重要的一环。

二十三、储能产业发展现状和未来发展趋势

（一）储能产业发展现状

1. 产业政策更加精准有效

储能是智能电网、可再生能源高占比能源系统、能源互联网的重要组成部分和关键支撑技术。2014年，国务院办公厅印发《能源发展战略行动计划（2014—2020年）》，将储能作为能源科技创新战略方向和重点。近年来，国务院、国家发展和改革委员会、国家能源局等相关部门接连出台了《关于促进储能技术与产业发展的指导意见》《关于加强储能标准化工作的实施方案》《关于加快推动新型储能发展的指导意见》《"十四五"新型储能发展实施方案》《关于加强电网调峰储能和智能化调度能力建设的指导意见》等一系列政策文件，储能产业顶层设计逐步健全，创新示范愈发多样，技术标准更加清晰。随着中央加大对储能产业的扶持力度，地方政府也积极响应，全国各省（自治区、直辖市）相继发布多项政策规划推动储能产业发展。据不完全统计，2023年广东省出台储能补贴等相关政策20余条，涵盖市、县等多个层次以及装备研发、推广应用等多种场景，浙江、江苏、安徽、河南、重庆、贵州、云南、内蒙古等10余个省（自治区、直辖市）也均有相应储能政策出台。由此可见，储能产业政策呈现由面及点、多元融合态势，一方面与新型电力系统、电力市场建设、综合能源服务等各领域政策相辅相成，另一方面与市场参与、规划布局、新能源汽车等地方实际融合，政策实施更加精准有效，共同促进储能产业高质量发展。

2. 储能装机规模持续增大

随着能源电力低碳转型加快推进，储能作为提升电力系统调节能力的主要举措、推动新能源大规模高比例发展的关键支撑、构建新型电力系统的重要内容，在统筹调节各

类资源协同发展中发挥愈加关键的作用，储能项目累计装机规模持续扩大（图23-1），由2015年的2320万千瓦增长至2023年的8223万千瓦，约占全球储能市场规模的30%，实现2.5倍增长。其中，新型储能发展迅猛，2023年全国新型储能项目新增装机规模约2260万千瓦/4870万千瓦·时，较2022年底增长超过260%。从分布区域看，西北、华北地区新型储能发展较快，装机占比超过全国50%，其中西北地区占29%，华北地区占27%，全国共有11个省（自治区、直辖市）装机规模超百万千瓦；从投资规模看，"十四五"以来，新增新型储能装机直接推动经济投资超1千亿元，带动产业链上下游协同发展，成为我国经济发展"新动能"。

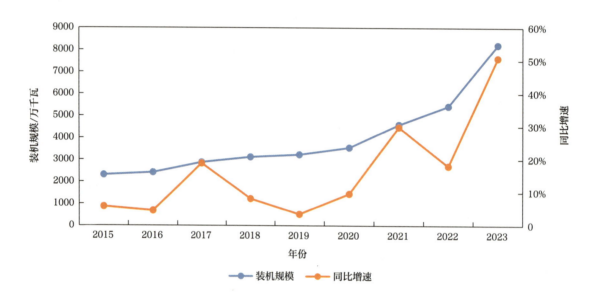

图23-1　2015—2023年中国储能项目累计装机规模及增速

资料来源：中国电力企业联合会

3. 储能技术多元快速发展

近年来，储能新型技术不断涌现，技术路线"百花齐放"（图23-2）。截至2023年，抽水蓄能的累计装机规模占比最大，达到61.9%，所占比重较2022年同期大幅下降约22.1个百分点；新型储能占比快速提升，由2022年的15.9%提升为38.1%，累计装机规模超过3000万千瓦，其中锂离子电池占绝对主导地位，比重达97.4%；压缩空气储能、液流电池、铅炭电池等其他储能技术在规模上均有所突破，应用模式逐渐丰富。多样化的储能技术可在不同时间尺度上控制功率和能量的输入、输出，有望改善电力系统的稳定性和运行特性。目前，技术较为成熟的抽水蓄能和压缩空气储能受到地理条件等因素的制约；灵活、高效的电化学储能仍存在成本较高、电气安全隐患以及与新能源融合相关的技术问题等；以氢气为媒介的氢储能方兴未艾，安全与低成本的储运仍是需要攻克的难点。在新能源开发规模快速增加、负荷峰谷差持续拉大的背景下，发展"高安全、低成本、强灵活、可持续"的储能技术，是提升电力系统调节能力、保障电力系统安全运行的必然需求。

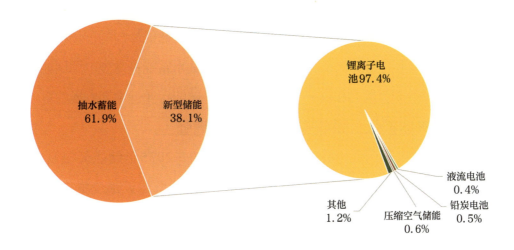

图23-2 中国电力储能市场累计装机规模（截至2023年）

资料来源：国家能源局

图中百分比由于经过四舍五入，合计可能不等于100%

4. 储能接网方式更加灵活适配

依据储能变流器的类型，储能系统大体可以分为跟网型储能和构网型储能。跟网型储能具备在确定电流和最大功率点的条件下对系统进行控制的能力，然而随着新能源规模化并网，特别是以沙漠、戈壁、荒漠地区为重点的大型新能源基地全面建设，电力系统惯性减小、工况复杂、稳定性减弱等问题逐步突显，对储能的要求也由"被动跟网"转变为"主动构网"。构网型储能具备类似同步发电机的控制响应特性，能够为大电网平稳运行提供稳定电压源，成为新能源大基地配套储能的重要方式之一。2023年，国家能源局印发《关于组织开展可再生能源发展试点示范的通知》，支持构网型风电、构网型光伏发电、构网型储能等技术研发与工程示范。西藏、新疆、福建等多地也陆续出台政策支持构网型储能试点示范。2023年6月，国家能源集团宁夏电力宁东200万千瓦复合光伏基地项目按期实现全容量投产，该项目通过"混合式+构网型储能"先进技术研发与应用，实现光储联合协同调控和光火储多能互补。目前，构网型储能仍处于发展初期，成本过高、标准缺失、技术问题等限制了其大规模推广。

（二）储能产业近中期发展趋势

随着社会主义现代化建设持续推进，用电侧电气化程度持续提升，负荷峰谷差将增大电力系统调节需求；发电侧新能源占比逐步提高，新能源大规模并网对系统调节能力提出更高要求。加大储能的政策引导与扶持力度，推进先进储能技术攻关及产品规模化应用，构建满足产业发展需求的技术标准体系，建立完善适应储能参与的市场机制，积极推动新型储能与新能源、常规电源协同优化运行，充分挖掘抽水蓄能等常规电源储能增长潜力，增强新型电力系统灵活调节能力和容量支撑能力，将是储能行业近中期发展的重点方向。

1. 装机规模快速扩张，系统支撑能力持续增强

根据中国能源系统预测优化模型，计算得到2020—2035年储能装机及非化石能源装机规模预测结果（图23-3、图23-4）。随着新型电力系统建设加快推进，非化石能源装机量持续增加，仅靠发电电源难以保障电力供应安全有效，推进"新能源+储能"协同发展将是近中期新型电力系统发展的必然趋势。预计到2025年，储能装机规模达到1.3亿千瓦，风光总体配储比例为8%左右，构网型储能示范项目加快布局；2030年储能装机规模将超过3亿千瓦，风光总体配储比例提高至11%左右，构网型储能成本逐步下降、可靠性较大提升，"跟网型+构网型"组合配置成为新能源大基地储能布局的主要模式；2035年储能装机进一步增长至5.6亿千瓦左右，风光总体配储比例进一步增长至16%左右，构网型储能成为提供新型电力系统灵活调节能力的重要手段，更有力支撑高比例新能源并网消纳和电力系统安全稳定运行。

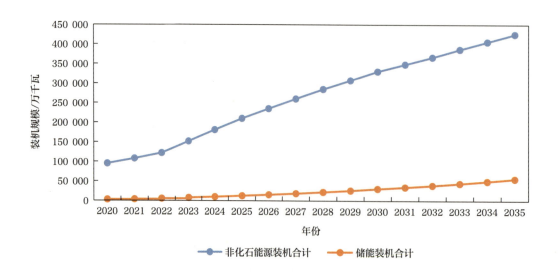

图23-3　2020—2035年中国储能项目累计装机及非化石能源装机规模

图23-4 2020—2035年中国各类型储能项目占比

2. 多类型储能协同发展，新型储能占比快速提升

抽水蓄能电站具有调峰填谷、调频、调压、事故备用、黑启动等功能，且启动迅速、运行灵活，可有效调节电力系统供需的动力平衡。然而，抽水蓄能受地理环境影响较大，且能量密度低、电站的投产成本高、回报周期长，将限制抽水蓄能机组装机容量的增长，占比逐步下降，预计2025年占总储能装机的55%左右，2030年降至43%左右，2035年降至40%左右（图23-4）。在电力系统对调节能力需求提升、新能源开发消纳规模不断加大，尤其是大型风电光伏基地项目集中建设的背景下，具有建设周期短、环境影响小、选址要求低等优势的新型储能与新能源开发消纳的匹配性更好，优势逐渐凸显，将成为未来储能装机规模发展的主要增长点。《关于加快推动新型储能发展的指导意见》提出，到2025年实现新型储能从商业化初期向规模化发展转变，到2030年实现新型储能全面市场化发展，届时基本满足构建新型电力系统的需求。预计2025年、2030年和2035年，电化学储能装机规模分别达到5500万千瓦、16 500万千瓦、32 000万千瓦左右，占全部储能装机的42%、53%和56%左右。

3. 政策机制保障不断增强，引领储能行业健康有序发展

政策引导方面：一是加强国家战略与地方规划协同引领，明确储能行业的发展目标、重点任务及实施路径等顶层设计，同时因地制宜出台、推动储能"政策包"落地见效，解决储能项目实施的痛点、难点；二是建立更为完善的储能价值评价体系，形成更

加多元化的储能价值评价方式，并针对不同的储能应用场景，建立在电厂、电网、电力用户乃至社会团体和政府之间的分摊机制，为储能价值的量化评估与成本分摊提供决策依据；三是完善储能技术及应用标准体系，目前各国都在积极制定储能标准，我国应加快储能特别是新型储能系列技术的标准制定工作，并与国际标准接轨，深度参与国际标准化工作，支撑标准走出去。市场机制方面：一是建立储能市场机制，促进储能规模化应用，通过理顺储能的市场机制和电价机制，储能在参与调频、调峰、后备电源等过程中获得增值机会，从而提高储能的盈利能力，吸引更多社会资本参与储能建设；二是深化发展市场化电价机制，进一步完善电力现货交易，完善峰谷电价政策，落实分时电价、尖峰电价，推进电力现货交易，有效利用峰谷价差，为用户侧储能发展创造更大的市场空间；三是探索储能新商业模式，加快市场化节奏，通过共享储能、云储能、储能聚合等商业模式，将容量电价并入收益范围，统一投资主体与获益主体，推动储能降本增效。

（三）储能产业中长期发展趋势

中长期，储能技术路线多元化发展，满足系统电力供应保障和大规模新能源消纳需求，形成以电为核心，储电、储热、储气、储氢等多类型储能互联互通，集中式与分布式储能协同发展，多时空与多场景联合调控的产业格局，能源系统运行灵活性大幅提升。

1. 储能规模快速增长，结构持续优化

预计到2040年、2050年、2060年，全国各类储能装机规模将分别达到8.8亿千瓦、13.0亿千瓦和15.7亿千瓦。其中，抽水蓄能受站址资源约束、新型储能快速发展等的影响，装机容量增幅受限，2055年左右装机基本达峰，峰值为4亿千瓦左右，占全部储能装机的比重逐步下降，由2035年的40%降至2060年的25%左右。大容量、低成本、高安全的电化学储能快速增长，2035—2060年年均增速约4.8%，到2060年装机规模增加至10亿千瓦左右，占全部储能装机的比例由2035年的56%逐步提升至2060年的65%。压缩空气储能、储氢、储热等长时储能规模增长迅速，2035—2060年年均增速约8%，重点解决高比例新能源的电力系统下跨季平衡调节问题。

2. 储能有效提升电力供应保障能力

在可再生能源开发规模快速增加、负荷峰谷差持续拉大的背景下，如何提升电力系统调节能力、保障电力系统安全稳定运行，是建设新型电力系统必将面对的持久且艰巨的问题。根据中国能源系统预测优化模型，计算得到2020—2060年节点年电力供应保障系数预测结果（图23-5），仅靠发电电源难以维持安全的电力供应保障能力，电力供应保障系数将持续下降，到2060年降至0.7以下，严重影响电力系统安全。通过配套部署灵活适配的储能系统，为电力系统提供快速调频调压、增加惯量和短路容量、抑制宽频振荡等支撑作用，电力供应保障系数可维持在1.1以上的安全水平，储能作为电力系统低碳转型过程中保障安全性和韧性的"稳定器"的功能将愈发凸显。

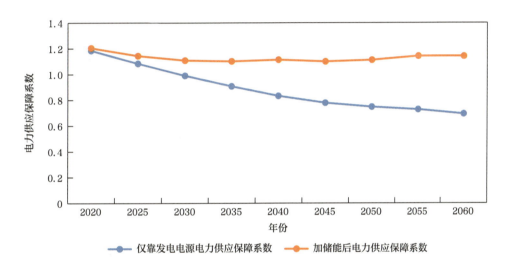

图23-5 2020—2060年节点年电力供应保障系数

3. 储能对风光并网消纳的支撑能力持续增强

2035年以后，非化石能源装机将持续增长并逐步成为主体电源，为保障电力系统安全稳定，风光总体配储比例快速增长。2035年我国基本实现社会主义现代化，广泛形成绿色生产生活方式，非化石能源装机占比超过71%，风光总体配储比例达16%左右。2040年，我国逐步结束以煤为主体的能源供给结构，非化石能源成为能源供应的主要方式，发电装机占比超过75%，风光总体配储比例达21%左右。2050年，我国全面建成社会主义现代化强国，在新能源和储能的技术能力及影响力方面全面领先世界，预计非化石能源装机占比将超过80%，风光总体配储比例达23%左右。2060年，预计非化石能源装机占比将超过86%，风光总体配储比例达25%左右，为电力系统安全稳定提供了坚实保障（图23-6）。

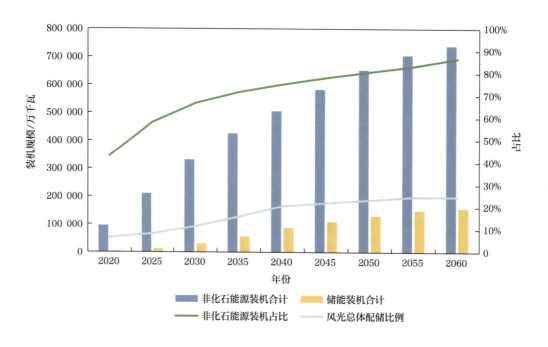

图23-6 2020—2060年节点年非化石能源装机与储能装机规模及非化石能源装机占比与风光总体配储比例

4. 多时间尺度储能协同保障新型电力系统调节需求

在储能类型方面，预计抽水蓄能的规模占比将持续降低，而以电化学储能为代表的新型储能装机规模将呈现爆发式增长，占比逐渐升高，在储能应用发展中占据重要地位。在储能应用方面，预计储能在新型电力系统"源–网–荷"各方面产生不可替代的支撑作用，不仅可以发挥电网辅助服务、提高新能源并网发电平稳性、系统备用等能量型功能，还将在短时间尺度的稳定控制方面（如惯性支撑）和长时间尺度的无功控制方面（如中长期电压调节）发挥重要作用。随着可再生能源发电主体地位逐步确立，储能将在新型电力系统建设及完善过程中扮演重要角色，多种类储能在电力系统中有机结合、协同运行，共同解决新能源季节出力不均衡情况下系统长时间尺度平衡调节问题，能源系统运行的灵活性和效率大幅提升。

二十四、CCUS产业发展现状和未来发展趋势

自1972年美国在得克萨斯州启动全球首个CO_2驱油商业化项目以来，CCUS技术已

走向产业集群化与商业化应用前期阶段，成为实现净零排放的关键减排措施之一。2019年G20峰会后，CCUS国际关注度提升，特别是自2021年起，全球CCUS项目数量迅速增加。多国（地区）发布的国家（地区）顶层规划和能源战略均提出要加紧开发CCUS相关技术，如中国的"十三五"规划、美国的《全面能源战略》、欧盟的《2050能源技术路线图》和日本的《面向2030年能源环境创新战略》，旨在推动化石能源高效利用和实现净零排放目标。尽管不同国家和地区的CCUS战略规划存在差异，但共同目标是通过大规模示范推动全球CCUS产业化和商业化，促进清洁能源转型和长期环境目标的实现。

（一）CCUS产业发展现状

1. 全球CCUS产业规模快速增长

CCUS产业化发展受到全球各国高度重视，截至2023年底，全球25个国家已部署CCUS项目。IEA统计显示，截至2023年2月，全球范围内捕集规模超过10万吨/年（或直接空气捕集1000吨/年）的CCUS项目已达573个，其中499个项目处于规划阶段，23个已投建，47个实际运行，4个暂停或退役。项目主要集中在美国、英国、加拿大、澳大利亚、挪威、新西兰、德国、丹麦等。

整体来看，近年来全球CCUS项目蓬勃发展。一是涉及领域不断扩大。2020年前捕集碳源主要来自天然气脱碳、化肥、生物乙醇、甲醇以及氢气等行业产生的高浓度CO_2，较多用于CO_2强化石油开采；2020年后逐步拓展至化石能源发电、水泥、钢铁等行业产生的低浓度碳源，特别是2021年以来相继出现了直接空气捕集（direct air capture，DAC）等更低浓度的CO_2捕集项目，且呈现出二氧化碳强化石油开采与咸水层地质封存并重发展态势。二是单体规模不断增大。2022年新规划和在研项目平均单体规模达到186万吨/年，较2021年（含）前增长67.7%。三是集群和枢纽出现。为适应区域性和社会化发展，并满足大规模减排需求，CCUS专业运营商逐步兴起，能够集中输送和封存多个气源点捕集的CO_2，从而构建区域性产业集群和枢纽。例如，2017年加拿大阿尔伯塔省政府推动的阿尔伯塔省碳干线120万—140万吨CO_2/年驱油及封存项目以及荷兰Porthos CCS集群项目均采用独立运营商模式。四是CCUS商业化仍道阻且长。作为资本密集型的长期项目，尽管像挪威等部分国家已经进行了一些商业化探索，但CCUS项目仍然面临成本过高以及缺乏相关政策机制与商业化模式问题。

2. 国内CCUS仍处在规模化示范阶段

截至2023年9月，我国已投运和正在建设中的CCUS示范项目共计109个，其中超过半数已投入使用，捕集能力达600万吨/年，油田二氧化碳注入能力为400万吨/年，国家能源集团、中国石化、中国华能等多家大型能源企业开展了工业示范（表24-1）。多个百万吨级以上的CCUS项目正在规划，但已投运项目仍规模偏小，捕集能力多居于50万吨/年以下；重点减排行业均有涉及，水泥、钢铁等行业示范项目刚刚起步。

表24-1　国内代表性CCUS大型示范项目

项目名称	实施地点	CO_2捕集能力	技术路径	进度
国家能源集团泰州电厂碳捕集项目	江苏泰州	50万吨/年	燃烧后捕集+工业利用	2023年投产
中国石化胜利油田CO_2捕集和驱油示范项目	山东东营	100万吨/年	燃烧后捕集+强化采油	2023年投产
宁夏300万吨/年CCUS示范项目	宁夏宁东能源化工基地、中石油长庆油田	300万吨/年	煤制油高浓度碳源+强化采油	一期项目2023年5月开工
华能甘肃陇东能源公司百万吨级CCUS一体化示范项目	华能正宁电厂（甘肃省庆阳市）	150万吨/年	燃烧后捕集+咸水层地质封存（100万吨/年）+强化采油（50万吨/年）	一阶段2023年5月开工，2024年6月工程完工

从在研在建项目来看，国内CCUS发展呈现出以下特点：一是二氧化碳强化石油开采项目规模逐步增大。随着胜利油田百万吨级二氧化碳强化石油开采项目的投产，CO_2驱油利用规模已超过220万吨/年。二是低浓度气源捕集项目的单体规模不断扩大。国家能源集团泰州电厂50万吨/年碳捕集项目建成投运，成为亚洲最大的燃煤电厂捕集项目。三是捕集成本整体处于全球中等偏低水平。在煤化工和石油化工领域，捕集成本相对较低（105—250元/吨CO_2），而电力和水泥行业的捕集成本则相对较高（200—600元/吨CO_2和305—730元/吨CO_2），整体成本低于国际平均水平。

3. 国内外CCUS技术发展水平现状

从主要国家技术布局来看，中国、美国、日本、德国和韩国五个主要国家在碳捕集和CO_2转化利用领域均有较多的专利布局。其中，碳捕集技术主要集中在吸收法、吸附法和膜分离技术领域。碳运输专利申请较少，主要涉及二氧化碳压缩与储存、管道运输和船舶运输等。CO_2地质利用与封存专利主要有驱油、驱气、增强地热以及CO_2注入设备装置、注入剖面评价、监测系统、封存注浆材料等。CO_2转化技术分为化工利用、生物利用和矿化利用，主要包括钢渣矿化、混凝土养护、重整制备合成气、转化制化学品等技术。欧美等的发达国家在CCUS技术的部署上处于领先地位，形成了较为成熟的驱油技术和配套设施。

近年来，中国的CCUS技术在各个环节取得了显著进展，已具备了大规模CO_2捕集、管道输送、利用与封存系统设计能力，奠定了规模化发展应用的基础，但与实现商业化应用之间仍存在较大差距。

国内CCUS技术进展显著，但各环节技术发展仍不均衡。中国在CO_2化学和生物利用技术方面与国际同步，尤其是在高附加值化学品制备方面，在CO_2重整制备合成气和甲醇技术中展现领先优势。中国科学院大连化学物理研究所与中国中煤能源集团有限公司2022年在内蒙古鄂尔多斯启动了年处理10万吨CO_2的加氢制甲醇工业化项目，并在CO_2合成化学材料技术上实现工业示范。钢渣和磷石膏矿化利用技术接近商业化，包钢集团的碳化法钢铁渣综合利用项目标志着固废与CO_2矿化综合利用项目的启动。CO_2强化石油开采和CO_2地浸采铀技术接近商业应用，深部咸水层封存技术与国际水平相当，但在强化天然气开采等技术上仍有差距。中国海油的海上CO_2地质封存示范工程展示了中国在CO_2封存技术应用方面的新进展。

（二）CCUS产业近中期发展趋势

1. CCUS产业规模近中期发展趋势

根据本书研究模型预测，2035年前，中国CCUS技术将从中小规模示范走向规模化应用。综合考虑火电行业（含供热）的发展趋势，CCUS规模从2019年的53万吨增加到2035年的3228万吨（表24-2），我国CCUS技术最佳窗口期为2030—2035年，2035年前可以一代技术为主，2035年后应以二代技术改造为主，2035年将是实现代际升级的关键时期。从CCUS发展规模与发展速度来看，2035年CCUS将实现与新型电力系统强耦合，同时，钢铁行业、建材行业、化工行业（含石化）耦合CCUS开始初现规模化，其规模将达到127万吨、289万吨、271万吨（图24-1），三大行业约占全国规模的17.55%。

表24-2　2019—2035年四大行业CCUS规模　　　　　　　单位：万吨

年份	火电行业（含供热）	钢铁行业	建材行业	化工行业（含石化）	全国
2019	53	2	3	5	63
2020	71	2	6	5	84
2025	330	10	30	26	396
2030	1537	50	150	135	1872
2035	3228	127	289	271	3915

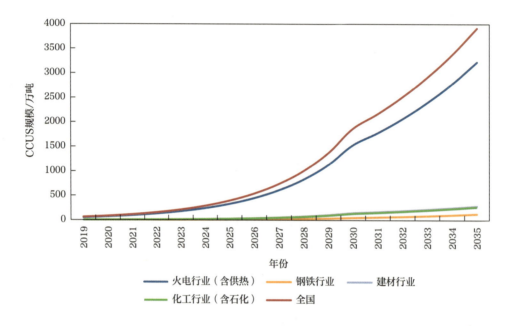

图24-1　2019—2035年四大行业CCUS规模变化趋势

　　2035年之前，CCUS技术逐步从电力扩展到建材、化工、钢铁，到2035年全国四大耗煤行业二氧化碳捕集规模将接近4000万吨，从低浓度和高浓度考虑新型膜分离、新型吸收、新型吸附等技术的成熟将推动能耗和成本降低30%以上，有望在2035年前后实现大规模推广应用。对于负排放技术，预计到2035年，前沿的捕集技术（如BECCS、DAC等）和二氧化碳转化利用等固碳技术通过研发投入将变得更加高效和经济，但现阶段到2035年，难以大规模应用。例如，BECCS技术由于技术限制和资源匹配条件的多重影响，成本相对于常规CCUS项目较高，大规模应用难度较大；DAC技术的成本受浓度影响较为显著，其高性能吸附剂和吸收材料制备等关键技术仍需要较长时间进行充分的研究示范，无法短期内实现商业化应用。

2. CCUS成本近中期走势

突破成本制约是CCUS技术产业化的关键，也是重点和难点。与风电、光伏等新能源相比，CCUS当前成本仍然较高，市场竞争优势不明显。未来CCUS产业发展需要通过不断提升技术成熟度和规模化效益降低成本、提高产业竞争力。就行业来看，火力发电和钢铁行业是碳排放的主体，在2030年之后将成为主要的CCUS技术应用行业来源；而煤化工、石化工行业排放浓度较高，捕集成本相对较低，成为优选的碳源。与此同时，使用不同的捕集技术也会影响捕集成本。根据政府间气候变化专门委员会第六次评估报告的统计，从技术环节来看，二氧化碳捕集技术成本在CCUS全流程中的占比达60%—80%。以煤电行业为例，在当前技术水平下，采用燃烧后捕集、管道运输和咸水层封存的典型技术路线，2020年全流程煤电CCS的平均成本大概处于540元/吨水平。

规模化示范和技术创新推动CCUS成本降低，助力逐步迈向产业化应用。从已投运示范项目捕集成本来看，我国各行业CCUS的全流程平均成本贴合的技术学习率并不高，未来技术成本仍有较大的下降空间，特别是关键技术突破和保持高水平技术学习率。至2035年，煤电CCS全流程成本有望下降至290元/吨（图24-2），与亚洲开发银行2015年发布的CCUS路线图中指出的成本预测相符（第一代捕集技术有望在2030年将成本下降到215—290元/吨）；CCUS规模化示范应用对提升技术成熟度、加快技术学习率具有重要意义，《中国碳捕集利用与封存技术发展路线图（2019）》中也指出了，2035年第二代技术相较于第一代技术具有更快的技术进步速度。

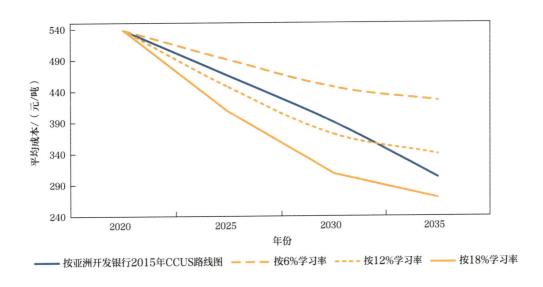

图24-2　2020—2035年中国煤电CCS全流程平均成本趋势

3. 国内CCUS产业近中期重点发展方向

到2035年前，二氧化碳利用与封存技术协同布局发展，若干区域千万吨级CCUS产业集群雏形逐步显现。2025—2035年，CCUS技术在中国的应用规模总体上预计将平稳增长，CO_2的利用占比从2020年的17%预期将增长至2035年的55%（图24-3）。到2035年，CO_2矿化利用技术处于领先地位；化工利用初有成效，逐步形成以碳循环为核心的循环经济模式。2035年生物利用增长速度最为缓慢，其原因是生物利用的全生命周期成本高。我国在2035年之前对于CO_2利用的开发速度慢于CO_2封存的速度，但我国在部分碳利用技术上已形成一定规模，我国地质利用、化工利用、生物利用等利用技术，到2040年基本实现广泛的商业应用。

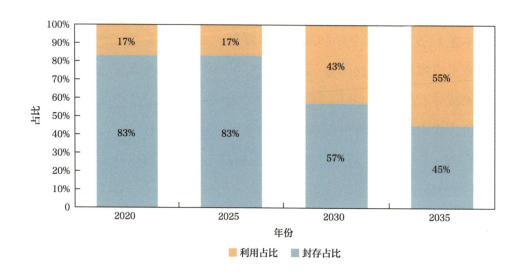

图24-3 2020—2035年CO_2封存及利用情况

预计到2035年以低浓度的排放源（如电厂、水泥、钢铁及炼化等行业）耦合CCUS居多。从四大行业空间分布上看，预计2035年，热电厂CCS主要集中在我国北方地区，驱油利用和地质封存调节较为有利，如鄂尔多斯盆地、松辽盆地等地区，进而使得该区域的CCUS技术贡献最为突出；水泥CCUS产业分布在我国东南沿海一带经济发达地区和西南地区，在西北和东北地区分布较少；煤化工结合CCUS主要分布在产煤大省山西、陕西一带，在新疆也建有煤化工基地；钢铁CCUS产业主要分布在我国交通比较发达的华东、华南地区，存在比较良好的CO_2利用条件。

（三）CCUS产业中长期发展趋势

1. CCUS产业规模中长期发展趋势

2035年之后，CCUS技术将实现规模化部署，完成CCUS产业向集群化与商业化的阶段性跨跃。其中，2035—2060年，火电将从基荷电源逐步转型为灵活调节型电源，火电行业（含供热）CCUS规模从2035年的3228万吨增加到2060年的86 855万吨（表24-3），煤电CCUS大规模广泛应用有力助推实现碳中和远景。

表24-3　2035—2060年四大行业CCUS规模　　　　　单位：万吨

年份	火电行业（含供热）	钢铁行业	建材行业	化工行业（含石化）	全国
2035	3 228	127	289	271	3 915
2040	6 780	323	557	545	8 205
2045	12 827	881	939	1 246	15 893
2050	24 267	2 401	1 582	2 850	31 100
2055	45 909	6 543	2 666	6 521	61 639
2060	86 855	17 829	4 492	14 919	124 094

从CCUS发展规模与发展速度来看，2035—2060年，钢铁行业、建材行业、化工行业（含石化）耦合CCUS规模大幅度增长，2060年规模分别达到17 829万吨、4492万吨、14 919万吨，2060年这三大行业CCUS规模占全国整体规模的30%（图24-4）。二氧化碳转化利用技术日臻成熟，促进CCUS技术同氢能产业融合发展，绿氢的降本和应用将进一步压减工业部门化石能源，从而实现工业碳排放的降低。

2. CCUS成本中长期走势

从中长期发展来看，CCUS平均成本将呈现较为明显的下降趋势。CCUS技术的不断演化也推出越来越多的新技术，大幅降低项目成本。至2060年，煤电CCS全流程平均成本将逐步下降至145元/吨左右，相比2035年下降50%（图24-5）。同时，CCUS规模效应会引发技术溢出效应，促进产业集群式融合发展，对加速全流程项目成本下降至关重要。

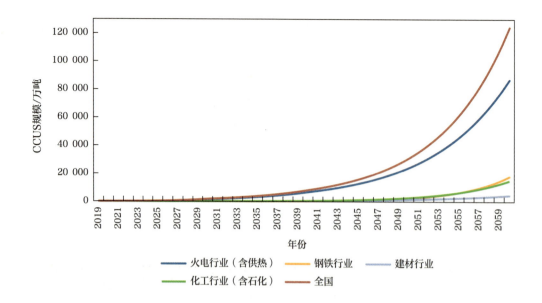

图24-4 2019—2060年四大行业CCUS规模变化趋势

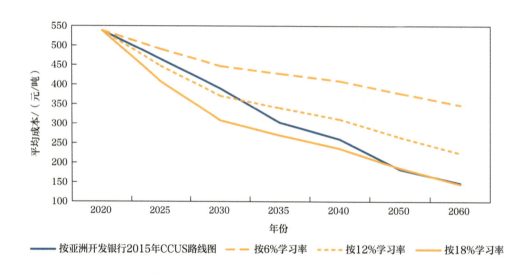

图24-5 2020—2060年中国煤电CCS全流程平均成本趋势

3. 国内CCUS产业中长期重点发展方向

2035年之后，中国CCUS加快产业集群式发展和实现高水平商业化应用。到2040年，CCUS系统集成与风险管控技术得到突破，初步建成若干CCUS产业集群；到2050年，CCUS技术实现广泛部署，建成多个CCUS集群。2040年将建成多个陆上管道网络，2050年建成陆海一体的管道网络，包括CCUS 等在内的低碳零碳技术逐步规模化、产业化。二氧化碳封存占比从2035年的45%上升到2060年的50%，形成封存与利用总量大体相当的格局（图24-6）。整体来看，CCUS产业在2035—2050年、2050—2060年将分别以转化利用、咸水层封存为主要发展侧重点，2060年CCUS产业将贡献十亿吨级工程碳汇。

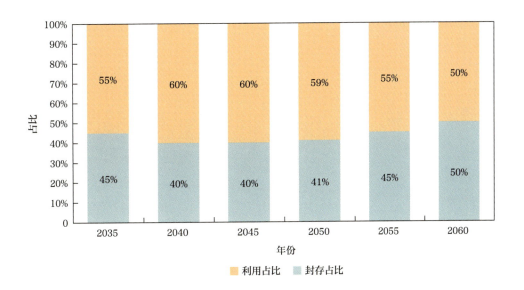

图24-6　2035—2060年二氧化碳封存及利用情况

第八篇

主 要 结 论

二十五、能源产业中国式现代化之路的主要特征与发展态势

党的二十大报告提出："以中国式现代化全面推进中华民族伟大复兴。"[①]能源是国民经济命脉，是经济社会发展基石，需要走出一条支撑中国式现代化建设的能源新路。本书研究总结了能源发展的若干重大战略研判和倡议要点，寄望能源行业增强大势共识、聚焦发力重点、凝聚行动合力，不断推进能源事业向前发展。

（一）中国式现代化的能源发展大势

中国式现代化，是中国共产党领导的社会主义现代化。中国式现代化是人口规模巨大的现代化，是全体人民共同富裕的现代化，是物质文明和精神文明相协调的现代化，是人与自然和谐共生的现代化，是走和平发展道路的现代化。中国式现代化对未来能源产业发展提出了新要求。

中国式现代化是人口规模巨大的现代化，能源产业需要继续发展，否则不足以支撑国家现代化。面向未来，能源需求仍将保持刚性增长，能源供给安全的艰巨性、复杂性前所未有，这是我国建设社会主义现代化国家的最大"能情"。研究认为，我国能源消费将继续保持较长一段时期增长，预计在2035—2040年达到峰值，为67亿—69亿吨标准煤。能源保障和安全是"国之大者"，"确保能源饭碗牢牢端在自己手里"是实现社会主义现代化的重要前提与保障，核心工作是要大力推进新能源高质量发展，充分发挥煤炭、煤电兜底保障作用，持续加大油气勘探开发与增储上产力度，不断提升电力系统安全韧性。

中国式现代化是人与自然和谐共生的现代化，我们将应对气候变化，坚持先立后破，稳步推进碳达峰、碳中和。能源绿色低碳转型是潮流趋势，顺之者昌。研究认为，我国能源活动二氧化碳排放，将于2030年前达峰，峰值为115亿—118亿吨。推进能源领域碳减排，一是结构降碳，通过大力发展新能源，有序控制化石能源消费，力争尽早替代，实现能源利用"增量稳碳""增量减碳"；二是节能降碳，加强系统节能技改，推进煤电"三改联动"，稳步提高能源系统能效；三是技术降碳，加强技术创新和工艺升级，加快实施电氢替代，加强CCUS及碳汇技术研发示范，创新新业态、新模式，持续夯实能源系统降碳"核心引擎"之基。

[①] 《习近平：高举中国特色社会主义伟大旗帜 为全面建设社会主义现代化国家而团结奋斗——在中国共产党第二十次全国代表大会上的报告》，https://www.gov.cn/xinwen/2022-10/25/content_5721685.htm，2024年6月3日。

（二）中国式现代化的能源大势之道

习近平总书记强调："我们必须从国家发展和安全的战略高度，审时度势，借势而为，找到顺应能源大势之道。"[1]研究认为，从当前至碳达峰及峰值平台期是我国能源系统"立"的关键时期，重在做大新能源增量和夯实能源安全供应基础，推进新能源与传统能源互补联营，增强科技创新驱动能力，建立健全新型政策体系。随着"立"的能力体系与体制机制逐步完善，有序推进"立破接续"成为重点，新能源将对化石能源形成加速替代，总体来看，能源产业中国式现代化之路可分为以下三个阶段。

第一阶段：从当前到2035年。我国处于第二个百年奋斗目标的第一阶段，也处于跨过中等收入陷阱的关键时期，能源消费总量将保持增长，保障能源安全可靠供应是重要任务。石油、煤炭消费分别于2026年、2027年进入峰值平台期；到2030年碳达峰目标成功实现，新型能源体系初步建立；到2035年天然气消费进入峰值平台期，新型能源体系建设取得积极成效，届时我国非化石能源消费占比达到30%左右，非化石能源发电在全国总发电量中占比约51%，终端用能电氢化率达到约39%。

第二阶段：从2035年到本世纪中叶。我国处于第二个百年奋斗目标的第二阶段，能源消费总量总体达峰后稳步下降，能源低碳转型步伐进一步加快。大力推动非化石能源加速替代，促进终端用能电气化的跨越式提升，到2050年新型能源体系全面建成，非化石能源消费占比达到56%左右，非化石能源发电在全国总发电量中占比约73%，终端用能电氢化率达到约56%。

第三阶段：从2050年到2060年。我国全面建成社会主义现代化强国后，进入实现碳中和目标的决胜阶段。化石能源消费将呈现快速下降趋势，煤炭、石油、天然气主要发挥原料属性和应急备用功能，风、光、水、核、生物质等非化石能源的规模不断扩大，到2060年非化石能源消费占比达到80%左右，非化石能源发电在全国总发电量中占比达到约95%，终端用能电氢化率达到约67%，碳中和目标成功实现。

（三）中国式现代化的能源转型特征

能源结构加速低碳转型，从以煤炭为主能源时代逐步转入多元发展直至非化石能源为主时代。研究认为，近中期，立足我国能源资源禀赋，煤炭在保障能源安全和稳定供

---

① 《能源的饭碗必须端在自己手里（这十年，总书记这样勉励企业高质量发展）》，http://politics.people.com.cn/n1/2022/0817/c1001-32504109.html，2024年6月3日。

应中仍将持续发挥主体能源和兜底保障作用，预计煤炭消费在2027年进入峰值平台期，"十五五"末期逐步下降，2035年煤炭在能源消费结构中的比例将从当前55.3%降至43%左右，形成煤炭、油气、非化石能源"三分天下"格局。中远期，随着新能源大规模发展和能源电力安全技术进步，煤炭、油气将被新能源加速替代，直接跨越油气时代迈入非化石能源为主时代，预计非化石能源消费占比在2035年约30%基础上，快速增至2050年的56%和2060年的80%。相较西方主要发达国家经历较长时期的油气时代，中国将走出一条能源绿色低碳转型的高质量发展新路。

能源安全形态发生深刻调整，能源自给率稳步回升。随着新能源大规模发展，能源安全形态正逐步从传统油气安全转向能源电力安全，从供应通道安全转向极端气象、时空错配、网络信息等综合立体安全，加快落实能源安全新战略，深入推进能源革命是必由之路。端牢能源饭碗，逐步提高能源自给率，这是我国现代化建设的重要前提。近年来，我国能源自给率呈中小幅震荡下行趋势，总体保持在80%上下。2023年，我国一次能源的总体自给率约79%[按发电煤耗法计量；按能源国内生产/（能源国内生产+能源净进口）计算]，其中煤炭、石油、天然气自给率分别约92%、27%、58%。预计2030年回升至81%左右，2035年升至83%，2045年左右进一步提升至90%以上，实现能源独立。

中国将以相对较低的人均能源消费、人均碳排放迈入社会主义现代化。当前，我国人均能源消费仅为经济合作与发展组织国家平均水平的2/3，人均生活用电仅为美国的1/5，随着逐步迈入现代化，未来我国人均能源电力消费总体保持增长趋势，预计到2035年，我国将较2020年增长32%的人均能耗，支撑基本实现社会主义现代化和GDP翻一番；单位GDP碳排放将较2020年降低约45%，中国将走出一条能源集约化、低碳化的中国式现代化能源之路。

（四）能源安全稳定供应是中国式现代化建设的必要前提

习近平总书记在2014年6月13日中央财经领导小组第六次会议上强调，能源安全是关系国家经济社会发展的全局性、战略性问题[①]。当前，我国面临复杂、严峻的国际环境，以及艰巨、繁重的国内改革、发展、稳定任务，能源安全也面临新情况、新挑战。

以煤炭保能源安全，以煤电保电力稳定。建设新型能源体系、新型电力系统，安全是底线。发挥不同能源电源优势特征，实现功能互补、特性互补、价值互补，是必由之

---

① 《习近平：积极推动我国能源生产和消费革命》，http://cpc.people.com.cn/n/2014/0614/c64094-25147885.html，2024年6月3日。

路。"立足我国资源禀赋，坚持先立后破"，需要我们充分认识到煤炭煤电在助力新能源大规模高质量发展过程中的"让电量空间、冲电力顶峰"的兜底保障作用。经研究，煤炭消费达峰后将保持较长时间平台期，2040年前仍保持在42亿吨以上。煤电装机在2030年左右达峰，但在随后的10年间，煤电平均利用小时数未出现大幅下降。

较高对外依存度下的油气安全挑战严峻。我国能源自给率总体较高，一直维持在80%以上，但结构性安全问题依然突出。2023年，我国石油对外依存度约73%，天然气对外依存度约42%。在俄乌冲突以及国际地缘政治博弈深刻调整的背景下，国际环境更趋复杂，能源贸易也面临来源稳定性、通道安全性、价格波动性等多元挑战。研究认为，我国石油消费对外依存度基本趋稳，维持在71%—73%，随着电动交通工具等快速发展，预计在2030年后我国的油气供应安全压力也会得到缓解，2035年对外依存度将降至70%以下；天然气消费对外依存度保持缓慢增长态势，至2035年达到48%峰值水平，并始终维持在50%以下。

新能源需逐步扛起保障能源安全的重任。我国新能源资源丰富，风机装备、光伏组件及关键零部件技术水平全球领先，风电、光伏、水电等可再生能源装机全球第一。2023年，我国非化石能源发电装机占比历史性突破50%，风、光装机分别达到4.4亿千瓦、6.1亿千瓦，占全国电力总装机的36%左右；"十四五"以来，非化石能源发电贡献了新增发电量的一半以上。新能源发电具有间歇性、随机性，大规模接入需要传统火电、储能、氢能等作为支撑，从而平抑或减少发电出力波动。此外，多能互补、源网荷储一体化也是新能源安全可靠供应的重要支撑。

（五）能源绿色低碳发展是中国式现代化建设的根本底色

习近平强调，实现碳达峰、碳中和是一场广泛而深刻的经济社会系统性变革，要把碳达峰、碳中和纳入生态文明建设整体布局[①]。

新能源发展重在做大增量，增添绿色低碳发展底色。非化石能源已经成为我国电力系统第一大装机电源，研究认为，到2032年，我国非化石能源发电量将达到6.6万亿千瓦·时，超过煤电成为第一大电量电源。稳步推进以沙漠、隔壁、荒漠为代表的西北大

---

① 《推动平台经济规范健康持续发展 把碳达峰碳中和纳入生态文明建设整体布局》，http://cpc.people.com.cn/n1/2021/0316/c64094-32052161.html，2024年6月3日。

型风光基地、西南大型水风光基地、海上风电基地建设是今后一段时期新能源集中式大规模发展的重点。

传统化石能源发展重在稳住存量，为新能源规模化发展让渡空间并提供兜底保障。2023年，煤炭消费占比持续降至55.3%，呈逐年下降态势但仍是绝对的主体能源。研究预计，到2035年煤炭消费占比将降至45%左右，煤炭消费总量仍保持在47亿吨（国产原煤+进口商品煤）高位水平，以兜住能源安全底线。其间推进煤电与新能源联营是今后一段时期的重要组织形态，以风光发电与煤电耦合规划的沙漠、戈壁、荒漠大型清洁能源基地正在稳步推进，能源电力安全供应链韧性、弹性和安全水平不断提升。

能源行业需要率先引领全社会绿色低碳发展新风尚。主动适应绿色低碳发展要求，增强全社会环保意识，倡导绿色集约生产，引导公众积极参与，共同推动绿色发展。能源产业排放规模大、减排潜力大，成为社会节能降碳重要关注领域。能源产业需顺势而为、乘势而上，树立历史思维，保持战略定力，锚定"双碳"目标，不断提高我国能源绿色发展水平。

（六）能源资源节约高效是中国式现代化建设的显著标志

节能是推进能耗双控、碳排放双控以及实现"双碳"目标的最直接、最首要途径，贯穿能源生产供应、加工转化、终端利用以及居民生活消费各个环节。

树立节能是"第一能源"理念，节约能源就是增加资源。重点加强终端能源消费节约，大力挖掘节能潜力空间。终端节能放大效应明显，以电力为例，当前我国电力结构中近六成来自煤电，全国煤电平均转化效率约为41%，终端节约的1单位电量，相当于直接节省约2.4单位一次能源消费，而一次能源开采、生产、运输也消耗能源。终端消费环节"单耗偏高、精益不足"问题依然存在，钢铁、有色金属、建材、化工等高耗能行业仍有不少产能未达到能效基准水平，达到能效标杆水平的比例更低，终端用能环节节能降碳仍具有较大潜力。

推进生产加工转化环节节能提效是能源工业的重要任务。彻底转变传统粗放能源生产加工转化方式，推进能源工业高质量发展成为新时期能源领域工作的重点。当前，能源生产环节"可采未采、应用未用"问题比较突出，能源转化环节"结构不优、提效趋难"困境日显。主要包括当前煤油气的采出率还有较大提升空间，伴生资源如煤矿瓦斯、矸石利用率还较低；低效机组高能耗，以及煤电机组负荷率持续降低而带来的能耗升高等问题突出。解决这些问题既需要技术进步、机制政策保障，也需要转变发展理念，树立节约、集约的能源资源开发利用理念。

（七）立足能源电力主体，推进新能源高质量发展

电力是能源绿色低碳转型的关键领域，是实现"双碳"目标的主力战场，未来电力系统相关领域每年投资占能源领域总投资超过70%。

电力消费持续增长以支撑我国现代化强国建设。研究认为，在经济社会持续发展和终端电气化替代规模增大趋势下，我国电力装机和发电量保持持续增长态势，预计到2035年全社会用电量达到14.8万亿千瓦·时，人均用电量约1.06万千瓦·时；预计到2050年左右电力消费达到峰值平台期，预计全社会用电量达到17.4万亿千瓦·时左右，人均用电量达到1.3万千瓦·时，有效支撑了人民美好生活和现代化强国建设。

终端用能电气化率稳步提升是能源高质量发展的内在要求。电气化水平是现代文明进步的重要标志，提高终端用能电气化水平是世界主要国家推进能源转型、建立现代产业体系的重要方向。以交通为例，传统燃油汽车的全过程能源转化效率为20%—30%，电动汽车的能源转化效率达到80%以上，电能替代将实现同样里程下的直接能源消耗和碳排放大幅减少。我国《工业领域碳达峰实施方案》也明确提出推动工业用能电气化，强调拓宽电能替代领域，扩大电气化终端用能设备使用比例，实施园区"绿电倍增"工程等。围绕钢铁、有色金属、建材、化工等高耗能行业，开展工业低碳流程再造、推进电气化改造成为重要方向。研究认为，我国终端电氢化率将不断提高，在当前27%基础上持续提升至2025年的30%，以及2030年、2035年的35%和40%，届时中国电气化水平或将高于日本、欧洲和美国。

鉴于终端电气化水平和人均用电规模的持续提升，电力在未来中国式现代化建设中的主体支撑作用突出，持续加强能源电力领域投资与规划建设，加快新型电力系统建设是未来相当长一段时期我国能源工业的重点。

（八）培育发展兜底技术，探索终端固碳减碳战略路径

能源活动碳排放占我国碳排放总量的88%左右，研究预计，我国能源活动碳排放在2030年前达峰，峰值为115亿—118亿吨；随后，碳排放总量在维持5年左右平台期后进

入持续下降通道；预计到2060年，我国能源活动碳排放为16亿—28亿吨，除了自然碳汇抵消外，还需要提前开展低碳零碳技术研发与部署。

开展CCUS技术研发与产业示范及部署。中国煤炭及煤电消费占比高，这是立足我国资源禀赋、保障能源电力系统安全的现实选择；开展配套CCUS技术研发与应用，是稳健推进中国绿色低碳发展的重要一环。研究认为，在多种情景下，CCUS作为兜底技术，预计在2060年需要累计部署7亿—18亿吨规模，以确保按期实现能源活动碳排放中和。这一过程，既需要能源科技、地质科学、材料工程等多学科领域联合攻关，也需要企业开展CCUS集群示范，更需要政策与市场机制配套，逐步建立健全CCUS良性发展环境与体系。

持续加强生态林等陆地生态系统固碳能力建设。持续加强生态碳汇系统建设，开展大规模国土绿化行动，通过植树造林、森林管理、植被恢复等措施，将大气中的CO_2吸收并固定下来。据统计，我国过去20年的生态碳汇能力为10亿—15亿吨CO_2/年，预计2060年我国能源活动需要生态系统碳汇分配9亿—10亿吨/年的抵消规模，以确保与CCUS共同作用，实现碳中和。

（九）坚持科技创新，以新质生产力引领能源革命

大力推进现代化产业体系建设，加快发展新质生产力，是新时期推动高质量发展的内在要求和重要着力点。新质生产力是创新起主导作用，摆脱传统经济增长方式、生产力发展路径，具有高科技、高效能、高质量特征，符合新发展理念的先进生产力质态。

科技创新是实现能源革命、"双碳"目标的关键支撑。当前，我国仍处于工业化进程中，未来相当长一段时期以煤为主的能源结构难以根本改变，碳排放总量大，从碳达峰到碳中和时间短、任务重。突破瓶颈，必须依靠能源技术革命。这就需要我们深刻认识和充分把握能源科技革命方向，引领能源科技产业发展，以高水平科技自立自强，探索和推进中国式现代化能源产业发展之路。

未来多种重大能源技术均可能重塑能源系统。研究认为，未来长时储能、CCUS两条技术路径将对我国能源系统，特别是2035年之后的能源发展路径选择产生重大影响。报告也以"新能源+储能""煤电+CCUS"两种途径分别取得相对发展优势设置了不同情景，展望了中长期能源可能图景。此外，能源技术革命正在加速孕育，研究还提出了若干重大能源技术方向，任何一项颠覆性技术的重大突破和大规模应用，都将对能源系统产生极大推动作用，进而重塑未来能源。